企业员工培训
管理实务
操作与案例精解

谷力群 黄兴原 ◎编著

清华大学出版社
北京

内 容 简 介

　　培训作为人力资源管理过程中的一个重要环节，被越来越多的企业所重视。本书分别从认识员工培训管理、企业培训开发体系的设计与运行、员工培训的需求分析、员工培训规划的制定、培训资源的开发与管理、员工培训效果的评估、新员工入职培训、企业管理人员培训、生产人员培训、技术人员培训、销售人员培训以及脱岗培训与外派培训等方面详细介绍了人力资源管理工作者在实际工作中需要掌握的实操知识与遇到问题时的解决方法。

　　本书适合人力资源管理工作者、企业高层管理者以及与人力资源管理相关的工作人员参考使用。

本书封面贴有清华大学出版社防伪标签，无标签者不得销售。

版权所有，侵权必究。举报：010-62782989，beiqinquan@tup.tsinghua.edu.cn。

图书在版编目（CIP）数据

　　企业员工培训管理实务操作与案例精解 / 谷力群，黄兴原编著. —北京：清华大学出版社，2022.6
　　ISBN 978-7-302-60931-5

　　Ⅰ.①企…　Ⅱ.①谷…　②黄…　Ⅲ.①企业管理—人力资源管理—研究　Ⅳ.①F272.92

　　中国版本图书馆 CIP 数据核字（2022）第 088961 号

责任编辑：杜春杰
封面设计：刘　超
版式设计：文森时代
责任校对：马军令
责任印制：杨　艳

出版发行： 清华大学出版社
　　　　　　网　　　址：http://www.tup.com.cn，http://www.wqbook.com
　　　　　　地　　　址：北京清华大学学研大厦 A 座　　　　邮　　编：100084
　　　　　　社 总 机：010-83470000　　　　　　　　　　邮　　购：010-62786544
　　　　　　投稿与读者服务：010-62776969，c-service@tup.tsinghua.edu.cn
　　　　　　质量反馈：010-62772015，zhiliang@tup.tsinghua.edu.cn
印 装 者： 三河市东方印刷有限公司
经　　销： 全国新华书店
开　　本： 170mm×240mm　　　印　　张：23.5　　　字　　数：369 千字
版　　次： 2022 年 6 月第 1 版　　　印　　次：2022 年 6 月第 1 次印刷
定　　价： 69.80 元

产品编号：092390-01

在传统经济时代，企业竞争优势多来自于资金、设备等物质资源。然而，随着互联网经济的到来，知识、技术日新月异，经济全球化势不可挡，越来越多的企业意识到仅仅依靠先进的机器已经很难提高竞争力和生产率。为了获得更高的生产率，提升企业与组织的竞争力，必须依靠最重要的资源之一——人。因此，企业把关注的重点放到了人的身上，纷纷开始研究如何提升人的绩效，而培训这一手段在绩效提升中起着至关重要的作用。

培训作为人力资源管理过程中的一个重要环节，被越来越多的企业所重视。企业招募人才，为人才提供金钱、福利、荣誉等，本质上，企业需要的是人才的能力。只有人才具备创造价值的能力，企业才会为其付薪。如果企业能够有效培养员工的能力，快速复制员工的能力，企业中拥有较强技能的员工会越来越多，员工创造的价值会越来越大，那么企业获得的价值也必将越来越大。那么，人才被引进后，如何将企业文化、价值观有效移植到人才身上呢？如何通过人才能力的持续提高不断为企业创造价值？如何让企业的培训发挥效果？要解决这些问题，需要企业具备适合自己的培训管理体系以及能力达标的培训管理者。

本书分别从认识员工培训管理、企业培训开发体系的设计与运行、员工培训的需求分析、员工培训规划的制定、培训资源的开发与管理、员工培训效果的评估、新员工入职培训、企业管理人员培训、生产人员培训、技术人员培训、销售人员培训、脱岗培训与外派培训等方面详细介绍了人力资源工作者在实际工作中需要掌握的知识并结合丰富的案例为其提供了相关问题的解决方法。

由于人力资源相关法律、法规具有较强的时效性，会随着社会的发展而不断更新，由此可能会带来某些模块或操作方法的变化，请读者以最新的法律规定为准。本书难免存在不足之处，恳请各位读者给予指正。

编　者

2022 年 5 月

CONTENTS | 目录

第一章

认识员工培训管理

第一节 实 务 操 作

实操 1 企业为什么要进行员工培训?

如今,企业要想在激烈的竞争中不掉队,必须重视培训。培训可使员工的知识、技能与态度得到明显的提高与改善,提高企业效益,使企业获得竞争优势,具体体现在以下几个方面。

1. 有利于提高员工的职业能力

员工培训的直接目的就是提高员工的职业能力,使其更好地胜任现在的日常工作及未来的工作任务。在能力培训方面,传统的培训一般将重点放在基本技能与高级技能两个层次上,但是未来的培训要使员工具有更广博的知识,学会知识共享并具有创造性地运用知识来调整产品或服务的能力。培训可使员工的工作能力提高,为其取得好的工作绩效提供帮助,也可为员工提供更多晋升和提高收入的机会。

2. 有利于企业获得竞争优势

面对激烈的国际竞争,一方面,企业需要越来越多的跨国经营人才,为进军世界市场做好人才培训工作;另一方面,员工培训可提高企业新产品的研究开发能力。员工培训就是要不断培训与开发高素质的人才,以获得竞争优势。特别是在以知识经济资源和信息资源为重要依托的新时代,智力资本已成为获取生产力、竞争力和经济成就的关键因素。企业的竞争不再单纯依靠自然资源、廉价劳动力、精良的机器和雄厚的财力,而是主要依靠知识密集型的人力资本。员工培训是创造智力资本的途径。智力资本包括基本技能、高级技能和自我激发的创造力。因此,企业要建立一种新的适合未来发展与竞争的培训观念,提高企业员工的整体素质。

3. 有利于改善企业的工作质量

企业工作质量包括生产过程质量、产品质量与客户服务质量等。培训可通过提高员工的素质、职业能力，改善企业工作质量，主要表现在：培训能改善员工的工作表现；培训可增加员工的安全操作知识；培训能提高员工的劳动技能水平；培训能增强员工的岗位意识和责任感；培训能增强管理者的安全管理意识，提高其管理水平。

4. 有利于企业工作系统的高效运转

进入 21 世纪，科学技术的发展使员工的技能和工作角色发生变化，因此企业需要对组织结构进行重新设计。现在的员工已不再是简单地接受工作任务、提供辅助性工作，而是要参与到提高产品与服务质量的团队活动中。在团队工作系统中，员工需要扮演许多具有管理性质的工作角色。培训可使他们具备运用新技术获得提高客户服务与产品质量所需信息的能力、与其他员工共享信息的能力、人际交往能力、解决问题的能力、集体活动能力、沟通协调能力等，可使企业工作系统高效运转。

5. 有利于满足员工实现自我价值的需要

在现代企业中，员工的一个重要的工作目的是"高级需求"——自我价值的实现。培训不断教给员工新的知识与技能，使其能适应或能接受具有挑战性的工作与任务，实现自我成长和自我价值，这不仅使员工在物质上得到满足，更使员工得到精神上的成就感。

实操 2　员工培训具有哪些鲜明的特点？

员工培训的对象是在职人员，其性质属于继续教育，具有以下鲜明的特点（见表 1-1）。

表 1-1　员工培训的特点

特　　点	内　　容
广泛性	广泛性是指员工培训的对象涉及面广，不仅一般员工需要培训，决策层管理者也需要培训；员工培训的内容涉及企业经营活动或将来需要的知识、技能以及其他问题；员工培训的方式与方法也具有广泛性
层次性	企业战略不同，培训的内容及重点也不同；知识水平不同和需求不同的员工，所承担的工作任务不同，其知识和技能需求也各异
协调性	协调性是指员工培训是一个系统，培训的各环节、各项目应协调，使培训系统正常运转。首先，要从企业经营战略出发，确定培训模式、培训内容、培训对象；其次，应适时地根据企业发展的规模、速度和方向，合理确定培训者的总量与结构；最后，要根据培训人数合理地设计培训方案，确定培训时间和地点等
实用性	实用性是指员工的培训投资应产生一定的回报，员工培训系统要发挥其功能，即将培训成果转移或转化成生产力并迅速促进企业竞争优势的发挥与保持。首先，企业应设计好的培训项目，使员工利用所掌握的技能、更新的知识适应新的工作；其次，应让受训者获得实践机会，为受训者提供或让其主动抓住机会来应用培训中所学的知识、技能和行为方式；最后，为培训成果转化创造有利的工作环境，构建学习型组织
长期性和速成性	长期性和速成性是指随着科学技术的日益发展，人们必须不断吸收新的知识，不断学习，任何企业对其员工的培训都将是长期的，也是永恒的。员工学习的主要目的是为企业工作，所以培训一般针对性较强、周期短，具有速成的特点
实践性	实践性是指培训应重视员工的生理、心理以及工作经验等特点，在教学方法上注重实践教学；应针对工作实际多采用启发式、讨论式、研究式以及案例式教学方法，使员工培训的效果更好

实操 3　员工培训有什么意义?

1. 员工培训是企业持续发展的力量源泉

可以说，员工的素质决定着企业的素质，拥有高素质的人才，企业才可能持续发展。培训一方面可以使新员工融入企业的文化，另一方面可以使老员工补充新知识、新技能，跟上企业发展的步伐。培训使企业人力资本整体增值的同时，也提升了企业自身的价值。

2. 员工培训是一项高回报的投资

低素质的人才队伍不仅生产效率低下，而且会造成资源的大量浪费。从某种意义上说，员工培训是一项回报极高的投资。因为培训可使员工队伍的素质得以提升，从而实现增收和节支的双重回报。

3. 员工培训是满足企业和员工双方需求的行为

企业要参与市场竞争，就必须拥有高素质的员工队伍；员工要参与人才市场竞争，就必须不断吸收新知识、新技能，以增强自身竞争力。培训不仅有利于企业，更有利于员工个人；员工参与培训是对企业的支持，也是在享受一种"福利"。

4. 员工培训是造就人才的一个重要途径

企业获得人才，一种方式是从外面聘请，另一种方式是在内部培养。相比之下，内部培养的人才更适合企业，更能融入企业文化。

实操 4　员工培训有哪些形式？

员工培训的形式和方法有很多，企业可以根据培训手段确定，也可以根据培训对象的特征、兴趣或动机确定。如图 1-1 所示，企业根据人员是否在岗、入职时间、职级类别等的不同，可采用不同的培训形式。

实操 5　什么是讲授法？

讲授法是指讲师按照准备好的讲稿系统地向受训者传授知识的方法，是最基本的培训方法，适用于各类受训者对学科知识、前沿理论的系统了解，主要有灌输式讲授、启发式讲授、画龙点睛式讲授三种方式。讲师是影响讲授法的关键因素。讲授法的优、缺点如表 1-2 所示。

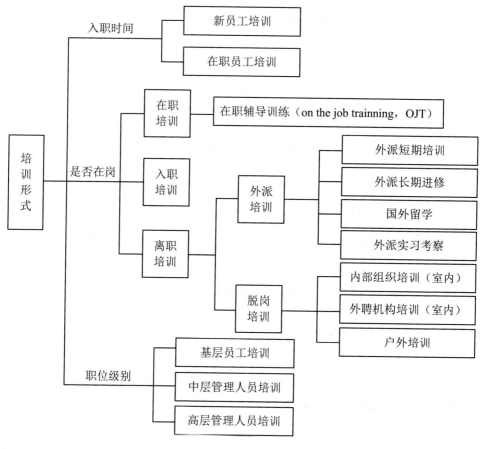

图 1-1 培训形式分类

表 1-2 讲授法的优、缺点

项 目	内 容
优点	① 讲授内容多，知识比较系统、全面，有利于大规模培养人才； ② 对培训环境要求不高； ③ 有利于讲师的发挥； ④ 学员可相互沟通； ⑤ 学员能够向讲师请教疑难问题； ⑥ 平均培训费用较低
缺点	① 讲授内容多，学员难以吸收、消化； ② 单向讲授不利于教学双方互动； ③ 不能满足学员的个性需求； ④ 讲师水平直接影响培训效果，容易导致理论与实践脱节； ⑤ 讲授方式较为枯燥、单一

实操 6　什么是专题讲座法？

专题讲座法是指针对某一个专题进行培训的方法，一般只安排一次。这种培训方法适用于管理人员或技术人员了解专业技术发展方向或当前热点问题等知识。

专题讲座法的优点是：① 培训不占用大量的时间，形式比较灵活；② 可随时满足员工在某一方面的培训需求；③ 讲授内容集中于某一专题，易于培训对象加深理解。专题讲座法的缺点是讲座中传授的知识相对集中，内容可能不具备较好的系统性。

实操 7　什么是研讨法？

研讨法是指在讲师的引导下，学员围绕某一个或某几个主题进行交流、相互启发的培训方法，具体可分为：① 以讲师为中心的研讨和以学员为中心的研讨；② 任务取向的研讨和过程取向的研讨。研讨法对研讨主题、内容的准备要求较高，对指导讲师的要求也较高。采用研讨法应注意：选择的主题应具有代表性、启发性，难度要适当；应事先告知学员研讨主题，以便其做好研讨准备。

研讨法的优点如图 1-2 所示。

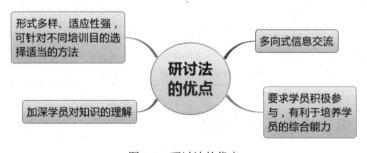

图 1-2　研讨法的优点

实操 8 什么是实践法？

实践法是指通过在实际工作岗位或真实的工作环境中亲身操作、体验，让学员掌握工作所需的知识、技能的培训方法。实践法在员工培训中应用得最为普遍，这种方法将培训内容和实际工作直接结合，具有很强的实用性，是员工培训的有效手段，适用于掌握从事具体岗位所应具备的能力、技能的培训和管理实务类培训。

实践法的优点包括：① 经济，受训者边干边学，一般无须特别准备教室及其他培训设施；② 实用、有效，受训者通过实干来学习可使培训的内容与受训者将要从事的工作紧密结合，而且受训者在"干"的过程中能迅速得到关于他们工作行为的反馈和评价。

实践法的常用方法如表 1-3 所示。

表 1-3 实践法的常用方法

方　　法	内　　容
工作指导法	工作指导法又称教练法、实习法，是指由一位有经验的工人或直接主管人员在工作岗位上对受训者进行培训的方法。指导教练的任务是指导受训者如何做，提出如何做好的建议并对受训者进行激励
工作轮换法	工作轮换法是指让受训者在预定时期内变换工作岗位，使其获得不同岗位的工作经验的培训方法
特别任务法	特别任务法是指企业通过为某些员工分派特别任务对其进行培训的方法，此法常用于管理培训
个别指导法	个别指导法和我国以前的"师傅带徒弟"或"学徒工制度"相似。目前，我国仍有很多企业在实行这种帮带式培训方式，其主要特点在于通过资历较深的员工的指导，使新员工能够迅速掌握岗位技能

实操 9 什么是案例研究法？

案例研究法是一种信息双向交流的培训方式，它将知识传授和能力提高融合，是一种非常有特色的培训方法。案例研究法具体又可分为案例分析法和事件处理法（见表 1-4）。

表 1-4 案例研究法的分类

项　　目	内　　容
案例分析法	案例分析法又称个案分析法，是指围绕一定的培训目的，对真实的场景加以典型化处理，形成供学员思考分析和决断的案例，通过独立研究和相互讨论的方式提高学员分析及解决问题的能力的一种培训方法。案例分析法中用于教学的案例应满足三个要求：① 内容真实；② 案例中应包含一定的管理问题；③ 案例必须有明确的目的
事件处理法	事件处理法是指让学员自行收集亲身经历的事件，将这些事件作为个案，利用案例研究法进行分析、讨论并参考讨论结果来处理日常工作中可能出现的问题。 事件处理法的适用范围如下。 ① 各类员工了解解决问题时收集各种情报及分析具体情况的重要性； ② 了解工作中相互倾听、相互商量、不断思考的重要性； ③ 通过自编案例及对案例的交流分析提高学员以理论联系实际的能力、分析并解决问题的能力以及表达、交流能力； ④ 培养员工间良好的人际关系
	事件处理法的优点如下。 ① 参与性强，使学员由被动接受变为主动参与； ② 将学员解决问题能力的提高过程融入知识传授； ③ 教学方式生动具体、直观易学； ④ 学员之间能够通过案例分析达到交流的目的
	事件处理法的缺点如下。 ① 案例准备的时间较长且要求高； ② 需要较多的培训时间，同时对学员能力有一定的要求； ③ 对培训顾问的能力要求高； ④ 无效的案例会浪费学员的时间和精力

实操 10　什么是头脑风暴法？

头脑风暴法又称研讨会法、讨论培训法或管理加值训练法，其特点是培训对象在培训活动中相互启发思想、激发创造性思维，能最大程度地发挥每个参加者的创造能力，提供更多更好的解决问题的方案。

头脑风暴法的操作要点如图 1-3 所示。

头脑风暴法的关键是排除思维障碍、消除心理压力，让参加者轻松、自由地各抒己见。头脑风暴法的优、缺点如表 1-5 所示。

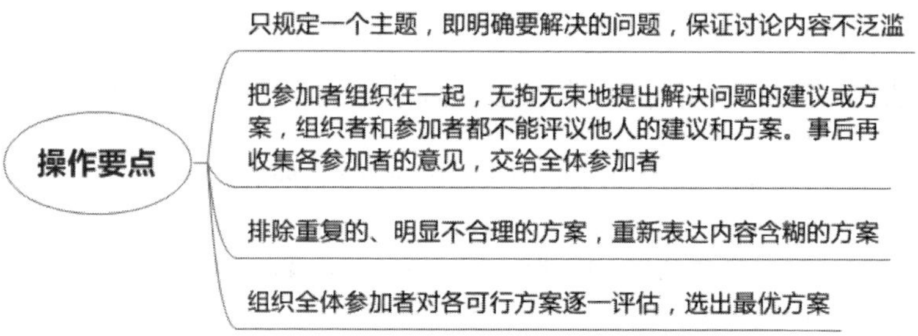

操作要点

只规定一个主题，即明确要解决的问题，保证讨论内容不泛滥

把参加者组织在一起，无拘无束地提出解决问题的建议或方案，组织者和参加者都不能评议他人的建议和方案。事后再收集各参加者的意见，交给全体参加者

排除重复的、明显不合理的方案，重新表达内容含糊的方案

组织全体参加者对各可行方案逐一评估，选出最优方案

图 1-3 头脑风暴法的操作要点

表 1-5 头脑风暴法的优、缺点

项 目	内 容
优点	① 为企业解决了实际问题，大大提高了企业的收益； ② 可以帮助学员解决工作中遇到的实际困难； ③ 培训中学员的参与性强； ④ 小组讨论有利于加深学员对问题的理解程度； ⑤ 集中了不同个体的智慧，达到了相互启发的目的
缺点	① 对培训顾问的要求高，如果其不善于引导讨论，可能会使讨论漫无边际； ② 培训顾问主要扮演引导者的角色，讲授的机会较少； ③ 研究的主题能否得到解决也受培训对象水平的限制； ④ 主题的挑选难度大，不是所有的主题都适合讨论

实操 11 什么是模拟训练法？

模拟训练法是指以工作中的实际情况为基础，将实际工作中可利用的资源、约束条件和工作过程模型化，学员在假定的工作情景中参与活动，学习从事特定工作的行为和技能，提高其处理问题的能力的方法。模拟训练法的优、缺点如表 1-6 所示。

表 1-6 模拟训练法的优、缺点

项 目	内 容
优点	① 可提高学员的工作技能； ② 有利于加强员工的竞争意识； ③ 可以带动学习气氛
缺点	① 模拟情景的准备时间长、质量要求高； ② 对组织者的要求高，要求其熟悉培训中的各项技能

实操 12 什么是敏感性训练法？

敏感性训练法又称 T 小组法，简称 ST（sensitivity trainning）法。敏感性训练要求学员在小组中就参加者的个人情感、态度及行为进行坦率、公正的讨论，相互交流对各自行为的看法并说明其引起的情绪反应，活动方式包括集体住宿训练、小组讨论、个别交流等。

敏感性训练法的适用范围如图 1-4 所示。

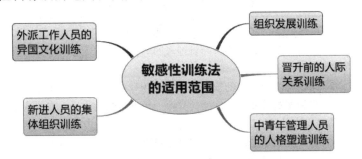

图 1-4　敏感性训练法的适用范围

实操 13 什么是管理者训练法？

管理者训练法简称 MTP（management trainning program）法，是产业界最为普及的管理人员培训方法。这种方法旨在使学员系统地学习、深刻地理解管理的基本原理和知识，从而提高他们的管理能力，适用于培训中低层管理人员掌握管理的基本原理、知识，提高管理的能力。培训方式包括专家授课和学员间研讨。

指导讲师是管理者训练法的关键，可由外聘专家或企业内部曾接受过此类培训的高级管理人员担任。

实操 14 什么是角色扮演法？

角色扮演法是指模拟一个真实的工作情境，让参加者身处模拟的日常工作环境中并按照他在实际工作中具有的权责来担当与实际工作类似的角色，模拟性地处理工作事务，从而提高其处理各种问题的能力。角色扮演法的精髓是"以动作和行为作为练习的内容来开发设想"。

行为模仿法是一种特殊的角色扮演法，它通过向学员展示特定行为的范本，由学员在模拟的环境中进行角色扮演并由指导者对其行为提供反馈，适用于中层管理人员、基层管理人员、一般员工的培训。

角色扮演法的优、缺点如表 1-7 所示。

表 1-7　角色扮演法的优、缺点

项　　目	内　　容
优点	① 学员参与性强，学员与讲师之间的互动交流充分，可以提高学员的培训积极性； ② 角色扮演中特定的模拟环境和主题有利于增强培训效果； ③ 增加学员彼此之间的感情交流，培养他们的沟通、自我表达、相互认知等社会交往能力； ④ 学员互相学习，及时认识到自身存在的问题并进行改正，明白自身的不足，使各方面能力得到提高； ⑤ 可提高学员的业务能力和心理素质，同时提高其反应能力； ⑥ 具有高度的灵活性，实施者可以根据培训的需要改变受训者的角色，调整培训内容； ⑦ 角色扮演对培训时间没有任何特定的限制，培训时间的长短视要求而定
缺点	① 场景是人为设计的，如果设计者没有精湛的设计能力，设计出来的场景可能过于简单，使受训者得不到真正的锻炼和提高能力的机会； ② 实际工作环境复杂多变，而模拟环境却是静态的、不变的； ③ 角色扮演中的问题分析仅针对个人，不具有普遍性； ④ 有时学员由于自身原因，参与意识不强，表现得漫不经心，影响培训效果

实操 15　什么是拓展训练？

拓展训练是指通过模拟探险活动进行情景式心理训练、人格训练、管理训练，它以外化型体能训练为主，学员被置于各种艰难的情景中，在面对挑战、克服困难和解决问题的过程中，他们的心理素质得到提高。拓展训练的分类如表 1-8 所示。

表 1-8 拓展训练的分类

项　目	内　容
场地拓展训练	场地拓展训练是指需要利用人工设施（固定基地）的训练活动，包括高空断桥、空中单杠、缅甸桥等高空项目以及扎筏泅渡、合力过河等水上项目。场地拓展的特点包括：① 有限的空间，无限的可能；② 有形的游戏，锻炼的是无形的思维；③ 简便、容易实施
野外拓展训练	野外拓展训练是指在自然地域，通过模拟探险活动进行的情景体验式心理训练。其基本原理是通过野外探险活动中的情景设置，使参加者体验所产生的各种情绪，从而了解自身（或团队）面临某一外界刺激时的心理反应及其后果，以实现提升学员能力的培训目标，包括远足、登山、攀岩和漂流等项目。它具有以下特点：① 野外拓展借助自然地域，较为轻松；② 野外拓展提供真实模拟的情景体验；③ 野外拓展使参与人员拥有开放、接纳的心态；④ 野外拓展使参与人员拥有与以往不同的共同生活经历

实操 16　什么是网上培训与虚拟培训？

1. 网上培训

网上培训是指通过企业的内部网或互联网对学员进行培训的方式。

在网上培训中，讲师将培训课程上传至培训网站，分布在世界各地的学员可利用网络浏览器进入该网站接受培训。网上培训的优、缺点如表 1-9 所示。

表 1-9 网上培训的优、缺点

项　目	内　容
优点	① 无须将学员从各地召集到一起，大大节省了培训费用； ② 在网上培训方式下，网络上的内容易修改且修改培训内容时无须重新准备教材或其他教学工具，费用低，可及时、低成本地更新培训内容； ③ 在合法合规的情况下，网上培训可充分利用网络上大量的图片和影音等资源，增强培训的趣味性，从而提高学员的学习兴趣； ④ 网上培训的进程安排比较灵活，学员可以充分利用空闲时间参加培训，而不用中断工作
缺点	① 网上培训要求企业建立良好的网络培训系统，这需要投入大量的培训资金，中小型企业受资金限制，往往无法花费资金购买相关培训设备和技术； ② 某些培训内容不适合用网上培训方式，如关于人际交流技能的培训

2. 虚拟培训

虚拟培训是指利用虚拟现实技术生成实时的、具有三维信息的人工虚拟环境，学员通过运用某些设备接收和响应该环境的各种感官刺激而进入其中，并可根据需要通过多种交互设备来驾驭环境、操作工具和操作对象，从而达到使培训对象提高各种技能或学习知识的目的。

虚拟培训具有仿真性、超时空性、自主性、安全性；在培训中，学员能够自主地选择或组合虚拟培训场地和设施，而且学员可以在重复中不断增强自己的培训效果；这种虚拟环境使他们脱离了现实培训环境中的风险并能从这种培训中获得感性知识和实际经验。

实操 17 如何理解"有效培训"？

"有效培训"的主要表现如表 1-10 所示。

表 1-10 "有效培训"的主要表现

项　目	内　容
重视培训需求分析	培训需求既是确定培训目标、进行培训规划的前提，也是进行培训评估的标准和基础
严格考核，注重效果	通过对培训效果的评价，可以得到反映培训及时性的信息、培训目的设定合理与否的信息、培训内容与形式方面的信息、培训材料与讲师选定方面的信息等
树立新的培训理念	首先，应树立"培训是人力资本增值源泉"的理念，进一步提高企业领导对培训工作重要性的认识，使其真正意识到员工培训是现代企业生存、竞争、发展的基础；其次，对员工的培训应该是个终身的过程，要使员工在任何职业生涯阶段都可以发挥作用；最后，变单一的工作能力培训为综合型培训，在对工作能力和技能进行培训的同时，还必须注重对学习态度、创新能力等的协同开发
建立科学系统的员工培训体系	完整系统的员工培训模型应该符合 PDCA（plan，do，check，act）循环，包括准备阶段、培训阶段、评价阶段和反馈阶段

实操 18 企业效益差，所以不组织培训，这种做法对吗？

有的企业由于经济效益不好，不对员工进行培训，这种做法很危险，不重视培训是那些经营不好的企业失败的根本原因之一。培训是企业转亏为盈的重要手段之一。如果不培训，员工的态度、技能、知识就不可能提高，企业转亏为盈也随之成为空话。

实操 19 高层管理人员无须培训，这种做法对吗？

一些企业的管理者认为，培训只是针对基层的管理人员和普通员工的，而高层管理人员都很忙，他们本来就是人才，经验丰富，因而不需要再培训。但实际上，企业高层管理人员的素质在很大程度上影响了企业的发展，因而他们更需要更新知识、改变观念。国外有很多知名企业甚至把培训作为一项福利并按职级进行分配，管理者的层级越高，参加的培训就越多。

第二节 案 例 精 解

案例 1 如此培训能让部门满意吗？

某电子加工企业质量部有一个质量控制（quality control）小组，简称 QC 小组，小组成员一共有 8 人。最近，质量部经理发现 QC 小组人员经常在产品检验中出现问题，如对产品标准不熟悉、对标准检验执行不严格、怕得罪生产人员，同时在工作中不能很好地运用 QC 手段和方法开展工作，导致近期产品质量下降，客户投诉增多。

质量部经理根据企业相关制度，要求人力资源部对 QC 小组人员进行相关的培训。人力资源部说要做培训必须对需求进行调研，结果仅培训需求调研就花费了三天时间；等到调研完毕，人力资源部又说要做个培训计划方案，结果又花了四天；做好培训计划方案后，人力资源部没有与质量部经理进行共同商讨，就自行在网上寻找电子加工企业类品质管理培训师资和资源，但由于找不到合适的培训师和相应的资源，整个培训工作就此搁浅了。

质量部经理心急如焚，认为人力资源部这样开展培训工作实在难以让部门满意。对此，你怎么看？

【精解】

通过这个案例，我们可以总结出以下两点。

（1）该企业人力资源部的工作效率太低，执行力不够，导致浪费了大量的时间，结果培训工作还是无法正常开展。因此，在企业中，无论是人力资源部门，还是其他部门，都要有强大的执行能力，只有这样才能提高效率，为企业创造价值。

（2）该企业的培训流程应该优化。本案例中，质量部提出来的其实是一个计划外的、临时的培训需求，不在日常的年度培训计划之中，而且这一培训需求非常重要，事关企业产品的质量和客户的满意度。因此，这样的培训需求只需要由部门提出，上级或相关部门进行审批就可以了，没必要再进行培训需求调研，这样做完全是在人为设置障碍，浪费时间。有些企业甚至会对重点部门下放权力，给予一定的培训经费，让他们可以根据自身需求来开展培训活动，当然企业要从宏观上进行一定的调控，避免不同部门出现重复的培训。

案例 2　如何对新员工进行培训激励，优胜劣汰？

某企业存在这样一个管理问题：由于一些关键技能工在社会上偏少，企业总招不满人，因此这些关键技能岗位上的老员工（五年以上）自视甚高，即使工资很高，但他们仍然怨声载道，多是应付工作。企业领导心里很急，于是想到了"鲶鱼效应"，想引进一些新员工刺激一下那些老员工。

与此同时，新问题又摆在了企业管理者的面前。该企业之前对新员工的做法是，经过文化或制度培训后，把新员工直接交给使用部门，由使用部门具体管理。生产部门虽然有师傅带徒弟的制度，但由于监督考核没跟上，基本流于形式。新员工被分配到各部门后，由于主管的带队能力和用心程度不同，很多新员工最后都是稀里糊涂地转了正，结果带来安全隐患等一系列问题。

目前的情况是，关键岗位计划充实 10 人，其他岗位需要淘汰 15 人，共缺员 25 人。那么，应如何对新员工进行培训激励，培养出合格的技能工呢？

【精解】

该企业是想培养新员工进入关键技能岗位，可采用下面的培训方案。

企业人力资源部从大、中专院校和社会集中招聘45人，多的20人是为了确保淘汰后的优选人数充足。企业统一对他们进行关键工序技能的培训，既解决了眼前的技能工短缺问题，又解决了未来的人才储备问题。

HR对新员工的培训分为两个阶段：基本素质培养阶段和专业技能培养阶段，每个阶段都采取优胜劣汰。

1. 基本素质培养阶段

从入厂开始，凡是不能按时到岗的，一律不再录用；在制度等培训过程中，针对不认真听讲的，HR专员记录后在课间休息时询问其课堂讲授的内容，凡是不了解的，一律立马走人；在军训过程中，凡是不按要求动作执行的（可以不标准，但不能不努力），一律淘汰，因为如果连非常简单的动作都不执行，就不可能在没有监督时严格执行操作规程。在此期间，HR还应暗中观察，凡是领导来了就起劲儿干，领导走了就吊儿郎当的，一律清退。经过7个工作日后，留下39人。

2. 专业技能培养阶段

这39人被分成3组，每组有一名老员工做教练，但统一归人力资源部管理，带队教练根据本组的综合排名获取等级补助。

培训时，将技能工的作业方法分为6个步骤，每个步骤训练后，小组之间和组员内部都进行竞争排名。小组的名次位置固定，从第一名到第三名分别为红旗组、绿旗组、黄旗组，但各小组要根据每次竞赛获得的名次入座，每次竞赛完后对红旗组即时兑现奖励，对倒数的黄旗组的教练和员工罚做俯卧撑，同时黄旗组的倒数第一名被淘汰。

小组内部，从第一名到最后一名也按名次入座，但与小组竞赛不同的是，个人竞赛的成绩同时公布两个排序：本次竞赛成绩和累计竞赛成绩，而座次按累计成绩安排。与此同时，对每个小组内连续三次在后三名的，予以淘汰。这些新员工都憋着一股劲儿，宁可自己主动走，也不能被淘汰。其实，竞争的关键点是，越是一次次在竞争中胜出，这个结果越会被参与者珍惜。由于大家都是初学，只要比别人更刻苦一些，名次马上就会出现变化，因此整个活动中，几乎每次竞赛结束后，座次都会变换，而因连续三次在后三名而被淘汰的只有1人。训练期间，HR特意安排每个小组配备一把训练室钥匙，正常上班时间外，不限制训练时间。

经过一个多月的强化训练，最后胜出的员工有28个。随后，企业开始组织新老员工竞赛。令人吃惊的是，前10名中，新员工居然占了7人，许多工作超过5年的老员工都比不上他们。老员工看到结果之后，受到了很大的触动。

HR适时在整个车间拉开了竞聘的大幕，竞聘结束后，对于希望继续留在企业的被淘汰人员，就让他们做辅助类工作，企业每季度给他们一次机会，可以竞聘企业中的任何一个岗位，让他们变成员工背后的"第三只眼睛"，从而让所有在岗员工不敢懈怠。

通过这种优胜劣汰的方法强化对新员工的培训，一方面为企业的未来发展储备了力量；另一方面，对那些老员工也能起到敲山震虎的作用，提高他们的工作效率。

第二章

企业培训开发体系
的设计与运行

第一节 实务操作

实操 1 企业培训开发体系一般由哪些方面构成？

企业培训开发体系是指在企业内部建立的系统的、与企业发展以及人力资源管理相配套的培训管理体系、培训课程体系以及培训实施体系。这三个体系把企业培训工作的输入、设计、实施、检验、输出等过程严格地整合成一个有机整体（见表 2-1）。

表 2-1　企业培训开发体系的构成

项　　目	内　　容
培训管理体系	培训管理体系包括企业培训制度、培训政策、管理人员培训职责管理、培训评估体系、培训费用管理、培训效果与职务升迁、培训与绩效考核、培训与薪资管理以及培训信息的反馈、收集与管理等
培训课程体系	培训课程体系包括企业文化培训课程、岗前培训课程、岗位培训课程、营销培训课程、管理培训课程、财务培训课程、技术培训课程、知识类培训课程
培训实施体系	培训实施体系包括内培、外培、课堂培训、现场培训、拓展培训、网络培训、岗位轮训以及培训实施方法

实操 2　什么是战略导向培训开发体系？其特征有哪些？

1. 战略导向培训开发体系

战略导向培训开发体系是从企业整体战略发展的需要出发，对培训与开发活动进行设计和实施的一个完整、动态的系统，因此其与企业人力资源规划关系密切。

企业制定人力资源规划的目的是实现对各类人员的合理配置和有效利用，人力资源规划是人力资源管理的基础，是直接落实人力资源战略的重要环节之一，同时，它也是建立员工培训与开发体系的"纲"。

以战略为导向的企业培训开发体系作为企业人力资源规划的重要支持系统，

要按照企业整体发展战略规划的要求正确解决以下两个重要问题：① 如何从数量和质量上保持企业人力资源供应与需求的动态平衡；② 如何最大程度地开发企业组织中现有人力资源的潜力，不断地增强企业人力资源的核心竞争力。

2. 战略导向培训开发体系的特征

（1）从企业的战略目标出发，满足组织发展的潜在需要。经营战略是企业的行动指南，一切管理活动都要围绕企业的经营战略展开。仅从个体和组织的角度来设计培训体系已不能满足企业的需要。从战略高度出发的培训体系是通过与企业长期的战略目标、短期的年度经营目标有机结合而构建的，这样就能保证培训与企业的总体目标紧密结合；通过科学、易操作、具体化的需求分析，保证培训内容、方式、课程与企业总目标的紧密联系，避免培训流于形式，使培训始终以企业发展战略为导向。

（2）以人力资源规划为指导，应对企业面临的不同环境。员工培训的根本目的是满足企业现在及将来的经营管理对员工的要求。企业只有认清内外部环境的变化，才有可能解决面临的问题。人力资源规划就是对这些动态的变化进行科学的预测和分析，据此制定出正确、清晰、有效的人力资源政策和措施，保证组织对人力资源的需求得以满足。培训是为了使员工满足企业战略目标的需要并弥补其与组织要求的差距。因此，培训体系的建立应将人力资源规划作为指导性纲领来确定需要培训的岗位、需要培训的对象，然后通过工作分析、任务分析明确描述岗位的任职条件，将现有人员的素质与任职条件进行对比，寻找差距，明确培训的需求，这也正是以战略为导向的企业培训开发体系不同于传统培训开发体系的关键所在。

（3）注重关键岗位人员、稀缺人才的培训发展问题。对于企业而言，关键岗位人员、稀缺人才是企业持续发展的主要源动力。企业应根据自身的人力资源规划，以培养自己的人才优势和整体竞争优势为目标，培养企业所需的人才并确保培训系统有效运行。在构建全员培训体系的基础上，突出以关键岗位人员、稀缺人才为核心的培训体系的构建，以避免企业在发展过程中遭遇人力资源瓶颈问题。

（4）满足多样化、层次化的培训需求。通过人力资源规划对企业发展战略的直接支撑，对年度经营计划短期目标和组织现阶段存在的问题进行分析，可制定满足企业各发展阶段的培训需求以及组织、岗位、人员等各方面培训需求的培训体系，从而满足多样化、层次化的企业培训需求。

（5）避免培训的短视效应，为企业的长远发展打好基础。由于人力资源规划是 3～5 年的长远规划，企业在规划的初期已经预见到中长期的发展，因此提前根据要达到的中长期目标的需要进行培训，在需要用人的时候就能够顺利补充，为企业的整体发展提供有力保障，也就避免了培训总是"头痛医头，脚痛医脚"和"救火式"培训等短视行为。

（6）培训效果的评价、反馈作为承上启下的关键环节，发挥着重要作用。培训评估是培训工作中绝对不能缺失的一个承上启下的关键环节。当培训取得预期效果时，培训会为下一年的培训计划提供有价值的培训信息；如果培训未取得预期的效果，可以与企业的经营目标对照，查找原因，进入培训过程的下一步。在此环节中，通过收集、整理不同评估层次的反馈信息，构建一个兼顾软硬指标的评估指标体系并作为培训体系是否实现预期目标的一个检验手段。

实操 3　企业员工培训开发体系的构建方式有哪些？

企业员工培训开发体系的构建有两种常用的方式：一是结构化培训体系的构建，二是过程序培训体系的构建，如图 2-1 所示。

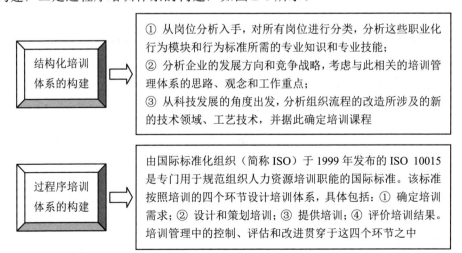

结构化培训体系的构建

① 从岗位分析入手，对所有岗位进行分类，分析这些职业化行为模块和行为标准所需的专业知识和专业技能；
② 分析企业的发展方向和竞争战略，考虑与此相关的培训管理体系的思路、观念和工作重点；
③ 从科技发展的角度出发，分析组织流程的改造所涉及的新的技术领域、工艺技术，并据此确定培训课程

过程序培训体系的构建

由国际标准化组织（简称 ISO）于 1999 年发布的 ISO 10015 是专门用于规范组织人力资源培训职能的国际标准。该标准按照培训的四个环节设计培训体系，具体包括：① 确定培训需求；② 设计和策划培训；③ 提供培训；④ 评价培训结果。培训管理中的控制、评估和改进贯穿于这四个环节之中

图 2-1　企业员工培训开发体系的构建方式

实操 4 如何健全培训管理体系？

健全企业员工培训管理体系是企业培训体系设计与实施的关键和重点，也是推进企业员工培训与开发工作全面深入开展的重要保证。

企业员工培训管理体系的结构如图 2-2 所示。

图 2-2 企业员工培训管理体系的结构

实操 5 战略导向培训配套体系建设的内容有哪些？

1. 战略导向培训制度体系的建设

培训制度是能够直接影响与作用于培训系统及其活动的各种法律、法规、制度及政策的总和，它是企业员工培训工作健康发展的根本保证，是企业在开展培训工作时要求人们共同遵守并按一定程序实施的规定、规则和规范。培训制度为培训活动提供了一种制度性框架和依据，是培训管理实施并形成良好的运行机制的基础。只有具备完善配套的培训制度，才能使培训工作顺利开展，才能保证培训沿着法制化、规范化道路运行。因此，在建立战略导向培训管理机构的同时，也要做好企业培训制度建设，使培训制度与企业战略相匹配、适应，及时跟进企业发展战略。

2. 战略导向培训文化体系的建设

培训要注重对员工的价值观念和行为倾向的引导，使之切合企业文化的特性并促进员工认同和弘扬企业的文化。培训文化是新环境下企业的重要特征，更是考察组织中培训发展现状的重要标志，可以明确组织的文化以及文化的发展需求并加以传播和建设。战略导向的培训文化体系建设是从组织战略的需要出发，按照以人为本的管理思想，强调员工是企业文化的主体，是文化的创造者和传播者。由于个性特点的差异性，不同员工的价值观各不相同，培训文化的建立可以引导员工的思想、行为朝着企业要求的方向发展，塑造和传播统一、积极的文化，营造更有利于培训系统正常运作的环境。

3. 战略导向培训后勤支撑体系的建设

培训后勤支撑体系是指企业为了实现培训目标、保证培训管理工作的正常运转所必备的各类资源。这些资源包括人力资源、财务资源、设备资源、信息资源和技术资源，缺少这些资源中的任何一项，培训管理工作都无法开展。

实操 6　企业员工培训开发战略实施的保障措施有哪些？

企业员工培训开发战略实施的保障措施如表 2-2 所示。

表 2-2　企业员工培训开发战略实施的保障措施

项　　目	内　　容
文化保障	培训文化是企业文化的重要组成部分，直接影响着培训工作。 培训文化对企业培训的保障作用体现在：① 营造积极向上的学习氛围；② 搭建内部交流、学习的平台；③ 与外界建立良好的合作关系；④ 充分调动企业的培训资源
制度保障	① 明确清晰的培训制度与政策是保证企业培训战略顺利实施的基础； ② 企业培训政策主要包括员工培训时间和费用安排、相关制度保障； ③ 完善的制度是保障培训效率和效果的有效手段
组织保障	① 企业培训部门的培训职能应独立于人力资源部； ② 将培训部门工作纳入管理系统，负责企业的培训规划、组织管理和专业培训及知识培训； ③ 企业高层领导、人力资源部、培训部门之间的合理分工与配合是企业培训得以顺利开展的保障
人员保障	加强培训组织管理人员队伍和培训师资队伍的建设，以保证培训取得最佳效果

续表

项　目	内　容
风险防范	培训风险指企业培训过程及其结果由于观念、组织、技术、环境等可能出现的负面影响对企业造成直接或潜在的损害，包括以下两类。 ① 内在风险，包括培训观念的风险和培训技术风险； ② 外在风险，包括培训后人才流失的风险、专业技术保密难度增大的风险、培训收益风险
效果保障	培训效果是指企业和受训者从培训中获得的收益，即培训产出与培训投入的差，重点包括：① 实施培训的最大成本实际是员工因参加培训而失去的生产工作时间；② 如果忽略培训需求分析，则培训不是人力资源开发的有效投资；③ 进行成本分析的目的是用最少的费用得到最佳的效果

实操7　一个有效的员工培训体系应包括哪些内容？

人力资源对企业核心能力和竞争优势的支撑从根本上说取决于员工为客户创造价值的核心专长与技能，而以战略与核心为导向的员工培训体系将对培养和提升员工的核心专长与技能提供重要的支持。

有效的员工培训体系一般包括两大核心、三个层面、四大环节，如图 2-3 所示。

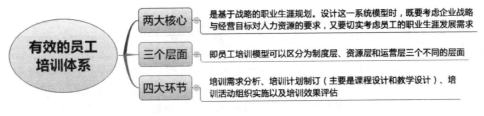

图 2-3　有效的员工培训体系

实操8　企业培训与开发运行模式的特点有哪些？

（1）在培训制度应用上，注重激发员工的学习动力，变被动接受培训为主动学习。培训在企业中占据越来越重要的地位且正在从以讲师和课程为中心的被动形式转变为以学习者为中心的主动形式。员工越来越深刻地认识到学习的价值，认识到创造和应用知识比积累知识更为重要。

（2）在培训实施过程中，强调以"人"为本。培训过程更关注人的生理和心理特点，培训已经被视为一种令人身心愉悦的活动或一种公司对员工贡献的回报和激励措施，而不是组织下的命令。此外，培训在组织设计上也应尽量突破组织界限，更加"人性化"。

（3）在培训内容和资源体系的建立上，突破了工业时代岗位技能培训的范围，更加重视提高人的胜任能力。知识经济时代的培训包括更广泛的培训内容，如专业技能、创造技能、管理技能、团队精神、企业文化等。将培训资源体系建设得更加丰富是为了满足企业和员工的需求。

（4）培训效果测评着眼于培训实施的经济效益。知识资源是在为数不多的特定过程中产生、共享和利用的，一般包括市场调研、产品研发、交易合作等与公司业务密切相关的过程，因此现代培训更加注重知识在这些过程中的应用，培训的效果和产生的收益成为培训测评的主要内容。

实操 9　企业培训与开发有哪些模式？

1. 培训与开发的传统模式

培训与开发的传统模式如表 2-3 所示。

表 2-3　培训与开发的传统模式

项　　目	内　　容
咨询型模式	咨询型模式是一种备受推崇的模式，它既适用于组织外部顾问，又适用于内部顾问，不仅能提供组织所需的灵活性和应对力，还能提高个人的满足感和能力，对于培训人员提高技能极为有益，但不适合对于组织的有效培训的实施。咨询过程分为四个阶段：获准进入、调查与分析、完成、推出
持续发展型模式	这一模式为组织发展提出了一整套建议，将有助于组织资源的开发；着力解决培训职能的长期强化和提高问题，因而更能满足组织者的需要。具体包括以下 7 个要点。 ① 政策要形成文件，但其表述不应只停留在美好的愿望上，要有充实的内容； ② 责任与角色要求，主要对象包括高层管理者、经理人员、人事职能部门人员以及所有的学员； ③ 培训机会及需求的辨识和确定，对此要有相应的计划、任务说明并进行专项评审；

续表

项　　目	内　　容
持续发展型模式	④ 学习活动的参与应通过激励和协商来实现； ⑤ 培训计划，组织要确定从培训工作预算开始的一系列问题的政策和具体内容； ⑥ 培训收益，对此应分项管理； ⑦ 培训目标，目标的确定应满足组织持续发展的要求或以此为特征。 尤其需要强调两个方面：一是将有效培训置于更广泛的组织背景中并探索与其他发展活动的联系；二是提出了通向持续发展终极之路的一系列相关活动内容，这些活动可以加以区分并可分别完成。 关于这种模式的争议是关于持续发展的标准过于绝对，完全超出了培训经理的控制

2. 培训与开发的新模式

培训与开发的新模式如表 2-4 所示。

表 2-4　培训与开发的新模式

项　　目		内　　容
系统型模式	含义	通过一系列符合逻辑的步骤，有计划地实施培训
	步骤	① 制定培训政策；② 确定培训需求；③ 制定培训目标和计划；④ 实施培训计划；⑤ 对计划的实施进行评估、审核
	价值	① 使培训者认识到有结构、有规则地从事培训的重要意义； ② 强调对培训活动实行有效评价的地位以及它可以带给培训过程其他环节的益处
	缺点	① 未表明培训职能在开发、供应、领先、能力方面应该起到的积极作用； ② 没有考虑到将现代培训职能深植于组织的必要性； ③ 没有阐明与培训实施中相关各方之间的关系
阿什里德模式	离散阶段	① 培训与组织目标无关联；② 培训被看作浮华的或浪费时间的；③ 培训的运作是非系统性的；④ 培训是功利性、定向的；⑤ 培训是培训人员的事；⑥ 培训职能只归培训部所有；⑦ 以纯粹的基础知识为主
	整合阶段	① 培训开始与人力资源的需求相结合； ② 使培训与评价体系形成一体； ③ 既强调基础知识，又强调其他内容，尤其是技能型内容； ④ 由于人力资源需求对培训的影响，促使企业关注发展的问题；

续表

项　目		内　容
阿什里德模式	整合阶段	⑤ 培训由培训人员承担，但由于培训内容范围的扩展，对培训人员的技能要求提高； ⑥ 部门经理作为评价者参与到培训和发展中； ⑦ 以班前、班后培训代替脱产培训； ⑧ 培训通常是脱产的，但经过不断的发展，在职培训的价值得到正式认可； ⑨ 培训计划更多地考虑了个人的需要
	聚焦阶段	① 面对迅速变化的企业环境，培训、发展和个人的不断学习与提高被看成组织生存的必要条件； ② 培训与企业战略和个人目标相结合； ③ 注重职业发展，使学习成为一个完全连续的过程； ④ 专家的培训内容涵盖知识、技能、价值等领域； ⑤ 自行选择培训课程； ⑥ 除基础知识培训外，其他培训的选择方向通常是非定向的； ⑦ 采用新的培训方式和手段，开放和远距离培训，制订自我发展计划等； ⑧ 更加重视评估培训发展活动的效果； ⑨ 部门经理开始对培训承担主要责任； ⑩ 培训者的职能范围扩大； ⑪ 将学习作为一个连续的过程重新加以强调； ⑫ 允许失败并将其视为学习过程的一部分

3. 企业大学的组织模式

企业大学的组织模式如表 2-5 所示。

表 2-5　企业大学的组织模式

项　目		内　容
指导型组织模式	内容	① 该模式中，企业大学成为人力资源部门的子部门，人力资源部门负责制定企业大学的战略规划并指导教学方向； ② 企业大学对内是费用中心，根据人力资源部门的发展路径规划学习管理并向人力资源部门提供培训数据，以辅助企业的人力资源管理
	优点	企业大学依据人力资源部门制定的规划，以培训为导向，开展工作相对容易
	缺点	从企业整体和长远发展来看，由于人力资源部门并不适合完全主导企业学习，这种模式从长期来看不利于企业发展

续表

项　目		内　容
合作型组织模式	内容	① 该模式中的企业大学与人力资源部门是平行关系，对内为费用中心； ② 企业高层非常注重人才培训和学习，企业大学根据战略进行学习管理及规划并与人力资源部门进行数据传输
	优点	① 该模式中，企业大学向高层汇报，可从战略角度直接获得资源； ② 企业大学直接从企业战略出发制订学习计划，使人才发展直接与战略目标挂钩
	缺点	① 需要企业高层重视企业大学的建设和发展； ② 企业大学本身也要不断提升能力，投入大量精力完成从战略分解各层级员工能力的任务
独立型组织模式	内容	① 该模式对外主要是利润中心，企业大学发展到这种模式，必须具备较明显的竞争优势或资源并且对学习管理有一定的经验； ② 企业大学成为企业中又一个市场的探测器，一定程度上可以影响人力资源部门的决策； ③ 企业大学根据市场制定学习管理策略并提供给企业各层级和各部门（包括人力资源部门）； ④ 该模式下需设置市场和销售等部门
	优点	该模式中，企业大学以外部输出为主，可实现利润收入，并且可打造学习品牌，扩大企业影响力
	缺点	在内部学习和管理功能上相对较弱，对于内部学习和人才发展需求的跟踪和挖掘相对会出现不足
战略联合型组织模式	内容	① 该模式是企业大学发展的最终模式，采取该模式的企业应在学习管理上有着足够的经验，高层将学习视为人才管理的主要途径，坚持不断地推动企业的学习和发展； ② 指导委员会是最重要的机构，可由内部专家组成或由内外部专家联合组成，统一指导、确定学习计划和开展学习
	优点	该模式下，企业大学可根据企业战略灵活调整学习内容和管理方式，在企业应对内外部环境变化方面起杠杆作用
	缺点	需要企业高层重视企业大学的建设和发展，除企业大学专职员工外，还需要各业务单元专家、人力资源部门管理者的参与，协同程度要求较高

实操 10　企业在开展培训活动时应如何设计培训与开发组织运行模式？

培训与开发组织运行模式的设计如表 2-6 所示。

表 2-6　培训与开发组织运行模式的设计

项　　目		内　　容
培训与开发活动的结构化设计		① 核心活动，指教学层面的活动，是为学员直接创造价值的核心、基础活动； ② 支持活动，是核心活动的保障； ③ 管理活动，是通过控制核心活动与支持活动的过程来提升培训工作效率与效果的职能管理活动
培训效果与效率诉求下的培训活动分解	创业初期的企业	① 有老板和若干员工，培训需求相对强烈，最经济的选择是外派或培训费用支持； ② 随着规模的扩大，企业逐步开始将讲师请进来，企业由某个岗位兼职完成培训项目的管理工作
	中小型企业	① 培训工作开始大幅度增加，在人力资源部门设置培训专职岗位来开展培训工作，培训活动聚焦在教学层面上； ② 随着企业规模的扩大，可尝试增加培训岗位或组建培训部门； ③ 为了提高培训质量，公司逐步重视项目支持的专业化，向项目管理与支持活动倾斜
	大型企业	① 培训工作成为日常工作中的规模化工作； ② 规模化为专业化提供了条件，培训中心或培训大学应运而生； ③ 培训教学活动与支持活动分离后，教学活动开始纵向分离、横向集成
	集团化企业	① 培训职能化管理逐步从培训日常运作中剥离； ② 培训教学、项目管理开始向各子公司或机构转移，总部设置培训委员会和培训发展规划与管理机构，开始承担管理职能； ③ 企业大学的建立具备了基本的条件
培训与开发运行的最佳模式	需具备的因素	除应包括传统培训模式中的核心因素外，还应具有：① 为培训人员提供一个机构完整、规则齐全的框架；② 确保有效评价系统的循环运行；③ 强调量化目标的重要性，确保培训工作与战略目标的联系，使培训在和谐的环境中实施；④ 将各种不同需求整合起来并为满足这些需求做出安排；⑤ 不同组织的培训水平不同，需要采用的方法也不同
	取得最佳效果的项目	① 在任何情况下都需要培育组织的培训文化，部门经理和人力资源部职能人员更需要认识到培训的重要性及其自身在管理培训中的作用，有必要对他们在该领域的学习曲线进行考察； ② 培训者应该积极提高开发部门经理的责任感和反应能力； ③ 培训者应明确培训应为实现企业战略做出的贡献，而不是依赖组织为其明确

实操11　企业大学的构建要求、关键定位因素有哪些？它的组织架构如何建立？

1. 企业大学的构建要求

具体来讲，构建企业大学应符合以下要求：企业性、战略性、集成性、自主性、针对性。此外，企业大学已经初步具备了开放性和虚拟性。企业大学的分类如图2-4所示。

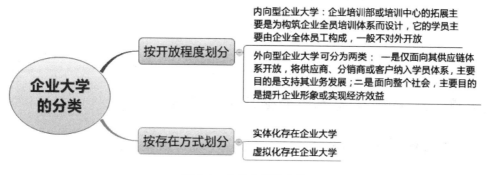

图2-4　企业大学的分类

2. 企业大学的组织架构

企业大学内部组织架构的建立是其高效开展业务的关键。在建立组织架构前，必须考虑企业大学的业务架构，根据其业务的价值链来设计各个部门。

（1）企业大学校长或企业的首席学习官（chief learning officer，CLO）当仁不让地承担着整合学习资源、引领企业变革的任务。

（2）教学研究部担任变革领导者的角色，负责开展一些前瞻性研究，如行业研究、培训体系评估等。这些研究工作的成果可以为企业大学引入新的思想和理念。

（3）培训规划部负责对培训的组织需求、岗位需求及个人需求进行调研与分析，选择相应的学习、解决方案并做出短期与中长期的培训规划。

（4）企业大学既然称为大学，必然会有很多与大学相似的特点。除了同样进行人才的培养之外，企业大学在组织形式上也可以借鉴大学的模式，设置独立学院。

3. 企业大学的关键定位因素

定位企业大学的关键因素如图 2-5 所示。

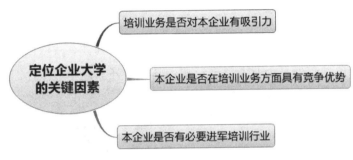

图 2-5 定位企业大学的关键因素

实操 12 如何借鉴成功的企业培训经验？

1. 联想的多层级培训

员工加入联想后，公司为每一个新员工指定一名指导人，一般是直线经理或部门资深员工，为新员工提供个性化指导。新员工从进公司的第一天开始就会得到不同的培训，从公司级培训到部门级培训，从岗前培训、入职培训、职业技能培训、专业技能培训、管理培训到各级干部培训等。此外，联想作为国内知名 IT 企业，具有广泛的合作资源，因此员工有很多与国际厂商交流的机会，培训可以帮助他们及时跟踪、掌握专业领域的最新技术。

如果员工工作一段时间后感觉确实不适应岗位，可以及时与上级沟通，在可能的情况下进行部门内或部门间的调岗。另外，当一名员工在同一个岗位工作了两年后，也可以进行轮岗或参加内部竞聘；工作三年后，员工可以根据个人的职业兴趣和能力申请在公司内调动。为了给优秀的人创造更大的发展空间，同时也让企业永远保持创业的激情，联想公司建立了优化机制，绩效不好、不能胜任岗位的员工将被淘汰。

2. 方正电子："三维"培训体系

培养自己的人才是方正电子的一条既定策略。年轻人从学校走向社会，首先要解决的是角色转化问题，方正电子为此特别设计了一个为期一个月的新员工培训流程。

应届毕业生一进方正电子公司就会收到一个装有礼品、需要办理的手续、学习用品、带有公司标志的 T 恤等的背包。在随后开展的新员工培训中，他们将会接受有关企业文化、基本制度、行为规范、个人发展等方面的培训，这些培训可以使新员工尽快熟悉环境、了解岗位。

方正建立的"三维"培训体系是：第一维度按职务层次划分，从普通员工到高层经理都有相应的培训；第二维度按专业类别划分，有专业技术培训、管理培训等；第三维度则按部门类别划分，不同的部门有不同的培训。

3. IBM 的"mentor"训练营

IBM 的新员工培训采用人帮人的方式，即一个"mentor"（导师）带领几个新加入的员工，边工作边学习。培训内容主要有以下四项。

（1）了解 IBM 的内部工作方式。员工要清楚自己所在部门的职能，学会跟别的部门打交道。

（2）了解 IBM 的产品和服务。IBM 的产品内容广泛、种类繁多，对企业产品的了解是新员工以后开展工作的基础。

（3）了解 IBM 的销售与市场。员工主动参与一些有关销售技巧的培训。

（4）职业素质培训，包括团队工作和沟通技巧的培训以及有关积极适应变化的培训。

在培训过程中，一个 mentor 带领的时间长短要参考培训经理的意见，必要时会轮派不同的 mentor 带一个人。

4. 惠普的系统培训方案——向日葵计划（sunflower program）

这是一个超常规的发展计划，旨在帮助较高层级的经理人员从全局把握职位要求、改善工作方式，分为以下四个自我成长的阶段。

（1）自我约束阶段，不做不该做的事，强化职业道德。

（2）自我管理阶段，做好应该做的事——本职工作，加强专业技能。

（3）自我激励阶段，不但要做好本职工作，而且要思考如何为团队做出更大的贡献，思考的立足点需要从自己转移到整个团队。

（4）自我学习阶段，学海无涯，随时随地都能找到学习的机会。

第二节　案 例 精 解

案例 1　培训总是被员工抱怨，怎么解决？

员工抱怨公司不组织培训，但组织培训时又有很多人不上心，没有真正从中学到东西，这种情况要如何解决呢？

【精解】

（1）首先 HR 要自检，发生此类状况是否源于之前的员工需求调查不到位、后期的分析没跟上或培训内容不实用？找出问题，再各个击破。

（2）公司的培训体系及培训制度要逐渐健全，要从"无序化"培训转化到"有组织"的培训。

（3）加强与各部门人员的沟通，倾听员工的真实想法，再结合公司实际情况做出培训工作的部署。

案例 2　"5+4+1"的培训管理体系是什么？培训如何化被动为主动？

"5+4+1"的培训管理体系中的 5、4、1 分别指什么？这一体系是大、中、小型企业都适用的吗？不重视培训的小企业该如何建立、推行这一体系？目前，某公司领导正处于培训的迷茫期，他知道培训很重要，也很想把培训体系建立起来，但对于公司组织的内外部培训，员工根本不重视。那么，怎样才可以使公司要求培训变为员工主动要求学习？

【精解】

"5+4+1"的培训管理体系分为 3 个层次，即顶层、支撑和保障。"5"是指培训需求调查、培训计划制订、培训组织实施、培训效果评估、培训工作总结 5 个步骤，它们是培训全流程运营的顶层，也是核心。"4"是指课程开发管理、内部讲师开发管理、培训供应商管理、培训经费管理 4 个资源体系，它们是培训工作开展的支撑。"1"是指一个保障，即培训制度保障，要用制度使培训与员工发展和晋升、组织绩效的提升挂钩，使培训费用的管理、供应商的使用有制度可依。

所有企业都适用此培训管理体系，要争取让高层参与体系设计，定期让高层对培训体系提出改进意见，让高层成为培训体系运营的保障者。企业中，推动人才培养工作的力量有四种，分别来自企业高层管理者/业务一把手、人力资源管理者、员工直线经理、员工本人。在传统培训工作中，人们都认为人力资源部门或人力资源主管领导是公司培训的第一责任人。但培训应是企业中每一位管理者都必须掌握的领导技能，企业高层或者业务一把手才是培训工作的第一责任人，是第一培训师。

另外，要使培训化被动为主动，关键在于 HR 要做准确的培训需求分析，全面掌握关于培训对象的人才数据；可通过胜任力测评深入了解员工的优势、劣势、性格特征等并与员工及其上级充分沟通，帮助员工上级共同辅导员工的成长。同时，还要将培训与员工的职业发展规划相结合，把企业的战略目标和处于不同职业生涯发展阶段的员工的培训需求相结合，有针对性地制定培训方案，通过培训、工作轮换等措施逐步实现员工的职业生涯目标。此外，要针对不同的培训对象制定灵活的培训方式，提高培训的吸引力。

第三章

员工培训的需求分析

第一节 实务操作

实操 1 培训需求产生的原因有哪些?

对培训需求形成原因的客观分析直接关系到培训的针对性和实效性。培训需求产生的原因如表 3-1 所示。

表 3-1 培训需求产生的原因

原　　因	内　　容
工作内容改变	企业处在不断变化、发展的环境之中,不同岗位的工作内容也会相应地发生变化,培训需求随之产生
工作领域改变	员工进入一家新的企业或踏入新的工作领域,为了尽快进入工作状态,参加培训是他们的首要选择
追求绩效目标	实现既定的或更优异的绩效目标是企业所希望的,但有些员工因能力等方面的原因,达成既定的业绩目标会有困难,由此产生了相关的培训需求

实操 2 员工培训需求有哪些分类?

员工培训需求按培训对象的范围不同,可分为普遍培训需求和个别培训需求;按培训时间的长短不同,可分为短期培训需求和长期培训需求;按培训需求表现的方式不同,可分为显性培训需求和隐性培训需求。

1. 普遍培训需求

普遍培训需求是指全体人员的共同培训需求,包括职业素养、通用管理技能、个人发展等培训需求,但不包括专业知识、专业技能等培训需求。

普遍培训需求的具体内容如表 3-2 所示。

表 3-2　普遍培训需求的具体内容

分　类	具　体　内　容
增强企业认同的培训需求	企业文化、企业发展历程、企业关键事件、企业基本规章制度等方面的培训需求
提升员工素质的培训需求	员工工作态度、工作方法、人际关系、职业生涯管理等方面的培训需求
提升员工技能的培训需求	计算机操作基本技能、外语应用基本技能等方面的培训需求

2. 个别培训需求

个别培训需求是由于部门不同、层级不同、岗位不同、资历不同而产生的，是部分人员或个别人员的培训需求，各类专业技能就属于个别培训需求。

个别培训需求的具体内容如表 3-3 所示。

表 3-3　个别培训需求的具体内容

分　类	具　体　内　容
不同类别人员的培训需求	新入职员工、新任管理人员等的培训需求
不同工作部门的培训需求	人力资源部门、行政部门、生产部门、质量管理部门、采购部门、营销部门等的培训需求
不同工作团队的培训需求	临时项目组、部门内不同团队等的培训需求

3. 短期培训需求

短期培训需求一般是指企业在未来一年内的培训需求，包括年度培训需求、季度培训需求、月度培训需求等。

短期培训需求包括突发情况的解决、引进技术的普及、政策与法规的学习，侧重于对具体问题的解决和对具体事项的处理，适用于由"不满意到满意""由不合格到合格""由不胜任到胜任"的培训。

4. 长期培训需求

长期培训需求是指企业在未来一段时间内，一般为一年以上（不含一年）的培训需求，这类培训需求的产生并不是基于现状，而是基于企业未来发展的要求。确定长期培训需求的依据是企业未来的发展战略目标和经营管理目标。

长期培训需求包括理念变革、战略转换、人才培养等方面的培训内容。

5. 显性培训需求

显性培训需求是指当前状态下培训对象在提高专业知识、技能水平和工作能力等方面的需求，它是基于现时的企业需要、组织要求和个人期望的培训需求。

（1）显性培训需求的信号。显性培训需求的信号比较容易识别，主要有六种，如图 3-1 所示。

图 3-1　显性培训需求的信号

（2）显性培训需求的确定方法。显性培训需求比较容易确定，员工往往能够比较清晰地说出他们的显性培训需求。企业员工显性培训需求的确定方法有两种：① 企业引导员工说出培训需求。企业培训管理人员识别到明显的培训需求信号后，可通过面谈法、问卷调查法、小组讨论法、关键事件法等对显性培训需求进行确定。② 员工自我申报。企业可以建立员工个人培训需求自我申报机制，即由员工说明参加培训的项目、时间、理由和依据，然后对其进行审批。

6. 隐性培训需求

隐性培训需求是指在当前状态下尚未被组织普遍认同、未直接显示出来的，同时是企业因客观形势发展而存在的培训需求。

（1）隐性培训需求的特点。隐性培训需求与显性培训需求有着密切的联系，在很多情况下，隐性培训需求是显性培训需求的延续。隐性培训需求的特点如表 3-4 所示。

表 3-4　隐性培训需求的特点

特　点	内　容
不明显性	隐性培训需求必须经过仔细分析和挖掘才能确定
延续性	隐性培训需求是显性培训需求的延续，在很多情况下，显性培训需求被满足后，隐性培训需求才能够确定
依赖性与互补性	隐性培训需求不可能独立存在，必须依赖于显性培训需求，两者互为补充
转化性	以员工的显性培训需求为基础，通过与其交流，可以将隐性培训需求转化为显性培训需求

（2）隐性培训需求的信号。隐性培训需求的信号包含但不限于图 3-2 所示的六个方面。

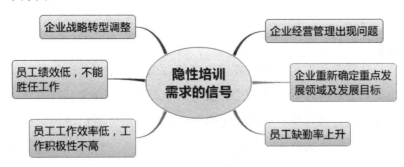

图 3-2　隐性培训需求的信号

（3）隐性培训需求的确定方法。隐性培训需求的确定更多地依赖于培训管理人员的观察分析和系统思考，即培训管理人员应在收集信息的基础上对信息进行整理、分析以及深度挖掘。

隐性培训需求的确定方法如表 3-5 所示。

表 3-5　隐性培训需求的确定方法

方　法	内　容
深度调查隐性培训需求	培训管理人员识别到隐性培训需求信号后，可通过面谈法、小组讨论法、观察法、问卷调查法等对员工的隐性培训需求进行深度调查，也可事先预计可能的隐性培训需求，再深入员工的实际工作进行有针对性的调查
与同行业的竞争对手进行对比和分析	培训管理人员需关注和了解同行业其他企业的培训工作，将竞争对手的培训工作同企业自身的培训工作进行对比，以产生评估、分析员工隐性培训需求的新思路。在对比行业竞争对手的培训工作时，应关注竞争对手的培训项目、培训方式及培训机构选择等

方　法	内　容
建立员工培训需求信息库	除了深度调查企业员工的隐性培训需求外,培训管理人员还应定期进行员工素质测评并进行相关信息的整理,建立员工培训需求信息库,监控员工培训需求的变化及培训实施后员工素质的变化

实操 3　企业可以从哪些层面分析培训需求?

员工培训的成功在很大程度上取决于培训需求分析的准确性和有效性,企业可以从个人层面、职务层面和企业层面分析培训需求。

1. 个人层面

培训是针对具体的员工和具体的岗位进行的,所以在分析公司员工整体素质结构的基础上对拟接受培训的个人展开分析是培训需求分析工作的核心,对培训效果起着决定性作用。个人层面的培训需求分析可采用培训对象区域划分法和不同类别人员培训需求定位法。

(1)培训对象区域划分法。该方法先按照工作技能和工作态度两项指标将员工归入四种不同的区域,再针对不同区域人员挖掘不同的培训需求,如图 3-3 所示。

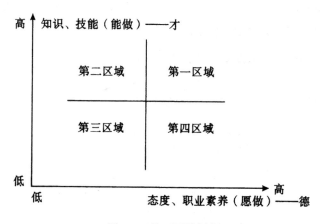

图 3-3　员工区域划分

不同区域人员的培训需求如表 3-6 所示。

表 3-6 不同区域人员的培训需求

员工区域	表现	培训需求
第一区域	德才兼备，各方面素质都过硬，已是或将是企业的核心员工或业务骨干，这类员工是企业的重点培养对象	培训部的职责就是督促这类员工做好职业发展规划，为其安排一些提升培训，不断引导其从操作层向执行层、管理层发展
第二区域	知识和技能过硬，但工作态度不太好，职业素养不太高	针对这类员工的培训要解决的是其工作态度不佳和职业素养不高的问题，培训部可以安排其参加企业文化培训、团队协作精神训练、职业素养提升培训等并加大对这类员工的绩效考核力度
第三区域	知识和技能不符合岗位要求，工作态度也不好	对于这一区域内的员工，人力资源部门可以与其进行个别谈话，了解其想法或向其直属领导了解实情并要求这类员工在规定的时间内适应岗位的要求，否则予以转岗或辞退。企业可以安排这类员工接受各项培训，当然，这会花费大量的人力、物力和财力
第四区域	知识和技能不符合岗位要求，但工作态度好	培训部需要安排这些员工参加专业知识培训和技术操作训练，使其尽快达到岗位的硬性要求，以便更好地为企业服务

（2）不同类别人员培训需求定位法。不同工作性质的人员，其培训需求也不同。按入职时间先后划分，可以将员工分为新员工和老员工（即在职员工）；而老员工按岗位级别划分，又可分为基层员工、中层主管人员和高层管理人员。上述几类人员的不同培训需求定位如图 3-4 所示。

2. 职务层面

职务层面的培训需求分析是指对某一职务的任职要求和业绩指标进行评价，由此得出该职务现任员工所应掌握的知识和所应拥有的技能与员工实际拥有的知识和实际拥有的技能之间的差距，进而明确培训需求的一种分析方法，具体内容如图 3-5 所示。

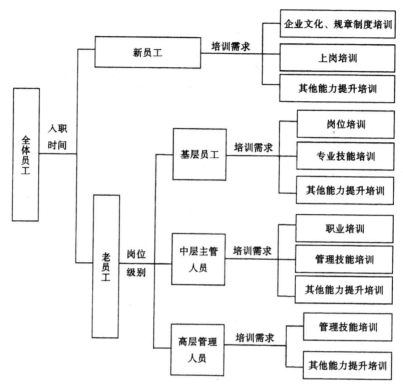

图 3-4　不同类别人员的培训需求定位

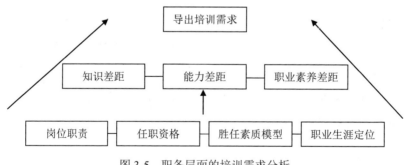

图 3-5　职务层面的培训需求分析

3. 企业层面

企业层面的培训需求分析是指通过对企业的目标、资源、环境等因素的分析，准确找出企业存在的问题并确定具体培训需求的一种分析方法。企业层面提出的常见培训需求事项包括实现晋升和提升、实现转岗和调岗、推出新业务、引进新技术、开拓新市场、招聘新员工、企业变革和创新、企业外部环境的变化、工作业绩的提升。

企业层面培训需求分析的具体内容如表 3-7 所示。

表 3-7　企业层面培训需求分析的内容

内　容	说　明
企业目标	明确企业目标是确定培训目标的关键，企业目标不清晰，就无法有效界定培训目标，最终会影响培训的实施和对培训效果的评价
企业资源	企业资源分析包括对以下三类资源的分析。 ① 资金资源，即分析企业为支持培训工作开展所能支付的经费； ② 时间资源，即分析企业业务开展方式和经营管理的特点，确保有足够的培训时间； ③ 人力资源，既要分析企业目前的人力资源状况，又要分析组织未来的人力资源需求
企业环境	主要从企业内部环境与外部环境两方面进行分析。内部环境包括企业文化、企业的软硬件设施、企业经营运作的方式、各种规章制度等；外部环境包括企业所在地区的经济发展状况、地域文化等
企业员工素质结构	员工素质结构分析主要包括以下内容。 ① 员工所受教育，即分析员工所受教育程度对岗位工作的影响； ② 员工专业结构，即分析员工所学的专业知识与岗位技能的匹配度； ③ 员工年龄结构，即分析不同岗位的年龄特点以及不同年龄层次员工的分布情况； ④ 员工性格结构，即分析不同岗位的工作特点对岗位任职者性格的不同要求

实操 4　企业进行培训需求分析应注意哪些事项？

培训管理者在实施培训需求分析时应注意三个方面的问题（见表 3-8）。

表 3-8　培训需求分析的注意事项

项　目	内　容
找问题	培训需求分析要求培训管理者找出企业、部门或员工待解决的核心问题是什么，明确他们期待达成的目标是什么、期望的效果是怎样的，然后对症下药
定内容	定内容是培训管理者通过对问题的查找，确定和分析出哪些事项是可以通过培训解决的，哪些事项是培训无法解决的。培训管理者可以从态度、知识和技能三个层面展开分析
定对象	当培训管理者确定解决这些问题需要哪些人、接受什么样的培训和学习之后，接下来要分析的是受训人员有哪些共同特征，如个性、共性、能力、风格、态度等基本信息。另外，还有一些培训辅助信息，如培训时间、培训地点、培训方式等也需要培训管理者在分析培训需求时一并考虑清楚

实操 5 什么是面谈法？如何开展面谈法？

面谈法是指访谈者与受访人面对面交谈，从受访人的表述中发现问题，进而判断出培训需求的调查方法。

面谈可分为正式面谈和非正式面谈两种情况。正式面谈是指访谈者以标准的模式向所有的受访人提出同样的问题的面谈方式；非正式面谈是指访谈者针对不同的受访人提出不同的开放式问题以获取所需信息的面谈方式。

1. 面谈法的优、缺点

面谈法的优、缺点如表 3-9 所示。

表 3-9 面谈法的优、缺点

特　点	内　容
优点	① 得到的资料全面； ② 得到的资料真实； ③ 能够了解问题的核心，有效性较强； ④ 能够得到自发性回答； ⑤ 能够控制非言语行为； ⑥ 开展团体面谈可以节省时间
缺点	① 受访人容易受到访谈者的影响； ② 需要投入较多的人力、物力、时间； ③ 面谈涉及的样本容量小； ④ 可能会给受访人带来不便； ⑤ 可替代性较差

2. 面谈法的流程

通过面谈法收集培训需求信息的流程如图 3-6 所示。

图 3-6　面谈法收集培训需求信息的流程

3. 面谈法的内容

企业在对新员工、专员、主管、经理等不同级别的员工进行培训需求调查时，要根据具体要求选择面谈内容（见表 3-10）。

表 3-10 对不同层级员工实施面谈法的内容

层　　级	面　谈　内　容
新员工	访谈组织文化、规章制度、职业化心态等内容
专员级员工	访谈岗位技能、专业技能等内容
主管级员工	访谈职业化、管理技能等内容
经理级员工	访谈管理技能、领导力提升等内容

4. 面谈法提纲

运用面谈法进行培训需求分析调查时，决定面谈法能否达到面谈目的的关键在于访谈者是否有一份能启发、引导受访人讨论关键信息，防止谈话偏离主题的面谈提纲。表 3-11 为基层员工绩效提升培训需求的面谈提纲，可供参考。

表 3-11 基层员工绩效提升培训需求面谈提纲

受访者：　　　　　　　　　　　　　　　　　　　　　　访谈时间：

调 查 指 标	访谈具体问题	访 谈 记 录
员工对目前绩效的自我认知	个人绩效方面目前存在哪些不足	
	个人是否清楚自己所处职位的目标绩效水平	
	个人目标绩效与现实绩效之间存在的差距	
	个人如何得到关于自己绩效的反馈	
	个人绩效低会对企业有什么影响，是否妨碍团队达成目标	
绩效低的原因： ① 工作环境 ② 知识技能 ③ 工作态度	是什么事情阻碍了个人绩效的提升	
	工作环境中的哪些变化会导致个人绩效低	
	目前所掌握的技能有哪些	
	为达到标准绩效水平，个人当前的技能是否够用	
	如果没有掌握目标要求的技能，会如何解决	
	是否已经掌握了目标要求的技能但没有加以应用？如果是，请说明原因	

续表

调 查 指 标	访谈具体问题	访 谈 记 录
学习动机调动	如果个人绩效低却没有被指出，你会怎么做	
	如果个人绩效低的情况被指出，你会得到什么裨益	
	如果是上述原因导致绩效低，你会采取什么措施改变现状	
	自己是否尝试过直接针对问题的解决方案	
	是否有比培训更简单的解决方案	
培训负责人	你期望由谁来负责培训？具体原因是什么	
培训内容	为改变绩效现状，是进行知识技能培训还是改变工作心态的培训	
培训期限、时间	培训期限多长为宜？你更倾向于在工作时间还是在休息时间进行培训	
	工作时间接受培训不太现实的话，具体在休息时间内的哪段时间培训合适	
培训地点	是选择内部培训场地还是外部培训场地	
培训方式	希望采取何种培训方式？是讲课类培训、阅读类培训、研讨类培训还是演练类培训	
	对培训讲师和讲授方法有什么要求	
	个人的学习风格是什么	
培训评估	你认为培训结束以后应达到什么效果	

实操 6　什么是观察法？如何开展观察法？

观察法是指通过较长时间的反复观察、通过多种角度、多个侧面的观察或在具体时间段进行细致观察进而得出结论的调查方法。

1. 观察法的优、缺点

观察法的优、缺点如表 3-12 所示。

基于表 3-12 所述的两大缺点，在运用观察法调查培训需求时，可以尽量采用隐蔽的方式进行观察并进行多次重复观察，以提高观察结果的准确性；可采用摄像技术记录员工的表现，然后再观看录像，从而发现问题。

表 3-12 观察法的优、缺点

特 点	内 容
优点	① 不妨碍被观察对象的正常工作和集体活动； ② 通过观察所获得的资料能够更准确地反映实际培训需求，偏差小
缺点	① 观察者只有熟悉被观察者所从事的工作程序和工作内容，才能做好观察工作； ② 如果被观察者对观察者的观察行为有所察觉，可能会故意做出假象，致使观察结果产生偏差

2. 观察法的使用

采用观察法收集培训需求信息可参考表 3-13 设置相应观察项目。

表 3-13 观察法示例

观察对象： 地点： 日期：			
观察项目	很好	好	一般	差
工作效率	□	□	□	□
工作质量	□	□	□	□
工作情绪	□	□	□	□
服务态度	□	□	□	□
工作中的耗损情况	□	□	□	□
工作中的安全意识	□	□	□	□
工作的熟练程度	□	□	□	□
工作方法	□	□	□	□
时间安排的合理性	□	□	□	□
创新能力	□	□	□	□
团队协作能力	□	□	□	□
领导组织能力	□	□	□	□
语言表达能力	□	□	□	□
解决问题能力	□	□	□	□
在团队中的影响力	□	□	□	□
部门整体情况				

注：将观察到的结果在最贴切选项下的"□"中打"√"

实操 7 什么是小组讨论法？如何开展小组讨论？

小组讨论法是指从培训对象中选出一部分具有代表性且熟悉问题的员工参加讨论，从而获得培训需求信息的一种方法。

1. 小组讨论法的优、缺点

小组讨论法的优、缺点如表 3-14 所示。

表 3-14 小组讨论法的优、缺点

特 点	内 容
优点	① 员工能够在讨论现场集中表达不同的观点； ② 能够缩短决策的时间，尽快达成一致意见
缺点	① 组织成本较高，要花费较多的时间、财力和物力； ② 公开场合有一部分人不愿意表达自己的看法和观点，这可能导致无法全面收集到不同的观点

2. 小组讨论法的流程

小组讨论法的流程如图 3-7 所示。在开展小组讨论时，可以采用头脑风暴法、组织对照法、刺激法、塑造法等多种方法，以增强效果。

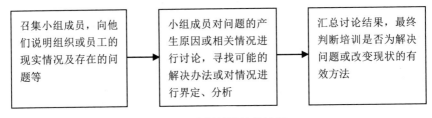

图 3-7 小组讨论法的流程

实操 8 什么是问卷调查法？如何开展问卷调查法？

问卷调查法是指通过预先设计的调查问卷收集培训需求信息的调查方法。

1. 问卷调查法的优、缺点

问卷调查法的优、缺点如表 3-15 所示。

表 3-15　问卷调查法的优、缺点

特　点	内　容
优点	① 费用低；② 可大规模开展；③ 信息比较齐全
缺点	① 持续时间长； ② 问卷回收率不高； ③ 从某些开放性问题中得不到想要的信息

2. 调查问卷的分类

调查问卷按形式可分为开放式、探究式和封闭式三种（见表 3-16）。

表 3-16　调查问卷形式分类

类　型	特　征	作　用
开放式	采用"什么""如何""为什么"等提问，回答时不能用"是"或"否"来简单应答	挖掘对方的想法和观点
探究式	更加具体化，采用"多少""多久""谁""哪里""何时"等提问	缩小所收集信息的范围
封闭式	只能用"是"或"否"来回答	限制所能收集信息的范围

3. 调查问卷的设计流程

调查问卷的设计流程如图 3-8 所示。

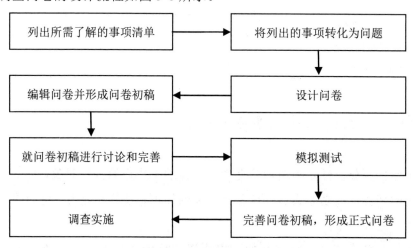

图 3-8　调查问卷的设计流程

4. 问卷调查法的应用

下面以用于了解在岗员工培训需求的调查问卷（见表 3-17）来说明问卷调查法的应用。

表 3-17 培训需求调查问卷（在岗员工）

日期：   年   月   日

姓名		性别		年龄	
专业		学历		所属部门	
职务		任职年限		工作年限	
工作情况					
主要工作内容					
工作问题处理					
在工作中经常遇到的问题					
解决方式					
结果如何					
培训情况					
参训经历（课程名称）		就职公司		参训日期	
针对上述培训课程的感受					
希望公司安排何种培训（希望和建议）					

实操 9 什么是工作任务分析法？

工作任务分析法是指培训管理者以具体的工作作为分析对象，分析员工所要完成的任务及成功完成这些任务所需要的知识、技能和能力，进而确定培训需求的方法。

工作任务分析法的优点是通过岗位资料分析和员工现状对比得出员工的素质差距，结论可信度较高；缺点是需要进行资料的详细分析，花费的时间和费用较多。

运用工作任务分析法收集培训需求信息的流程如图 3-9 所示。

图 3-9　工作任务分析法收集培训需求信息的流程

实操 10　什么是关键事件分析法？

关键事件分析法是指培训管理者通过分析对员工或者客户产生较大影响的事件及其暴露出来的问题，从而确定培训需求的一种方法，适用于出现客户投诉、重大事故等较大影响事件的情况，优点是易于分析和总结，缺点是事件具有偶然性，易以偏概全。

运用关键事件分析法收集培训需求信息的流程如图 3-10 所示。

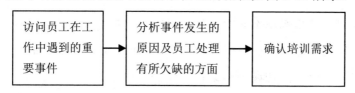

图 3-10　关键事件分析法收集培训需求信息的流程

实操 11　什么是绩效差距分析法？

绩效差距分析法是指培训管理者在分析组织成员现状与理想状况之间差距的基础上，确认和分析造成差距的原因并最终确定培训需求的方法，适用于员工绩效与理想状况出现差距的情况。

1. 绩效差距分析法的优、缺点

绩效差距分析法的优、缺点如表 3-18 所示。

表3-18　绩效差距分析法的优、缺点

特　点	内　容
优点	① 能及时找到解决问题的方法； ② 制定出的措施具有针对性； ③ 简单明了、易于实施
缺点	① 易失去方向；② 不易把握整体的轻重缓急

2. 绩效差距分析法的流程

运用绩效差距分析法收集培训需求信息的流程如图3-11所示。

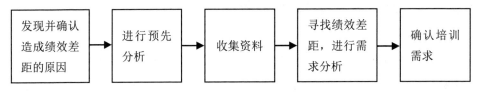

图3-11　绩效差距分析法收集培训需求信息的流程

实操 12　什么是档案资料法？

档案资料法是指利用企业现有的资料进行培训需求分析。对高层的会议纪要、战略指导书等文件进行分析或者对员工的岗位说明书、任职资格、岗位阶段性报告等进行分析，均属于档案资料法。

以档案资料法收集培训需求信息的优点是不需要管理层和员工的参与，较少占用部门和员工的时间；缺点是没有沟通交流，只分析文字资料可能会使结果与实际情况有所偏差；对资料的解读需要培训管理人员具备一定的信息基础、认识基础、能力基础及经验基础。

实操 13　什么是专项测评法？

专项测评法是指针对某一个具体的问题或领域，利用某一套标准，形成一套标准的统计分析量表。通过这套量表对需要调研的员工的某种技能、某个观念或某项素质进行定向测评，通过得到的结果，进行培训需求分析。

专项测评法的优点是专业度较高，如果能得到有效运用，测评的结果往往具备一定的信度和效度；缺点是由于这种方法的专业度高，需要培训管理者具备一定的能力基础，否则无法得出准确的结果。

实操 14　如何确认员工培训需求？

培训部门对通过各种调查方法所获得的培训需求信息进行汇总、分类后，形成企业或员工的初步培训需求。为了使初步确定的培训需求切合企业或员工的实际培训需求，需要进行培训需求的确认，具体可采用以下几种方法。

1. 面谈确认

面谈确认是针对某一个培训需求同培训对象进行面对面交流，听取培训对象对于培训需求的意见和态度，在此基础上对培训需求进行确认的一种方法。

2. 主题会议确认

主题会议确认一般是针对某一普遍培训需求而实施的方法。它通过就某一培训需求主题进行会议讨论，了解参会人员的意见和看法，进而明确培训需求，确保培训需求的普遍性和真实性，为培训决策和培训计划的制定提供信息支持。

3. 正式文件确认

正式文件确认是相关人员在对培训需求达成共识后，为了便于以后各部门培训的组织实施，避免推诿，用一份正式文件对培训需求进行确认的方法。具体实施时可采用培训需求确认会签表的形式（见表 3-19）。

表 3-19　培训需求确认会签表

培 训 部 门	个 别 培 训	短 期 培 训	长 期 培 训	目 前 培 训	未 来 培 训

实操 15 如何撰写培训需求分析报告?

1. 培训需求分析报告的要点

在完成员工培训需求的调查和确认后,就要将培训需求调查分析的结果撰写成正式的书面报告。培训需求分析报告的要点如图 3-12 所示。

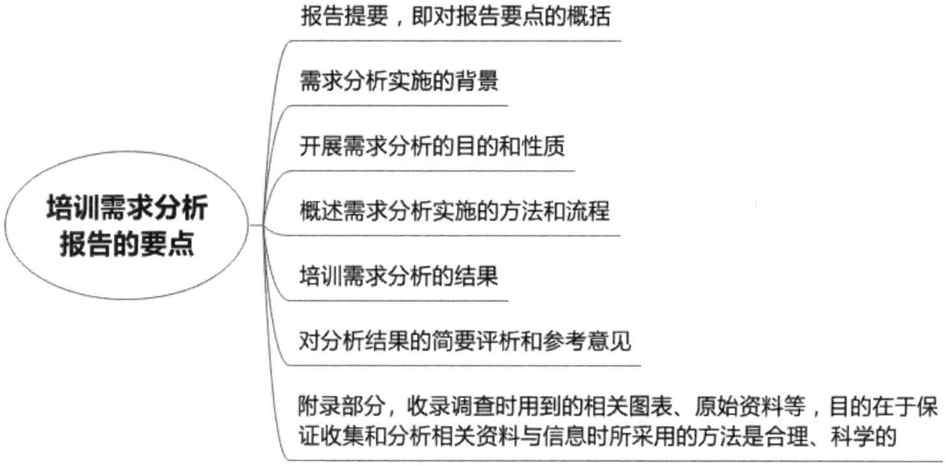

报告提要,即对报告要点的概括

需求分析实施的背景

开展需求分析的目的和性质

培训需求分析
报告的要点 ── 概述需求分析实施的方法和流程

培训需求分析的结果

对分析结果的简要评析和参考意见

附录部分,收录调查时用到的相关图表、原始资料等,目的在于保证收集和分析相关资料与信息时所采用的方法是合理、科学的

图 3-12 培训需求分析报告的要点

2. 培训需求分析报告示例

培训需求分析报告示例如表 3-20 所示。

表 3-20 培训需求分析报告示例

文本名称	××公司中层管理人员技能培训需求分析报告	编号	××××××

一、培训需求分析实施背景

　　2020 年 1 月,人力资源部对企业中层管理人员进行了年度培训需求调查,了解到企业现任的中层管理人员大多任职时间较短,并且大多数是从基层管理人员或各部门的业务骨干中提拔上来的。

　　通过需求调查分析,人力资源部将管理技能的提升列为需要培训的重点内容之一。

二、调查对象

　　调查对象:企业各职能部门主要负责人(共计 40 人)。

续表

三、调查方式及主要内容

1．调查方式

（1）访谈方式。人力资源部经理作为培训需求分析的主要负责人，先同企业各职能部门负责人（共计 40 人）分别进行了面谈，之后又与企业部分高层分别就这 40 人的工作表现进行了沟通。

（2）问卷调查方式。本次调查共发出 40 份问卷，收回有效问卷 35 份。

2．调查主要内容及其分析

（1）岗位任职时间。从岗位任职时间调查表中可以看出，50%的中层管理人员在现任职位的任职时间不足一年，说明其管理经验有待积累。

岗位任职时间调查表

任职时间	1～6 个月（含）	6 个月～1 年（含）	1～2 年	2 年以上
中层管理人员数量	4	16	8	12
所占比例（总人数 40 人）	10%	40%	20%	30%

（2）管理幅度。从管理幅度调查表可以看出，20%的中层管理人员直接管理的人员数量为 10 人以上，40%的中层管理人员直接管理的人员数量为 4～6 人，还有 20%的中层管理者没有直接管理下属，但这只是暂时的，因为企业对这部分业务正在进行调整或重组。因此，管理者角色认知是这些中层管理人员必备的管理知识之一。

管理幅度调查表

管理幅度	无	1～3 人	4～6 人	7～10 人	10 人以上
中层管理人员数量	8	0	16	8	8
所占比例（总人数 40 人）	20%	0	40%	20%	20%

（3）如何制订工作计划。从访谈及问卷调查获得的信息来看，大多数中层管理人员以月或季度作为制订计划的单位，很少有制定长期规划的。在具体制订计划的过程中，对"如何围绕总目标制订具体的可行性计划""如何确保计划的实现"等问题的处理，中层管理人员存在诸多不足之处。

（4）有效授权与激励。授权和激励是管理者的重要管理技能，从培训需求调查的结果来看，35 人都表示自己愿意给下属授予一定的权限并激励下属，但对于在工作中该如何具体操作，40%的中层管理人员都很迷茫，所以他们希望得到这方面的培训。

（5）高效团队的建设。在带领及组建一支高效的团队方面，60%的中层管理人员表示缺乏相应的技巧。

（6）员工培训。本次调查涉及的所有中层管理人员都有对员工进行培训的任务，但只有 10%的人员制订了员工培训计划且认真执行，有 10%的人员制订了员工培训计划但没有落到实处，70%的人员对待员工培训工作很随意，10%的人员认为没有时间对下属进行培训。由此看出，大部分中层管理人员需要接受培训技巧方面的培训。

续表

四、培训计划建议

1. 时间安排

培训时间：××××～××××，共计 3 天。

2. 培训课程的设置和具体的时间安排详见下表。

中层管理人员培训课程安排一览表

培训课程	培训课时
管理者的角色定位与主要工作职责	3
部门工作计划的制订与执行	3
有效的授权	4
员工激励	4
高效团队的建设	4
培训技巧	2
如何与上级领导进行有效的沟通	2
如何与下属员工进行有效的沟通	2

第二节 案例精解

案例1 如何做好培训需求信息的收集工作？

某高新技术企业的老板组织高层管理人员会议，高管人员一致认为，目前，公司的中层均为老员工，专业技术过硬，但学历低、综合素质差，很难承担分解公司工作目标的任务，执行力普遍较差。但是，作为一家在业内有影响力的公司，该企业不可能把中层干部全部换掉。大家讨论得出，目前最好通过培训提高中层管理人员的管理水平。人力资源部负责培训需求信息收集工作，应该怎么做？

【精解】

对培训需求的调查应该结合需求提出方和培训方，从公司发展、岗位职责、个人需求三个方面进行信息收集。本案例中，公司的中层管理人员主要是老员工，他们专业技术过硬，但管理能力不足。因为本次培训需求的提出方为公司高管，人力资源部应和公司高管沟通，了解中层管理人员的不足并针对性地将其转化为具体的培训需求课题。另外，应该对培训对象也做一下摸底调查，了解问题的成因，明确培训的实际需求。通过双方向的调研，收集培训需求信息。

案例 2　员工接受培训后去了大公司，怎么办？

某中小企业与员工签订培训协议，明确培训完员工不在公司服务满一定年限会有一定的惩罚，但还是有人培训完就跳槽，这对于中小企业造成的损失自不必说。那么，该如何解决这个问题呢？

【精解】

（1）中小企业由于受自身条件限制，对于人才的吸引力和大公司相比存在差距，这是客观事实。

（2）完善公司的培训体系，签订培训协议，明确未完成服务应承担的违约责任，有必要时可签订竞业限制协议，但是注意要给予劳动者经济补偿。

（3）有时候并不是员工经过培训后，个人能力提升了，就会跳槽，HR要综合分析，做好充分的离职面谈，明确员工离职的真正原因。如果是企业自身存在问题导致员工离职，要尽快改正，为员工营造良好的工作氛围。

（4）公司的人事制度需要紧跟公司的发展和员工的成长。薪资是员工追求的直接目标，既然能力有所提升，工作业绩提高了，就该对员工进行合理的调薪，这样即能激发员工产生更大的工作热情，也能进一步稳定员工，让其继续为公司服务。同时，对于其他的配套制度，也应该不定时地进行修改和调整。

（5）愿意去大公司是人之常情，我们无法改变，但中小企业管理者应思考如何让本企业更加具有竞争力。大公司能吸引更多的求职者，肯定是因为它具备很多的优势，如薪酬较高、福利较好、社会保障齐全、员工文化丰富、晋升渠道多样、隐性福利较多等，这些都是中小企业应该学习的。

（6）从法律角度来看，中小企业需要完善服务期以及竞业限制等制度，避免员工离职，但是要注意服务期和竞业限制等制度仅能约定违约金。

第四章

员工培训规划
与培训计划

第一节 实 务 操 作

实操 1 什么是企业员工培训规划？

企业员工培训规划是指在培训需求分析的基础上，从企业总体发展战略的全局出发，根据企业各种培训资源的配置情况，对规划期内的培训目标、对象和内容，培训的规模和时间，培训评估的标准，负责培训的机构和人员，培训师的指派，培训费用的预算等一系列工作所做出的统一安排。

实操 2 企业员工培训规划有哪些分类？

（1）从规划的内容上看，企业员工培训规划可分为员工培训开发的战略规划、员工培训开发的管理规划以及其他培训规划（见表 4-1）。

表 4-1　按规划内容划分的员工培训规划

分　类	内　容
员工培训开发的战略规划	即战略导向的全局性培训规划，它作为人力资源战略规划的重要组成部分，是依据企业的整体发展战略和竞争战略制定的，战略性培训规划对企业员工的培训工作起全局性的指导和控制作用
员工培训开发的管理规划	即培训管理者为实现整体培训规划而制定的支持性规划，主要内容有企业培训目标的细化、部门培训规划、培训实施工作方案等，它是联系整体培训规划和部门培训规划的关键
其他培训规划	如企业业务职能部门的培训规划、培训开发项目规划、培训课程规划、教学资源规划、培训需求分析规划、培训开发的评估规划、培训开发的资金投入规划等

（2）从规划的期限上看，企业员工培训规划可分为长期培训规划、中期培训规划和短期培训规划（见表 4-2）。

表4-2 按规划期限划分的员工培训规划

分　类	内　容
长期培训规划	一般为3～5年及5年以上的规划。它根据企业总体发展战略的需要，针对企业培训资源的配置等战略性问题提出未来发展的总方向、总目标和总任务
中期培训规划	时间跨度一般为1～3年，中期规划并不是长期规划之外的规划，而是长期规划的分解规划，是实现长期规划的目标和任务的支持性规划，同时它又可为员工短期培训规划的制定与实施提供重要的依据和指导，起着承上启下的作用
短期培训规划	指期限在1年以内的季度或月度培训规划。短期培训规划以中期培训规划为基础。首先，要确认规划期内全员培训的短期发展目标和主要任务；其次，要提出实现这些目标、任务的具体对策和措施

（3）从规划的对象上看，企业员工培训规划可分为管理人员、技术人员和技能操作人员的培训规划或一般人员、中高层级人员的培训规划。

实操3 企业员工培训规划的内容有哪些？

一份完整的企业培训规划应包括的内容如表4-3所示。

表4-3 企业员工培训规划的内容

项　目	内　容
目的	主要是说明员工为什么要进行培训。无论何种类型的培训规划，设计时都要开宗明义，简要、概括地说明员工培训的目的
目标	培训的目标主要是明确员工培训应达到的标准。目标的确定可以有效地指导培训者和受训者掌握衡量培训效果的尺度和标准，明确今后的发展和努力方向，为培训规划的贯彻实施奠定基础
对象和内容	即明确培训谁、培训什么、进行何种类型的培训
范围	企业员工培训的范围一般包括四个层次，即个人、基层（班组或项目小组）、部门（职能和业务部门）和企业
规模	培训的规模受很多因素的影响，如人数、场所、培训的性质、工具以及费用等
时间	受培训的范围、对象、内容、方式和费用以及其他与培训有关的因素的影响
地点	培训地点一般指学员接受培训的场所

续表

项　目	内　容
费用	培训费用又称培训成本,是指企业在员工培训的过程中所支付的一切费用,包括与培训之前的准备工作、培训的实施过程以及培训结束之后的效果评估等各种活动相关的各种费用。培训成本由两部分构成:① 直接培训成本,是指在培训组织实施过程之中培训者与受训者的一切费用;② 间接培训成本,是指在培训组织实施过程之外企业所支付的一切费用
方法	适合的培训方法是实现员工培训规划各项目标的重要保障。到底选择何种培训方法应当由培训的目的、目标、对象、内容和经费以及其他条件来决定
培训师	企业培训应当以员工为中心,培训的管理工作应当以培训师为主导。制定企业员工培训规划时,一定要根据培训的目的和要求,充分、全面地考虑培训师的选拔和任用问题
规划的实施	为保证培训规划的顺利实施,应当提出具体的实施程序、步骤和组织措施等

实操 4　企业员工培训规划的制定要求有哪些?

1. 系统性

系统性要求培训规划从目标的设立到实施程序和步骤的提出,从培训对象的确定到培训内容、培训方法的选择,培训师的指派,乃至评估标准的制定,都应当保持统一性和一致性。

2. 标准化

标准化要求整个培训规划的制定过程严格执行正式的培训规则和规范。

3. 有效性

有效性要求员工培训规划的制定必须体现出四个方面的基本特点,如图 4-1 所示。

图 4-1　员工培训规划有效性的基本特点

4. 普遍性

（1）应适应不同的工作任务，明确各种工作任务的要求，针对特定的工作岗位提出具体的培训策略。

（2）应适应不同的对象，激发不同受训者的学习兴趣，满足员工提高职业操守和专业技能水平的需要。

（3）应适应不同的培训需要，针对不同的培训范围、对象和内容，制定切实可行的培训方案，采用不同的程序、步骤、工具和方法满足各类岗位人员不同的培训需求。

实操 5　如何做好企业员工培训需求分析工作？

培训需求分析是培训管理工作的第一环，是否能准确地预测和把握真实的需求直接决定了培训的合理性和有效性，从而影响整个组织的绩效和经营目标的实现。传统的培训需求分析包括组织分析、任务分析和人员分析，而以战略为导向的培训需求分析还包括企业战略分析和员工职业生涯分析（见表 4-4）。

表 4-4　企业员工培训需求分析

需 求 分 析	内　　　容
组织分析	组织分析是指在公司经营战略的指导下，确定企业范围内的培训需求，决定相应的培训，为培训提供可利用的资源及管理者和同事对培训活动的支持，以保证企业培训的内容符合企业的整体目标和战略要求。具体包括以下内容。

续表

需 求 分 析	内　　容
组织分析	（1）工作分析，包括工作内容、工作的独立性和多样化程度、员工的劳动行为规范、完成工作的方法和步骤等方面的分析； （2）责任分析，包括对工作的重要性、配备相应权限、保证责任和权利对应性等方面的分析； （3）任职条件分析，包括对使用的机器设备、材料性能、工艺过程、操作规程及操作方法、工具的选择和使用、安全技术、企业管理以及其他管理和专业知识的最低要求； （4）督导与组织关系分析，包括对工作的协作关系和隶属关系的分析； （5）组织文化分析，包括对组织哲学、经营理念、组织精神风气等的分析
任务分析	任务分析一般分以下四个步骤。 （1）根据组织的经营目标和部门职责选择有代表性的工作岗位； （2）根据该工作岗位的说明书列出初步的任务及完成这些任务所需要的知识、技能和能力； （3）工作任务和所需技能的确认，包括：① 反复观察员工的工作过程，特别是操作性、重复性较强的工作，以确认工作说明书中的工作任务、工作技能要求是否符合实际；② 对有经验的员工、离休人员、部门主管以及制定工作说明书的部门负责人进行访谈，以对工作任务和所需技能进行进一步确认；③ 向专家或组织顾问委员会再次求证，以确定任务的执行频率，完成每一项任务所需的时间、质量标准，以及完成任务所需的技能要求和规范的操作程序等； （4）为该工作岗位制定针对培训需求分析的任务分析表，包括已经量化的指标
人员分析	人员分析是指将员工现实的工作能力与达到业绩标准的素质要求进行比较，明确两者之间是否存在差距
企业战略分析	企业的战略决定着企业的发展方向。战略对培训需求的影响主要表现在对培训的类型、数量以及培训所需要的资金、培训者所需要的时间等产生的影响
员工职业生涯分析	员工职业生涯分析是指组织或个人把个人发展与组织发展相结合，对决定个人职业生涯的个人因素、组织因素和社会因素等进行分析，制定个人一生在事业发展上的战略设想与规划安排。 确定员工培训需求时，要重视员工的职业生涯设计，其目的有以下三个。 （1）借助这种分析可以了解员工参与培训的动机、员工的期望值、员工对培训规划的选择以及职业生涯理念的变化对员工所需的知识具有何种影响； （2）通过这种分析可为每一位员工提供一个令人满意的环境，员工可以根据自己的实际情况选择职业生涯发展路径； （3）组织有可能优化人力资源管理

实操6　如何明确企业员工培训的目标？

通过培训需求分析明确了培训的主题之后，要进一步确认员工培训的总目标、分目标和子目标。确立培训目标是为了明确培训的方向，为衡量和评估培训的效果提供依据。明确企业员工培训目标的具体内容如图4-2所示。

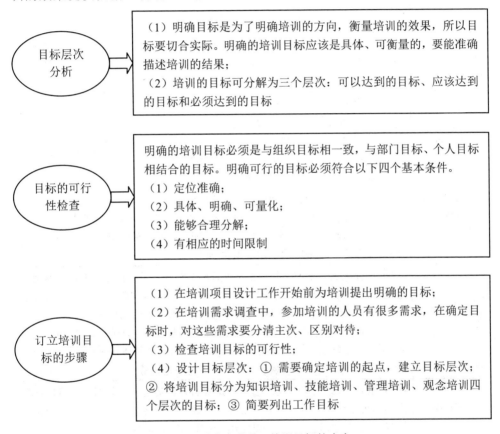

目标层次分析
（1）明确目标是为了明确培训的方向，衡量培训的效果，所以目标要切合实际。明确的培训目标应该是具体、可衡量的，要能准确描述培训的结果；
（2）培训的目标可分解为三个层次：可以达到的目标、应该达到的目标和必须达到的目标

目标的可行性检查
明确的培训目标必须是与组织目标相一致，与部门目标、个人目标相结合的目标。明确可行的目标必须符合以下四个基本条件。
（1）定位准确；
（2）具体、明确、可量化；
（3）能够合理分解；
（4）有相应的时间限制

订立培训目标的步骤
（1）在培训项目设计工作开始前为培训提出明确的目标；
（2）在培训需求调查中，参加培训的人员有很多需求，在确定目标时，对这些需求要分清主次、区别对待；
（3）检查培训目标的可行性；
（4）设计目标层次：① 需要确定培训的起点，建立目标层次；② 将培训目标分为知识培训、技能培训、管理培训、观念培训四个层次的目标；③ 简要列出工作目标

图4-2　明确企业员工培训目标的内容

实操7　员工培训规划设计的基本程序有哪些？

员工培训规划设计的基本程序如表4-5所示。

表 4-5 员工培训规划设计的基本程序

项　　目	内　　容
明确培训规划的目的	企业培训规划必须以服从和服务于企业发展战略需要为基点，必须做到以下几点。 （1）能够协调企业组织目标和职能目标，兼顾集体和个人的利益； （2）注重时空上的结合，长期、中期、短期互补，岗前、在岗、脱岗协调； （3）具有超前性和预见性； （4）具有一定的量化基础； （5）有成本预算并提供必要的成本控制和费用节约方案
获取培训规划的信息	具体包括企业的发展战略、真实的培训需求、各部门工作计划、可以掌控的各种培训资源、工作岗位特征及受训者特点、绩效考核结果、以往各个年度的各种突发事件以及其他相关数据资料
培训规划的研讨与修正	（1）召开有关培训规划的专题会议； （2）加强部门经理间的沟通； （3）领导做出科学决策
把握培训规划设计的关键点	（1）信念是企业文化的内涵，属于精神范畴； （2）愿景是企业发展的宏伟蓝图； （3）任务是企业员工培训所肩负的责任以及企业对社会和客户的承诺； （4）目标是推动企业与员工共同发展，对全员综合素质的提高与职业技能的开发以及就职业生涯发展等长期、中期和短期目标做出正确定位； （5）策略是实现战略的具体措施和办法
撰写培训规划方案	（1）培训规划方案的编制可把培训目标具体化、可操作化，以便于编制中期培训规划时根据既定培训目标，合理而具体地安排培训要素，从而为培训项目制定出切实可行的规划操作方案，努力使培训成果最大化； （2）培训规划方案的总报告应当包括：① 规划背景说明；② 规划概况说明；③ 制定规划的工作过程说明；④ 规划信息的陈述和分析；⑤ 规划目的与预期成效；⑥ 培训规划实施工作安排与建议等
召开评估会议	在向上级呈报或没有定论之前，一定要召开评估会议，共同讨论培训规划方案的可行性、实施方案的合理性、培训评估的客观性、资源支持的充分性等并真正发挥培训工作者在提升培训质量等方面的重要作用

实操 8　制定员工培训规划的注意事项有哪些？

　　制定培训规划的重点应当是分析、研究培训过程中可能发生的问题以及提出解决这些问题的具体措施。制定培训规划时的注意事项如表 4-6 所示。

表4-6　制定员工培训规划的注意事项

项　目	内　容
制定培训的总体目标	制定总体目标的主要依据是企业的总体战略目标、企业人力资源的总体规划、企业培训需求分析
确定具体项目的子目标	子目标的确定是在总体目标确定后，根据具体培训项目及阶段来制定的子项目或阶段性培训规划，包括实施过程、时间跨度、阶段、步骤、方法、措施、要求和评估方法等
分配培训资源	由于培训受企业人力、财力、物力等方面的条件限制，因此为减少浪费，提高培训成效，必须按轻重缓急为培训的各子项目或阶段性目标分配培训资源，以确保各项目标都有相应的人力、物力和财力等的支持
进行综合平衡	主要从四个方面进行综合平衡：① 在培训投资与人力资源规划之间进行平衡；② 在企业正常生产与培训项目之间进行平衡；③ 在员工培训需求与师资来源之间进行平衡；④ 在员工培训与个人职业生涯规划之间进行平衡

实操9　年度培训计划设计的基本程序有哪些？

年度培训计划设计的基本程序如表4-7所示。

表4-7　年度培训计划设计的基本程序

项　目	内　容
前期准备	本阶段工作自上而下启动，主要工作包括上年度培训总结，本年度计划制订工作，培训年度计划制订动员会，针对各机构或部门的宣传、鼓动等
培训调查与分析研究	本阶段工作要求召开统一培训会议来推动,主要工作包括内部访谈与信息收集、现况分析与策略思考、机制评价、资源评估、培训计划分解、公司高层培训工作意见调查等
年度培训计划的制订	本阶段工作自下而上开展，初步形成年度培训计划，其基本步骤如下。 （1）培训部门分析组织层面的培训需求，明确年度培训计划的方向，具体手段是根据人力资源战略进行培训运作计划分解； （2）各部门或下属机构根据自身需求情况制订初步的部门级年度培训开发计划，这个计划体现为员工培训需求和部门培训需求两个层次； （3）培训部门负责综合所有年度培训计划并进行评价、论证与协调；对计划序列重新排列项目组合，平衡内外培训资源，编拟培训经费预算并进行效益预估与潜在问题分析；最后得出公司年度培训计划； （4）各个部门或机构应当根据公司通过的年度培训计划对本部门或机构的年度培训计划做修改并提交培训管理部门进行备案
年度培训计划的审批以及开展	培训管理部门整合年度培训计划，遵从一定流程，获得审批后，下发各部门或机构进行传递并督促其完成对年度培训计划的二次修订

实操 10 年度培训计划设计的主要步骤有哪些？

年度培训计划设计的主要步骤如表 4-8 所示。

表 4-8 年度培训计划设计的主要步骤

步　骤	内　容
培训需求的诊断分析	明确培训需求是年度培训计划制订的第一环，是否能准确地预测和把握真实的需求直接决定了培训的合理性和有效性
确定培训对象	（1）分析员工状况。培训的一个重要目的是让不符合岗位知识和技能要求的员工通过培训符合要求。根据员工工作态度和工作技能这两项要素，可以把员工划分在四个区域内并提出相应的培训要求。第一区域即工作态度好、岗位知识和技能符合要求。第二区域即工作态度不好、岗位知识和技能符合要求。第三区域即工作态度好、岗位知识和技能不符合要求。第四区域即工作态度不好、岗位知识和技能不符合要求； （2）明确员工差距。通过对员工进行划分，可以确定出重点培训对象（处于第一区域和第三区域的员工）。对于每一个重点培训对象，都要明确其与目标的差距； （3）筛选培训对象。培训对象分为三类：① 可以改进目前工作的人；② 有能力且组织要求他们掌握一门新技术并考虑在培训后安排他们到更重要、更复杂的岗位上的人；③ 有开发潜力的人
确定培训目标	（1）培训目标层次分析。培训目标层次分为：① 可以达到的目标；② 应该达到的目标；③ 必须达到的目标； （2）培训目标的可行性检查。培训目标必须符合四个基本条件：① 定位准确；② 具体、明确、可量化；③ 能够合理分解；④ 有相应的时间限制； （3）培训目标的订立。具体包括：① 在培训设计工作开始前为培训提出明确的目标；② 在培训需求调查中，参加培训的人员有很多需求，在确定目标时，对这些需求要分清主次、区别对待；③ 检查培训目标的可行性；④ 设计目标层次
根据岗位特征确定培训项目和内容	根据培训对象所在的工作岗位特征，确定员工达到要求所必须掌握的知识、技术。在任务分析的基础上，根据各层级岗位特性明确培训内容。培训内容包括知识培训、技能培训和素质（态度）培训

续表

步　骤	内　容
确定培训形式	（1）职内培训，指工作教导、工作轮调、工作见习和工作指派等方法。它在提升员工理念、人际交往和专业技术能力方面具有良好的效果； （2）职外培训，指在专门的培训现场接受履行职务所必需的知识、技能和态度的培训； （3）自我开发，主要指员工利用休闲时间进行自我技能与知识的补充
做好培训经费预算与控制	（1）确定培训计划方案以及经费预算情况； （2）确定年度培训计划； （3）分配培训预算、初步确定培训项目； （4）估算部门培训费用； （5）调整部门培训预算方案； （6）确定培训项目、审批培训预算方案
预设培训评估项目和工具	1．从培训计划角度来看 （1）内容效度。看培训计划的各组成部分是否合理、系统化，分析其是否符合培训需求分析，各要素前后是否协调一致，是否是最优选择； （2）反应效度。看受训者是否对培训内容和培训方法感兴趣，培训是否能满足受训者的需要，如果不能，找出原因； （3）学习效度。以此方案来实施培训，传授的信息能否被受训者吸收，如果不能，则要从传授的方法以及受训者学习的特点等各个方面来加以改进。 2．从受训者角度来看 看受训者培训前后行为的改变是否与期望的一致，如果不一致，则应考虑是培训效果不理想还是受训者缺乏应用培训所学内容的机会，若是由于习惯影响使培训效果还未表现出来，需延长考察时间。 3．从培训实施的实际效果来看 这是指从培训实施的成本收益比来分析。培训实施的成本应包括培训需求分析费用、培训方案的设计费用、培训实施费用、受训者在培训期间的工资及福利。通过培训评估找到培训实施过程中的不足，为进一步的培训实施改善工作奠定基础，不断优化培训工作的实施
年度培训计划确定会议的组织者、参加者及决策方式	（1）会议组织者。企业的培训部门负责组织召开培训计划确定会议； （2）会议参加者。除培训部的相关人员外，一般还需要邀请制订培训计划的部门经理、培训课程开发人员以及部分培训对象等人参加； （3）会议决策方式。参加培训计划确定会议的所有人员应对培训计划中的培训项目逐一展开讨论，培训部门汇总修改意见，然后根据实际情况进行调整

实操11 年度培训计划的制订原则有哪些？

在制订年度培训计划时，企业首先需要明确并把握的原则如图4-3所示。

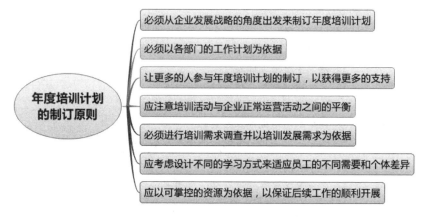

图4-3 年度培训计划的制订原则

实操12 年度培训计划的制订流程有哪些？

企业制订年度培训计划应遵循 定的流程，如图4-4所示。

图4-4 年度培训计划的制订流程

实操13 年度培训计划的主要模块有哪些？

年度培训计划一般包含五大模块，如图4-5所示。

实操14 年度培训计划主要包括哪些内容？

年度培训计划的基本内容如表4-9所示。

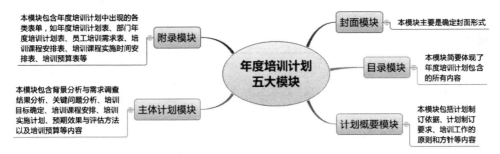

图 4-5 年度培训计划的主要模块

表 4-9 年度培训计划的基本内容

项 目	内 容
培训目标	一般分为端正员工态度、更新员工知识和提高员工业务技能三种
培训时间与地点	合理安排培训时间有助于培训师在整个培训过程中按部就班地完成培训任务；培训地点的选择要依据具体的培训方式和培训内容而定
培训内容与课程	针对不同的培训对象、培训目标完成培训内容和课程的设置
培训负责人与培训师	企业培训工作的组织者一般为企业的培训部门，大型企业都单独设有企业大学，专门负责企业的培训工作。培训师有组织内部和外部两种
培训对象	根据培训需求调查分析的结果并结合组织发展需求确定需要接受培训的人员
培训教材及相关工具	培训教材分为印刷材料和视听材料两大类。培训相关工具是指投影机、笔记本电脑、幻灯机、音响、录像机等培训辅助没备
培训形式与培训方法	企业可以培训对象的特征、兴趣或动机，人员是否在职和入职时间、类别等的不同，采用不同的培训形式和方法
培训预算	预算由企业所在行业的特点、企业的销售业绩和员工整体水平等诸多因素决定

实操 15 常见的年度培训计划表有哪些？

常见的年度培训计划表如表 4-10～表 4-14 所示。

表 4-10　年度培训计划表 1

编号：　　　　　　　　　　　　　　　　　　　　　　　　　　制表日期：　　　年　　　月　　　日

预计日期	培训部门	培训内容	培训对象	受训人数	培训机构	培训方式	培训地点	培训讲师	预期效果	所需资源	费用预算

制表人：　　　　　　　　　　　　　审核人：　　　　　　　　　　　　审批人：

表 4-11　年度培训计划表 2

编号	培训课程	预定培训月份												培训对象	经费预算
		1	2	3	4	5	6	7	8	9	10	11	12		

表 4-12　年度培训计划表 3

编号：

序号	培训内容	培训目标	培训对象	计划人数	计划天数	培训时间	责任部门	协助部门	所需资源	考核方式	备注

制表人：　　　　　　　　　　　　　　　　　　　　制表日期：　　　年　　　月　　　日

表 4-13　年度培训计划表 4

序号	培训类别	培训班名称	举办部门	培训人数	培训时间	培训内容	教师	教材	培训地点	备注

表 4-14　年度培训计划表 5

培训班名称		本年度培训次数		培训地点		培训教授	
培训目的				预算费用			
培训对象		培训人数		培训时间		主办单位	
培训目标							
培训性质							
培训科目	科目名称	授课时数		讲师姓名	教材来源	教材纲要	备注
培训方式							
培训进度	周次		主要培训内容			备注	
	第一周						
	第二周						
	第三周						
单位申请人：							

实操 16　如何编写年度培训计划书？

年度培训计划书的编写可参考表 4-15 的内容。

表 4-15　年度培训计划书示例

××公司 2020 年度培训计划书
一、封面（略） 　　本部分包括封面名称、编制部门、编制日期以及审核部门等元素。 二、目录（略） 三、正文部分 　　（一）计划概要 　　本计划主要内容包括 2020 年度培训工作的具体内容、时间安排和费用预算等。编制本计划的目的在于加强对培训教育工作的管理，提高培训工作的计划性、有效性和针对性，使得培训工作能够有效地促进公司经营目标的达成。

续表

（二）计划依据

制订本计划的主要依据是总经理关于2020年度公司发展战略及具体工作安排的报告、本公司现有的职能定位以及最新的培训需求调查结果、部门访谈结果等。

（三）培训工作的原则、方针和要求

1．培训原则

（1）按需施教、学用结合。

（2）各个部门各司其职、密切配合、通力协作。

（3）以公司内部培训为主、以外部培训为辅。

（4）加强培训效果反馈，及时调整相关内容。

（5）培训内容必须有益于公司发展。

2．培训方针

以"专业、服务、创新"的企业文化为基础，以提高员工实际岗位技能和工作绩效为重点，建立"全面培训与重点培训相结合、自我培训与讲授培训相结合、岗位培训与专业培训相结合"的全员培训机制，促进员工发展和企业整体竞争力的提升。

3．培训要求

（1）符合公司未来业务发展需求。

（2）符合企业文化建设的需要。

（3）符合中层管理人员以及后备人员的发展需要。

（4）符合企业内部培训系统发展和完善的需要。

（四）培训目标

1．培训体系目标和培训时间目标

培训体系目标即建立并不断完善公司培训组织体系与业务流程，确保培训工作高效、正常运作；培训时间目标即保证为所有管理层（在一个年度内）提供至少20小时的业务和技能培训。

2．培训内容及课程目标

培训重点推进中层以上管理人员的管理技能培训，提高各部门的工作效率；打造"TTT培训""财务管理培训""两非培训（非人力资源经理的人力资源管理培训、非财务经理的财务管理培训）"等品牌课程。

3．培训队伍建设目标

此次培训的目标是建立并有效管理内部培训队伍，确保培训讲师的胜任能力和培训的实际效果。

（五）培训体系建设任务

公司培训体系的建设任务如下表所示。

续表

培训体系建设任务一览表			
序　号	任　　务	作用及措施		工 作 时 间
1	培训管理制度体系建设	作用	为推动企业培训体系的建立提供制度保障	
		措施	制定培训管理办法、新员工培训管理制度、岗位技能培训管理制度、员工外派管理制度、培训考核管理制度等	
2	教材库建设	作用	开发教材，使教材成为实现培训目标的保障和基础	
		措施	各职能部门按层次、专业组织教材的开发	
3	案例库建设	作用	使培训生动化，更好地实现培训目标	
		措施	各部门收集日常工作中的突发事件、关键事件，每个部门负责提交2～5个详细案例	
4	素材库建设	作用	通过局域网建立资料共享平台，供员工自我学习	
		措施	各员工负责上传资料，网络部负责资料的审核、分类整理	
5	档案库建设	作用	管理企业及员工培训档案	
		措施	收录培训计划、培训通知、培训签到本、培训讲义、培训教材、培训评估记录、培训抽查记录等	
6	实施多样化培训方式	作用	提高培训的灵活性及有效性，使员工随时随地都能接受培训	
		措施	开展网络培训、户外拓展、光盘培训、管理游戏等项目	
7	建立员工职业生涯发展系统	作用	挖掘员工潜能，通过对口培训提高员工的归属感	
		措施	为员工进行职业生涯规划，建立与职位升迁相关的必须参加的培训项目列表，完善职位晋升所需要的培训管理体系	
8	建立内部讲师队伍	作用	提高培训水平，降低培训成本	
		措施	本年度内通过各种手段开发____位内部讲师且年授课量不少于____小时，同时建立各讲师的专业、特色课程	

（六）2020年培训课程计划

1．计划内培训课程

新员工入职培训是每个进入企业的新员工都必须参加的培训项目。新员工入职培训分为两类：一类是新员工到企业报到之日进行的简单入职事项告知；另一类是每两个月统一组织一次的新员工培训，其培训内容为企业发展历程和规模及发展方向、企业文化、企业理念、组织架构、规章制度等。

续表

2020 年度新员工培训计划如下表所示。

2020 年度新员工培训计划

序号	培训项目	培训时间（按月份）										培训课时	累计课时	培训讲师	培训预算
		1	2	3	4	5	…	9	10	11	12				
1	企业文化和发展史											2			
2	员工行为规范要求											2			
3	企业业务概况											2			
4	各岗位基本事务											2			
5	安全管理与保密											2			
6	职业道德与利益											2			
7	质量管理体系											5			
8	团队协作											3			
9	试用期辅导计划											1			
10	企业规章制度											1			

在职员工的年度培训计划如下表所示。

在职员工年度培训计划

序号	培训项目	培训时间（按月份）										培训课时	累计课时	培训讲师
		1	2	3	4	5	…	9	10	11	12			
1	高效团队法则													
2	人力管理案例													
3	职员发展训练课程													
4	时间管理													
5	情绪管理													
6	目标管理													
7	文书管理													
8	绩效管理													
9	高效团队建设指南													
10	沟通力与领导力													
11	平行思维工具训练													
12	培训讲师授课技巧													
13	市场拓展技巧													
14	出色主管													
15	核心管理技能培训													
16	内部培训训练													
17	管理者的十个误区													
18	学习型组织建设													

2．计划外培训课程

计划外培训是指不在本年度计划内的培训项目。本公司员工参与计划外培训项目需要办理审核审批手续，具体要求如下。

（1）培训项目以及培训内容应符合公司业务或员工专业技能提高的需要。

（2）一般应提前 15 天申请且培训项目费用不能超出预算（单次及累计）。

（3）同一主题的培训项目一年内原则上只能申请一次。

（七）重点培训项目（略）

（八）培训效果评估

1．课程培训评估

培训结束时由培训组织者及时收集现场反馈并完成"课程培训评估表"。

2．培训有效性评估

培训结束 3 个月内，人力资源部会同部门主管对培训的有效性进行评估并完成"培训有效性评估表"。

3．培训有效性复评

在每半年的员工教育培训总结会议上，相关人员进行半年度培训有效性的复评。培训人员汇集培训有效性评估表，作为调整下半年度培训计划及培训持续改进的依据。

（九）培训预算

年度培训预算如下表所示。

年度培训预算表

项　　目	内　　容	单　　价	合　　计	备　　注
内部培训讲师				
外部培训讲师				
拓展项目				
培训教材				
培训资料				
辅助资料				
合计				

（十）计划控制

1．月度工作计划和费用预算控制

培训人员于每月月末将次月培训实施方案提交给培训领导小组审批。

2．课程培训计划审批

培训项目开始时，培训人员将课程培训计划提交给总经理办公室，由总经理办公室通知相关人员。

3．培训管理

人力资源部经理严格进行培训管理，促使培训人员完成公司年度最低培训任务并对日常培训工作的效果负责。

4．培训设施购置

人力资源部应完善硬件条件，年内购买投影仪、摄像机和录音机各一台。

四、附录（略）

实操 17 部门培训计划的主要内容有哪些?

各部门应结合本部门年度工作计划、工作目标责任书、专业知识及专业领域的新态势、新发展,人才队伍建设的需要,认真制订部门培训计划,有针对性地开展内容丰富、形式多样的培训活动,努力形成具有本部门特色的培训项目。

部门培训计划的主要内容如表 4-16 所示。

表 4-16 部门培训计划的主要内容

项　　目	内　　容
培训目的	从部门的角度出发,明确培训计划要解决的问题或者要达成的目标
培训需求	在部门运营和管理过程中,明确哪些方面存在差距且需要通过培训来弥补
培训目标	明确培训计划中各培训项目需要达到的具体培训效果
培训对象	明确培训计划中各培训项目分别针对什么岗位的任职人员,他们的学历、经验、技能状况如何
培训内容	明确培训计划中每个培训项目的具体内容,如岗位技能培训、管理技能培训等
培训方式	明确培训计划中的每个培训项目所采用的培训方式,如是外派培训还是内部组织培训,是利用内部讲师资源还是外聘培训讲师,是半脱产培训、脱产培训还是业余培训等
培训预算	明确部门整体培训计划的预算以及每个培训项目的预算
计划变更或调整方式	明确计划变更或者调整的程序以及权限范围等

实操 18 常见的部门培训计划表有哪些?

各部门制订本部门的培训计划时常用的部门月度培训计划表和部门年度培训计划表可参考表 4-17、表 4-18 的内容。

表4-17 部门月度培训计划表

编号： 制表人： 制表日期： 年 月 日

部门				月份		
日期	培训内容	受训人员	培训时间	培训地点	培训方式	培训讲师
受训人员共计 人						
备注						
部门经理意见	签字： 日期： 年 月 日					
总经理意见	签字： 日期： 年 月 日					

注：各部门于每月25日之前将此表交至培训部门

表4-18 部门年度培训计划表

部门（盖章） 编号：

月份	培训内容	培训对象	培训课时	培训地点	培训讲师	所需资源	协助部门	备注
1								
2								
3								
...								
12								

制表人： 审批人： 制表日期： 年 月 日

实操 19 如何编写部门培训计划书？

部门中长期培训计划书的框架如表4-19所示。

表 4-19 部门中长期培训计划书的框架

一、部门中长期任务目标分析
二、部门现状分析
三、部门中长期培训需求分析
四、部门中长期培训目标
五、部门中长期培训对象
六、部门需要的培训资源
七、部门拥有的培训资源
八、部门中长期培训需要的支援
九、部门中长期培训策略和培训政策
十、部门中长期培训组织设置
十一、部门中长期培训的内容安排
十二、部门中长期培训行动
十三、部门中长期培训的效果预测
十四、部门中长期培训的效益预测

部门培训实施计划书的框架如表 4-20 所示。

表 4-20 部门培训实施计划书的框架

一、部门培训需求分析
二、部门的培训目标
三、部门以往的培训情况
四、现时与培训目标的差距
五、部门的培训对象
六、部门的培训时间
七、部门的培训日程
八、部门的培训地点
九、部门的培训主题
十、部门的培训形式
十一、部门的培训内容
十二、部门的培训讲师
十三、部门培训组织工作安排
十四、部门培训效果预测
十五、部门培训效益分析

实操 20 人力资源部门的培训管理职责包括哪些内容？

人力资源部门的培训管理职责如表 4-21 所示。

表 4-21 人力资源部门的培训管理职责

项　　目	内　　容
培训的组织管理	人力资源部门负责组织、协调企业整体培训工作。它是一个以管理为主要职能的部门或岗位，其中心任务是组织、协调组成培训体系的其他部门或岗位，共同完成企业的在岗培训工作，满足人力资源的配置需要
培训的需求管理	1. 培训需求的分析 需求分析要从整体考虑，要从短、中期的工作计划来考虑，由企业的组织计划部门、相关岗位、相关部门以及培训组织管理部门共同协商确定。 2. 培训需求的确认 这是指经过培训需求分析后，根据企业工作和发展的需求确认是否真正需要培训、培训什么内容、什么时候培训更适合并依此制订培训计划。它一般是由培训的组织管理部门来负责完成的
培训的行政管理	培训的行政管理包括培训的后勤保障和与各相关部门的行政协调。培训的后勤保障部门就是企业培训的支持部门，它所要做的工作包括场所的确定和布置，培训设备和器材的准备，培训资料的购买、印刷和装订，交通保障，食宿安排，休息场所的保障等
培训的资源管理	（1）培训讲师。一般由企业内部讲师和外聘讲师两类人员组成； （2）培训教材的选用、编写。培训大纲和教材一般由培训师确定、编写

实操 21 如何做好培训计划的实施与管理控制？

（1）明确实施培训计划的基本思路。

（2）确立培训计划的监督检查指标。

常见的培训计划监督检查指标包括时间安排合理性、培训进度安排合理性、培训内容前后一致性、培训顾问邀请可行性、培训资金投入状况、培训场所距离适合度、人员分工的明确性与合理性、培训评估的合理量化标准、培训所需工具资料准备全面性、培训形式说明具体程度、对培训对象的接待安排妥善程度、培训实施安排与培训计划进度一致性、对培训实施过程突发问题的防范措施、对培训的纪律要求适当性、培训管理者支援程度。

（3）对计划实施全过程的评估与管控。

这可以实现对培训计划实施的全过程监管和控制，从而使培训需求分析更加准确、培训计划更加符合实际、培训资源分配更加合理。

实操 22　如何实施培训计划管理的配套措施？

加强对培训计划实施过程的管理关系到培训能否顺利进行及培训效果的好坏，因此需要进行有效的管理和控制，实施培训计划管理的配套措施（见表 4-22）。

表 4-22　实施培训计划管理的配套措施

项　目		具 体 内 容
企业全员培训文化的培育	培训文化与培训活动的支持作用	① 衡量组织培训工作完整抑或残缺的工具； ② 体现培训工作在组织中的重要地位； ③ 检验培训的发展水平； ④ 提高员工积极参与培训的意识； ⑤ 审查培训与组织目标和员工具体需求的相关性； ⑥ 明确培训的管理目标、战略、组织和职责； ⑦ 体现培训信息的交流、培训内容的资源共享； ⑧ 明确组织的文化及文化的发展需求，并加以传播和建设； ⑨ 明确培训工作存在的问题及解决问题的方法
	营造培训文化促进培训活动的措施	① 培训工作要与组织目标和组织战略相结合；培训工作不再只是培训工作者的职责，也成为部门经理的重要职责；培训战略得以体现并能够不断调整； ② 培训被视为组织发展与个人发展的有效途径；培训计划更加强调系统性和成长性；培训结果成为组织评估个人发展的重要部分； ③ 参加培训者在选择培训内容、形式、时间、地点方面有着很高的自由度；员工可以得到培训交流信息；允许失败并将其视为学习的过程； ④ 培训资源社会化；完备的培训信息系统得以建立并良性运作；更进一步强调对培训需求的满足和对培训效果的跟踪评估； ⑤ 通过培训使组织文化得以更好地发展

续表

项 目		具 体 内 容
企业全员培训环境营造	外部环境	包括培训的政治、文化、教育环境，制度设计，组织环境等
	内部环境	包括培训场所、设备、培训者及学员的观念等，一般分为两种。 ① 培训的硬环境，包括培训场所、设施、视听设备等方面的条件和状况，这是提供良好培训的重要前提； ② 培训的软环境，包括培训者的培训观念、行为方式以及由此决定的对学员的态度、培训方法、教学气氛的形成等方面的内容
企业培训师资队伍的建设	选择培训师的原则与标准	① 具备培训内容方面的专业知识； ② 应对培训内容所涉及的方面有实际工作经验； ③ 具备培训授课技巧； ④ 能够熟练运用培训中所需要的培训教材和工具； ⑤ 具有良好的交流与沟通能力； ⑥ 具有引导学员自我学习的能力； ⑦ 能够在课堂上发现问题并解决问题； ⑧ 积累与培训内容有关的案例与资料； ⑨ 掌握培训内容所涉及的一些前沿问题； ⑩ 拥有培训热情与教学愿望
	根据课程的性质选择培训师	一般来说，在对下级主管人员进行培训时，主要是依靠组织内各级主管人员作为培训师；技术及管理理论、生产工艺方面的培训可采用公司原来的培训方式，以企业内部优秀技术专家担任培训师为主；根据公司培训实际情况再在外部聘请一些专职培训师
企业培训课程的开发与管理		培训课程系统是直接为企业服务的，培训既属于一种教育活动，又是企业的一种生产行为。培训课程的设置应体现的基本原则包括：① 符合现代社会、企业和员工的需求；② 符合成人学习者的认知规律；③ 体现企业培训的基本目标
企业员工培训成果的跟进		① 为了了解培训的成果，培训管理人员理在培训结束后要定期对经过培训的员工进行跟踪，这种培训跟踪在一定程度上可以起到强化和督促受训员工在工作岗位上自觉应用所学知识、技能进行工作的作用； ② 培训跟踪可采用召开座谈会、调查问卷、面谈的方式
企业员工培训档案的管理		① 员工培训档案，主要包括员工基本情况，岗前、专业、晋级等培训记录和培训考核结果； ② 培训部工作档案，包括培训计划、培训过程记录、培训政策制度及其他文件资料
员工培训激励机制的确立		在建立和健全员工培训激励与约束机制方面应做到如下两点。 ① 全面实行目标管理责任制，全面实行数字化管理，对重视培训并实现目标责任的，给予奖励，对长期不重视培训和人力资源开发，造成企业人员素质和经济效益滑坡的企业领导者，给予岗位调整； ② 对员工实行"培训、考核、使用、薪酬、晋升"相配套的终身培训机制，实现培训与考核相一致，使用与晋升、薪酬相协调；制定"三不准"政策，即不经培训不准就业，不经培训不准上岗、转岗，不经培训不准评聘；做到培训符合需求、用人发挥特长、业绩及时考核、劳动获取报酬

实操 23 什么是培训支援计划？

培训支援计划是指企业的培训部门为适应各部门的特殊要求而专门制订的培训计划。培训支援计划存在的前提条件是需要支援的部门自身并不具备开展培训项目的能力或资源。培训支援计划的内容如图 4-6 所示。

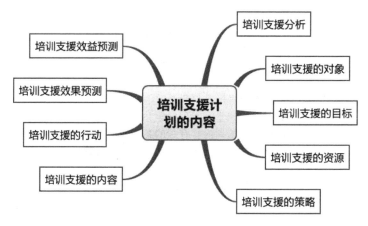

图 4-6　培训支援计划的内容

培训支援计划的制订步骤如图 4-7 所示。

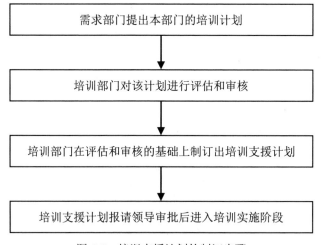

图 4-7　培训支援计划的制订步骤

第二节 案 例 精 解

案例 1 如何让员工自愿参加培训？

某公司准备组织部分员工参加外部培训，但面对人力资源部门辛辛苦苦争取的培训机会，很多参训员工并不领情，参与程度不高。

该如何提高员工培训的参与程度，让他们自愿参加培训？

【精解】

作为培训人员，要加强员工的培训参与意识，除了制定励志口号，如让"要我学"变成"我要学"之外，还要做一些实际的工作。例如，可以将员工的培训实绩和绩效结合，将员工是否积极参与培训并按公司要求完成各项培训任务加入考核当中。事实证明，一旦和利益挂钩，相应的培训工作开展起来会顺利很多。

人的心理有时候是非常微妙的，对于越容易得到的东西，越不珍惜。对于这种情况，人力资源部门可以尝试转变一下思路。既然是外训，那就必定是经过公司及部门挑选的课程，这应该是很多员工想要参加的。这时候，不妨试试另一种方法，即实行申请审批制度，先发出培训通知，将培训内容予以公布，让公司员工先进行个人申请，然后再经员工所属部门审核、推荐，最后由人力资源部门及公司领导进行审批。这样一来，员工会认为只有自己优秀，公司才会派他去进行培训。在这种心态下，员工的参与程度会大不一样，会相对更加珍惜这次培训的机会，培训工作会顺利很多。

总之，一方面要从形式上让员工觉得此次培训很重要，需要珍惜机会；另一方面要注意课程对员工的实用性。

案例 2 如何安排员工培训比较适合？培训如何做到有趣呢？

某公司属于服务业，员工人数并不多，由于工作安排得很满，大家都很忙。对于公司组织的员工培训，大家都没有足够的时间参加，部门主管也不配合培训。而员工下班后都很累，下班后来参加培训的可能性也不大。

究竟如何安排员工培训比较适合？培训如何做到有趣呢？

【精解】

（1）开拓培训方式，激发员工的参与热情。可以开展服务比赛、微笑摄影比赛等；也可计算学习积分，每季度及每年度公布培训时间数（或学习积分），给予一定的季度奖励与年度奖励。

（2）如果有条件，可以发放一些与培训相关的小手册给员工，或推荐与培训相关的电影，让他们阅读或观赏后提出意见与想法。

（3）开通渠道，鼓励员工提出合理化建议，经公司采纳，同样计学习积分。

（4）在适合的时间统一安排培训，培训内容应与员工联系密切，能引起员工的兴趣，也不要占用太长的时间，一个小时为宜，过程中尽量加入一些互动环节。

具体的培训方式要根据公司情况及企业文化来选择。若看不到培训效果、培训形式呆板，不管是领导，还是员工，都会有所怀疑。培训是一件持续的事情，先让大家愿意学习，再慢慢改善。

案例 3　培训工作怎样才能赢得业务部门的支持？

某公司针对营销部门开展了一个营销精英训练营项目。之所以有这个训练营，是因为公司在盘点业务后，认为整体营销能力薄弱，培训部门认为该领域存在培训需求。可在沟通训练营方案时，营销部门领导并不认可这一点。他认为训练营并非关键，当务之急是要构建一套营销人才培养体系，实现优胜劣汰，让优秀的营销人才不断涌现出来。

培训部门与业务部门在培训需求上产生了不同观点，如果不能及时沟通，势必影响培训工作的开展。因此，培训部门与营销部门的领导进行了一次开诚布公的讨论。其实，培训部门之所以认为营销存在培训需求，是因为他们经过了详细的调研，发现公司营销队伍中的大部分员工是从非营销岗位转岗而来的，他们多数仅拥有工程技术领域的知识背景，但在营销岗位上并未得到系统训练，更多的是靠自己的摸爬滚打来积累经验，对系统性营销知识的把握和基本功不够，会影响其业务表现。如果不先解决这个问题，即便构建了完善的营销人才培养体系，选出了优秀的人才，营销业务在当下所面对的难题依然存在。

当培训部门指出这一点以后，营销部门领导也有所触动。因为他在实际工作的过程中也发现，营销队伍里有很多人对许多营销概念的理解不够，他也认为这是公司营销能力薄弱的一个重要原因。最终，他同意实施训练营项目并在后续培训方案的讨论中为培训部门提供了很多意见和建议。事后，培训部门也开始着手营销人才培养体系的构建工作，最后的方案也获得了营销部门的认可。

【精解】

企业开展培训工作的根本目的是提高员工的素质和技能，从而提高他们的业绩。按道理来讲，业务部门对培训工作应该是大力支持的。但现实并不是这样。由于种种原因，许多培训的效果并不十分明显，而且员工在培训期间基本是处于脱岗状态的，这对业务部门的工作安排和计划造成了困扰，因此业务部门的领导们对于培训总是多有抱怨，这种态度必然会影响企业培训工作的开展。

从本案例中可以看出，要让业务部门更支持培训工作，最重要的就是深入调研，从人力资源的角度帮助业务部门找到容易被忽视的问题，然后提出有价值的建议。实际上，这一点也可以联想到人力资源业务合作伙伴（human resource business partner，HRBP）。人力资源部门和业务部门的这种伙伴关系的关键就是 HR 在业务中的价值是什么，能帮助业务发现什么、解决什么。业务部门的思维习惯是单纯地从业务的视角去看业务，不太去想"人"的问题。在这一点上，HR 与业务部门可互为补充，对于业务问题的解决也将更加行之有效。

第五章

培训资源的开发
与管理

第一节 实务操作

实操 1 如何确定培训时间？

企业通常会在新员工入职、企业技术革新、销售业绩下滑、员工升职、引进新技术、开发新项目、推出新产品时对员工进行培训。在具体培训时间的确定方面，企业一般会考虑销售淡季或生产淡季，总之要以不影响正常的业务开展为前提。对于新员工，则选择在其上岗前进行集中培训。

在确定培训时间以后，培训部门还要对学员的培训日程做好安排并形成正式文件发放给学员。

实操 2 如何选择培训场所？

选择培训场所时，一般要遵循一个原则，即保证培训实施的过程不受任何干扰，具体应考虑三个因素（见表 5-1）。

表 5-1　选择培训场所应考虑的因素

因　　素	内　　容
培训场所的空间	培训场所的空间要足够大，能够容纳全部学员并配有相关设施。一般来说，每位学员至少需要 2.3 平方米的活动空间，按照这个标准，一个 50 平方米的房间大约能容纳 22 位学员
培训场所的配套设施	培训场所的电子设备等应当符合培训的要求
培训场所的整体环境	培训场所的室内环境和气氛会影响学员的情绪，继而影响培训效果。因此，在布置培训场所时，应尽量采用明亮的颜色。培训场所的温度、通风、光线等也应良好

实操 3 如何设置培训课程？

培训课程的设置过程是一个全员参与的过程。培训课程要求精练、层次分明、通俗易懂且能充分利用语音、动画等形式，做到图文并茂、生动有趣。培训课程的设置过程如表 5-2 所示。

表 5-2　培训课程的设置过程

项　目	内　容
明确培训目标	设置培训课程前应明确通过培训要解决的问题或要达到的效果
明确培训课程要求	① 运用培训需求调查方法从领导者、培训对象主管（或直接领导人）以及培训对象处获得相关培训需求； ② 对所有被调查者的培训需求进行分析，用逻辑树的形式对他们的培训需求进行分解，直到需求不能再分解为止，从而对培训需求进行归类、整理； ③ 将分解后的最终培训需求制成表格，分发给高层领导、培训对象主管以及培训对象本人，让他们按重要程度给每一个需求打分，从而确定培训的重点并据此开发课程
设计课程大纲	① 回收培训需求表格，统计各项需求的分值，围绕分值较高的几项需求设计课程大纲并收集详细的资料； ② 按大纲制作培训教材、PPT，整理课堂上可能用到的相关辅助资料
试讲、完善培训课程	设计好的课程要经过多次内部试讲并不断进行修改和完善，才能最终形成正式的培训课程

实操 4　为什么企业在不同的发展阶段应该采用不同的培训课程？

培训的课程不仅要考虑员工的需求等微观因素，还应该与企业不同发展阶段的宏观因素相协调。在不同阶段，企业的发展策略有所不同，对员工的要求也有所差异。因此，在培训课程的设计与管理中，应考虑在不同的企业发展阶段展开有针对性的培训，这样才能更好地为实施企业战略服务。企业的培训课程不能一成不变，而应随着外部环境和企业内部因素的变化而变化。企业在不同发展阶段的培训重点如图 5-1 所示。

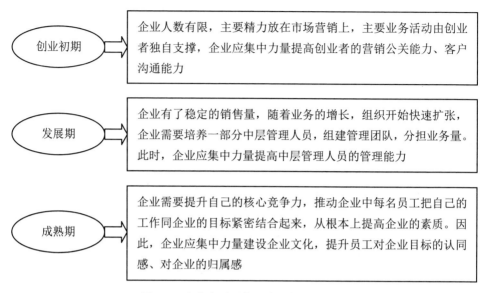

图 5-1　企业在不同发展阶段的培训重点

实操 5　培训课程设计的基本原则有哪些？

培训课程设计可以这样描述：适应环境与输入条件的要求、有明确的培训目标、选择翔实的培训内容、准备匹配的培训条件、明确可操作的培训手段、保证学习者能达到学习目标并及时进行反馈评价的培训系统。

培训课程设计的基本原则包括以下几个。

（1）培训课程设计的根本任务是满足企业与学习者的需求。

（2）培训课程设计的基本要求是体现成年人的认知规律。

（3）培训课程设计的主要依据是现代系统理论的基本原理。

（4）反馈——课程的评价就是系统的反馈环节。

（5）培训课程设计的本质目标是进行人力资源开发。

实操 6　培训课程的构成要素有哪些？

培训课程的构成要素如表 5-3 所示。

表5-3 培训课程的构成要素

构 成 要 素	内 容
课程目标	课程目标即学习的方向和学习过程中各个阶段应达到的标准,应根据环境的需求来确定
课程内容	课程内容可以是学科领域内的概念、原理、方法和技能技巧,也可以是过程、程序、步骤、规范和标准
课程教材	教材即将学习的内容呈现给学员的载体,既包括精心编写的教学大纲、报刊上的相关论文与案例,又包括配套的音像教材、参考读物、学习指导、辅导材料等
教学模式	模式即学习活动的安排和教学方法的选择与课程目标直接相关
教学策略	教学策略即教学程序的选择和教学资源的利用,与学习活动密切相关,是学习活动的一个组成部分
课程评价	评估学员对学习内容的掌握程度及课程目标的完成程度。课程评价的方法有定性和定量两种
教学组织	主要包括面向学员的班级授课制和分组授课制
课程时间	提高时间的利用率一般有以下几个途径。 ① 课程设计者要巧妙地分配有限的课程时间; ② 讲师要使学员在课程执行期间积极地参与学习活动,提高学习效率; ③ 讲师科学地安排课后作业有利于提高课堂时间的利用率
课程空间	主要指教室以及其他可以利用的场所
培训讲师	培训讲师根据培训课程的目标和内容要求而定,是培训课程的执行者
学员	学员是培训课程的主体,他们不但是课程的接受者,也是一种可利用的学习资源

实操7 课程教学计划包含哪些内容?

教学计划是实施培训计划、提高教学质量、确保教学工作顺利进行、实现培训总目标的具体的、执行性、操作性计划。它既是受训人员参与培训学习活动的主要依据,又是培训讲师指导、实施教学行为的行动方案。课程教学计划的内容如表5-4所示。

表 5-4　课程教学计划的内容

项　　目	内　　容
教学目标	它是在员工培训中开展各种教学活动所要达到的标准和要求，也是确定某一具体教学任务或教学班教学计划的主要依据
课程设置	根据教学计划的要求确定教学内容、建立合理的培训课程体系的活动过程
教学形式	在教学过程中所要采用的教学方式，主要受到讲师、课程、教材、教案等各种因素的影响
教学环节	整个培训的教学活动过程中互相关联的环节。它与教学形式、时间安排紧密结合，共同形成一个有机的互有联系、相互渗透的整体
教学时间安排	教学时间安排一般包括以下因素。 ① 整个教学活动所占用的时间； ② 完成某门课程所需要的时间； ③ 周学时设计； ④ 总学时设计； ⑤ 教学形式、教学环节中涉及的各类课程的讲授、复习、实验、参观、讨论、自习、测验、考查等各环节的时间比例

实操 8　如何做好培训课程的需求度调查工作?

1. 确定课程需求度调查项目

（1）课程需求度调查的层次。课程需求度调查的层次如图 5-2 所示。

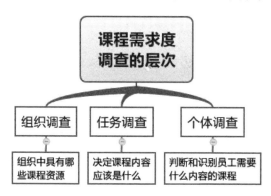

图 5-2　课程需求度调查的层次

（2）培训课程需求度调查的要求。主要包括：① 企业整体的课程体系建设需要和员工个人学习发展需求相结合；② 将企业长期的需要与现实需求相结合；③ 定性分析与定量分析相结合。

（3）培训调查的流程。

① 各职能部门的培训管理人员收集绩效记录、质量控制报告和客户反馈信息等，会同培训中心结合工作分析中设定的工作内容以及任务、绩效标准分析员工的任务与绩效之间的差距及其原因。

② 由培训管理委员会根据企业发展方向、经营策略以及环境变化指出培训需求的大方向并结合人力资源规划确定企业整体的培训需求。

③ 培训中心应与人力资源部针对每一岗位做出胜任力评价和员工技能评估，以便评估员工技能与任务之间的差距。

④ 培训中心应定期向员工发放问卷，调查员工具体的培训需求。

⑤ 培训中心负责整理、综合、平衡企业总体上各个层面的需求，同时应兼顾企业目前的需求和长远的发展且满足环境的变化，在此基础上设置培训课程。

2. 课程信息和资料的收集

（1）咨询客户、学员和有关专家。

（2）借鉴其他培训课程。

实操 9　如何对培训课程体系进行设计定位？

在实施培训课程设计时，首要的任务是对所要设计的培训课程进行定位，包含两方面含义：一方面是要确定培训课程的类别；另一方面是要在层次上进行定位，由此决定培训课程和项目的目标，各个课程要素的选择也要以此为依据。培训课程体系的设计定位如表 5-5 所示。

表5-5 培训课程体系的设计定位

项　目	内　容	
培训课程的类别	培训课程应达到的全部目标分为三个领域：① 认知领域，由知识掌握、理解与智力发展等目标组成；② 情感领域，由兴趣、态度、价值观和正确判断力、适应性的发展等目标组成；③ 精神运动领域，由各种技能和运动技能等目标组成	
培训课程的性质与任务	① 知识培训——知识更新。其课程设计的主要任务是知识的传授和学习，要解决的是"知"的问题； ② 技能培训——能力补充。其课程设计的主要任务是要解决"会"的问题； ③ 思维培训——思维变革。其课程设计的主要任务是要解决"创"的问题； ④ 观念培训——观念转变。其课程设计的主要任务是要解决"适"的问题； ⑤ 心理培训——潜能开发。其课程设计的主要任务是开发参训者的潜能，要解决"悟"的问题	
培训课程系列的编排	培训对象	对于一个企业来讲，培训对象从总体上可以分为两类：① 内部培训对象，主要是指企业内部员工；② 企业外部人员，主要是指企业外部顾客以及经销商、代理商等。而对内部培训对象一般又有两种分类的方法：① 按进入企业的时间长短分为新员工、老员工；② 按工作性质不同分为生产人员、新产品开发人员、管理人员以及其他业务人员等
	培训内容	① 新员工培训课程，应主要体现在企业概况认识、企业文化、企业管理制度、工作岗位职能等方面，在其余时间，新员工应多到企业的相关部门进行实习，以便尽快对企业有全面、深入的了解； ② 生产人员培训课程。主要根据岗位技能分析所确定的培训需求来制订培训计划，各技术岗位的要求不同，所培训的内容也不同； ③ 新产品开发人员培训课程，应注重培养新产品开发人员形成以顾客为导向的思想、理念，注重开发和培养他们的创新思维和能力，同时加深他们对于相应产品的专业知识的了解； ④ 管理人员培训课程。可以按照岗位职责和管理者在企业管理中所处的层次来确定； ⑤ 其他业务人员的培训课程

实操 10 课程培训方式有哪几种？

1. 内部培训

内部培训是由公司内部提供的培训项目，培训部门负责与培训讲师合作开发培训课程，协调培训时间，安排参训人员。

2. 外部培训

当公司所需要的培训不能由公司内部提供时，就需要从外部获取。外部培训可分为将人员派出参加外部机构的培训和将外部讲师请到公司里开展培训两种形式。进行外部培训的具体原因如图 5-3 所示。

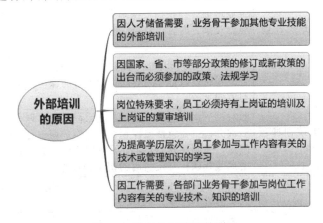

图 5-3 进行外部培训的原因

3. 网络培训

网络教育和培训提供了在任何时间、任何地点进行有效教学和学习的机会，大大降低了培训成本，可以使时间和资源的利用更加有效，同时为员工进行自我学习提供了便利，与其他应急式培训形成相互补充的关系。

实操 11 如何对培训课程体系进行设计？

培训课程体系设计的具体内容如表 5-6 所示。

表 5-6　培训课程体系设计的具体内容

项　目	内　容	
课程编制基本要求	① 立足于培训目标，满足企业以及员工的发展需求，以能够有效提高员工技能、改善工作绩效为准则； ② 培训课程开发应符合成人的认知规律； ③ 应用系统方法和思想进行培训课程开发	
课程编制主要任务	① 前期的组织准备工作，应由企业培训主管部门组织培训讲师、各职能部门培训管理人员以及部分员工组成课题小组，负责培训课程的开发工作； ② 信息和资料的收集。充分挖掘与课程开发相关的各类信息资源，识别可利用的、有价值的信息并加以有效利用； ③ 培训课程模块设计。具体包括课程内容设计、课程教材设计、教学模式设计、培训活动设计、课程实施设计以及课程评估设计； ④ 课程的演练与试验。针对新开设的培训课程做一次全程演练，应安排相关专家、学员代表等进行评价； ⑤ 信息反馈与课程修订，应根据专家意见或学员反馈信息适当调整课程，这样才能及时地发现问题、解决问题，有利于提高培训效果	
培训课程项目系列	企业培训计划	企业培训计划是指根据培训需求分析的结果，对培训项目的目标、对象、内容、要求、期限和实施方法等主要工作事项所做的统一安排
	培训课程系列计划	培训课程系列即按一定的顺序组合起来的目标一致的课程组合，其计划以目标为导向，把所有的课程目标都集中到一个学习方向上
	员工培训课程计划	即对某一课程的详细描述，是课程系列计划和企业培训计划的一部分，主要包括课程题目的暂定、培训范围的确定、学员的确定、主要课题的界定、开发时间的估算、必需的资源、课程的期限和课程开发费用的初步预算等
课程设计文件的格式	封面	主要内容有设计文件的用途、设计者的姓名、起草日期、审查人员的姓名等
	导言	包括项目名称、项目范围、项目的组成部分、班级规模、课程时间长度、学员的必备条件、学员、课件意图、课程评估
	内容大纲	包括教学资源、资料的结构，课程目标和绩效目标，教学顺序、活动、内容和交付时间
	开发要求	主要说明开发培训项目所需要的资源以及其他有利于促进和完善课程开发流程的必需信息和资源
	交付要求	主要介绍交付培训项目所需的资源
	产出要求	主要说明制作培训资料所必需的资源
编排培训课程的关键点	① 课程的选择应与培训目标一致； ② 应设计有固定与机动两种形式的课程； ③ 照顾学员中大多数人的需求，尽量提供使各种学员都感兴趣的课程； ④ 可操作性强； ⑤ 课程设计要密切联系企业与员工的实际情况； ⑥ 要慎重选择课程的讲师	

实操 12 国外课程设计的基本模式有哪些？

国外课程设计的基本模式如表 5-7 所示。

表 5-7 国外课程设计的基本模式

项 目		内 容
肯普的教学设计程序	强调的基本问题	① 学习什么，达到怎样的熟练程度； ② 如何组合教学程序、教材和人员才能更好地实现培训目标； ③ 使用什么手段来评价学习结果
	具体步骤	① 列出课题，确定每一课题的教学目的； ② 分析学员特点； ③ 确定可能取得明显学习成果的学习目标； ④ 列出每一个学习目标的学科内容和大纲； ⑤ 设计预测题； ⑥ 选择教与学的活动和教学资源； ⑦ 协调所提供的辅助服务，如技术人员、经费、设备、仪器和进度表等； ⑧ 实施教学； ⑨ 根据学员完成学习目标的情况评价教学活动，以便进行反馈和再修正
	优点	综合考虑学员特点、学习内容和开展教学设计所涉及的辅助服务，统筹安排。该模式主要运用于课程、单元和课堂教学的设计
加涅和布里格斯的教学设计程序		（1）系统 A 级：① 分析教学需求、目的及教学需求中应当优先加以考虑的部分；② 分析教学资源和约束条件以及可选择的传递系统；③ 确定课程范围和顺序，设计传递系统。 （2）课程级，包括确定某一门课的结构和顺序、分析某一门课的目标。 （3）课堂级，包括确定行为目标、制订课堂教学计划、选择教学媒体与手段、评价学员行为。 （4）系统 B 级，包括教师方面的准备、形成性评价、现场试验及修改、总结性评价、系统的建立和推广
迪克和凯里的教学设计程序		① 确定教学目标； ② 分析教学对象； ③ 分析教学内容； ④ 制定具体的行为目标； ⑤ 设计标准参照测试； ⑥ 开发教学策略； ⑦ 开发教材课件； ⑧ 设计和开展形成性评估； ⑨ 修改、完善教学计划

续表

项　　目	内　　容
现代常用的教学设计程序	① 确定教学目的； ② 阐明教学目标； ③ 分析教学对象的特征； ④ 选择教学策略； ⑤ 选择教学方法及媒体； ⑥ 实施具体的教学计划； ⑦ 评价学员的学习情况，及时进行反馈、修正

实操 13　选择和制作课程内容的基本要求与注意事项有哪些？

1. 课程内容选择的基本要求

课程内容选择的基本要求如图 5-4 所示。

图 5-4　课程内容选择的基本要求

2. 课程内容制作的注意事项

课程内容制作的注意事项有如下几个。

（1）培训教材的内容不能多而杂，否则会分散学员的注意力。

（2）凡是培训讲师要讲授、表达的内容，教材不必重复。

（3）教材以提示重点、要点，强化参训者认知为重要功能。

（4）应将课外阅读资料、课堂教材分开。

（5）教材应简洁、直观，按照统一的格式和版式制作。

（6）制作时用"教材制作清单"进行控制和核对。

实操 14 职前培训、专业技能提升培训和管理能力培训有哪些区别?

职前培训、专业技能提升培训和管理能力培训有很大的区别,具体如表 5-8 所示。

表 5-8 不同类别培训的区别

培 训 类 别	培 训 对 象	培 训 内 容
职前培训	新员工、新岗位任职人员	企业文化、企业发展状况、相关规章制度等
专业技能提升培训	在职人员	生产、制造、研发、营销等专业知识
管理能力培训	基层、中层和高层管理人员	管理技巧

实操 15 如何做好培训课程的实施与管理工作?

培训课程的实施是指把课程计划付诸实践的过程,是达到预期课程目标的基本途径。培训课程的实施与管理如表 5-9 所示。

表 5-9 培训课程的实施与管理

阶 段		内 容
前期准备工作		① 确认并通知参加培训的学员;② 做好培训后勤准备;③ 确认培训时间;④ 教材的准备;⑤ 确认理想的讲师
培训实施阶段	课前措施	① 准备茶水,播放音乐;② 要求学员报到时在签到簿上签名;③ 引导学员入座;④ 介绍课程及讲师;⑤ 引导学员心态,宣布课堂纪律
	培训开始的介绍工作	① 培训主题;② 培训讲师自我介绍;③ 后勤安排和管理规则介绍;④ 培训课程的简要介绍;⑤ 培训目标和日程安排的介绍;⑥ "破冰"活动;⑦ 学员自我介绍
	培训器材的维护、保管	爱护培训相关设施、设备,小心使用
知识或技能的传授	传授新知识或技能的方法	① 由培训讲师讲授;② 通过教学媒体传授;③ 有组织的讨论;④ 非正式讨论以及提问、解答等

续表

阶　　段		内　　容
知识或技能的传授	培训过程应注意的事项	① 注意观察讲师的表现和学员的课堂反应，及时与讲师沟通、协调； ② 协助控制上课、休息时间； ③ 做好上课记录（录音、摄影、录像）
对培训进行回顾和评估		① 重视对培训最后阶段的回顾； ② 最好使用"请大家想一想，今天培训的内容中有哪些可以用在今后的工作中"等话语进行最后总结
培训后的工作		① 向讲师致谢；② 做问卷调查；③ 颁发结业证书；④ 清理、检查设备； ⑤ 培训成果评估

实操 16　如何获取培训讲师？

企业一般可以通过两种途径获取培训讲师。一种途径是从内部开发，包括专职培训讲师、优秀的部门主管、专业技术人才、骨干员工、中高层管理者、拥有某项技能的员工等；另一种途径是从外部聘请，包括培训机构或咨询企业的专业讲师、行业标杆企业的兼职讲师、某领域的专家或学者、高校教师、长期稳定合作的大型供应商或客户提供的讲师资源等。

1. 开发企业内部培训讲师

开发企业内部培训讲师的优、缺点如表 5-10 所示。

表 5-10　开发企业内部培训讲师的优、缺点

特　　点	内　　容
优点	① 对各方面比较了解，可使培训更具有针对性，有利于提高培训的效果； ② 与学员相互熟识，能保证培训中交流的顺畅； ③ 培训相对易于控制； ④ 成本低
缺点	① 内部人员不易在学员中树立威望，可能影响学员参与培训的态度； ② 内部选择范围较小，不易开发出高质量的讲师队伍； ③ 内部讲师看待问题受环境影响，不易上升到新的高度

2. 聘请企业外部培训讲师

聘请企业外部培训讲师的优、缺点如表 5-11 所示。

表 5-11　聘请企业外部培训讲师的优、缺点

特　　点	内　　容
优点	① 选择范围大，可获取高质量的培训讲师资源； ② 可带来许多全新的理念； ③ 对学员具有较大的吸引力； ④ 可提高培训档次，引起企业各方面的重视； ⑤ 容易营造气氛，获得良好的培训效果
缺点	① 企业与外聘讲师之间缺乏了解，加大了培训风险； ② 外部讲师对企业以及学员缺乏了解，可能使培训适用性降低； ③ 学校教师可能会由于缺乏实际工作经验，导致培训只是"纸上谈兵"； ④ 外部聘请讲师的成本较高

对于具备一定的管理能力或者对内部管理要求较高的规模企业，从人才长远发展的角度来看，可以宽泛地说，以内部开发和培养的培训讲师为主、以外部聘请的培训讲师为辅更有利于企业培训工作的开展。

从内部开发和培养培训讲师能够锻炼一部分核心员工的能力，能够激发他们深入研究某一领域知识、技能等的热情和积极性，能够加强他们的荣誉感。从某种程度上说，成为企业的培训讲师是企业对优秀员工采取的激励手段。对于一些内部人员无法讲授的课程，聘请外部讲师除了可以培训企业员工，也可以让内部讲师向外部讲师学习相关知识。

例如，某企业将培训讲师分成了内部兼职讲师、内部专职讲师和外部讲师三类，这三类讲师包含的人群以及他们的名单、资质、可授课程、授课形式、联系方式如表 5-12 所示。

表 5-12　某企业培训讲师分类

序号	讲师类别	包含人群类别	名单	资质	可授课程	授课形式	联系方式
1	内部兼职讲师	各级管理者	—	连续 3 年保持所在部门的业绩遥遥领先	实战讲解，解答客户会提出的一些问题	面授讲座	—

续表

序号	讲师类别	包含人群类别	名单	资质	可授课程	授课形式	联系方式
1	内部兼职讲师	专业技术骨干	—	连续3年被公司评为专业技术骨干	产品核心价值；产品和服务的优势	面授讲座	—
		成功经验者	—	连续3年为企业带来丰厚的利润回报	售前、售后服务流程；销售技巧培训	面授讲座	—
2	内部专职讲师	一级培训师	—	主讲专业领域3年以上，有良好的授课水平及表现，主讲课程3门，平均授课满意度达90%以上	企业文化理念、法律法规、管理制度、专业管理等知识的培训	面授讲座	—
		二级培训师	—	主讲专业领域2年以上，有良好的授课水平及表现，主讲课程1~2门，日常训练及专题讲座平均授课满意度达80%以上	专业知识、安全知识、岗位技能等的培训	面授讲座	—
		三级培训师	—	在专业领域表现优秀，TTT内训师等级评估考核合格，能够完成单项课程讲座	产品类型和特点，产品展示流程操作，针对每个产品的案例分享	面授讲座	—
3	外部讲师	行业内管理或技术专家、咨询顾问	—	在行业内取得一定成果，有一定的知名度	行业前沿知识，行业发展动态	网络授课	—
		合作供应商提供的专家	—	与企业建立长期合作关系的厂商技术代表	新产品介绍	网络授课	—
		合作院校教师	—	理论知识丰富，有一定的产品研发经验	产品的内部构造与原理，产品维修	网络授课	—

实操 17　如何选拔内部培训讲师？

企业选拔内部培训讲师可以分成五个步骤，分别是企业公布条件、候选人申请试讲、企业组织对候选人的评价与考核、将候选人认证为正式讲师、企业正式聘任（或续聘）候选人。

1. 公布条件

选拔内部培训讲师的第一步是企业公布担任内部培训讲师的资格条件。担任内部培训讲师的资格条件应根据企业的实际需要来制定，通用的企业内部培训讲师的任职资格条件如图 5-5 所示。

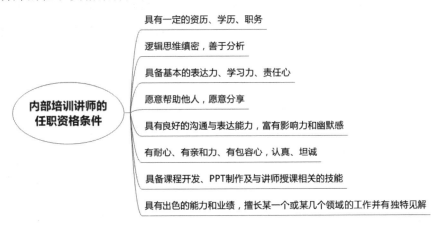

图 5-5 企业内部培训讲师的任职资格条件

2. 申请试讲

打算做内部培训讲师的员工可以自行申请，参加企业统一举办的试讲。这个环节最容易出现的问题是企业发出号召后却很少有人报名。遇到这种情况，培训管理者要调研、了解员工不愿意报名的原因并针对问题重新调整报名通知和讲师任职资格条件。

例如，有的企业制定的担任内部培训讲师的奖励机制没有吸引力，有的企业甚至把内部培训讲师定位成义务的，对培训讲师不进行任何奖励。众所周知，培训讲师准备一套完整的课程需要耗费大量的时间和精力，如果企业不设置任何奖励机制，培训讲师就没有参与的动力，而如果奖励太少也起不到效果。要吸引内部优秀的员工担任讲师，金钱鼓励应当是最基本的，却不是唯一的，必要的荣誉、福利和组织认可等激励因素才是最关键的。

培训管理者要审视是否存在部门负责人因为担心占用员工的精力和时间而不允许员工做内部培训讲师的情况。如果确实存在这种情况，可以依靠更高层管理者的宣导解决这一问题，也可以规定存在内部培训讲师的部门的领导也可以获得一定的奖励。这里的奖励不一定是金钱，也可以是荣誉、职业发展等方面的内容。

3. 评价与考核

评价与考核是企业对报名后参加试讲的候选人进行评价和考核的过程。这里的评价和考核指的不仅是对员工试讲环节的评价、考核，更重要的是对员工日常工作情况的评价、考核。

在员工报名之后、试讲开始之前，培训管理者一方面要按照内部培训讲师任职资格条件对候选人进行筛选，另一方面要详细了解候选人在日常工作中的态度、能力和绩效。为了获得相关信息，有必要和候选人所在部门的管理者及其同事沟通，了解情况。

对内部讲师候选人的评价、考核中，最重要的是态度，其次是绩效，最后是能力。

对于从未担任过培训讲师的员工，在担任培训讲师需要的基本技能方面稍微欠缺一些是可以理解的，培训管理者后续可以有针对性地对候选人进行专门的培训，但候选人的态度一定要端正。培训讲师岗位需要的是在平时工作中积极性比较高的、正能量比较强的人。

对于绩效水平比较低的候选人，即使他们的个人能力很强，可能是其他的环境因素造成了他们的绩效比较差，培训管理者也不宜把他们选拔为内部讲师。因为如果让绩效比较差的人作为培训讲师，可能会给员工造成一种心理暗示，即企业可以推举和容忍绩效差的人，这不利于企业的绩效管理。培训管理者可以想办法帮助绩效差但是态度和能力都较好的员工提升绩效，当他们的绩效得到改善之后，再经选拔使其为内部培训讲师。

4. 培训认证

初步选拔出的具备培训讲师潜质的人才中有很多人可能不具备担任培训讲师需要具备的经验提取、授课表达、课程设计、课程制作等相关能力，所以企业要统一组织对内部培训讲师候选人展开培训，如定期组织培训培训师（training the trainer，TTT）培训。培训结束之后，要对参训人员进行考核和认证，通过认证者才有资格被聘任为内部培训讲师，认证不通过者不能获得聘任。

另外，在做 TTT 培训时，需要注意以下几点。

（1）课程要实用，培训的内容要能解决实际问题。企业组织的对培训讲师的培训课程是否实用不仅影响着 TTT 培训本身的质量，也直接影响着内部培训讲师将来对参训人员做的培训能否以实用性为原则。

（2）在 TTT 培训的过程中，不要只是培训讲师在台上讲、参训人员在台下听，要给参训人员实践的机会，让参训人员陆续上台试讲，讲师和其他参训人员点评。培训过程不仅是参训人员学习知识的过程，也是他们提升技能的过程。

（3）TTT 培训要定期举办，一般至少每年一次。不仅是报名参加培训讲师选拔的候选人要参加 TTT 培训，已经被选拔为内部培训讲师的员工也要定期参加，即复训。参与复训的培训讲师也要通过培训之后的认证，对于认证不通过的，可以取消其现有内部培训讲师的资格。

5. 聘任或续聘

对于新通过认证的培训讲师候选人，可以聘任；对于已经成为企业内部培训讲师且复训后认证通过的，可以续聘。如果企业的战略、机构、流程、员工等因素随时间变化得比较大，可以每年聘任一次内部培训讲师；如果这些因素的变化比较小，可以 2～3 年聘任一次。

对内部全职培训讲师和兼职培训讲师的选拔、开发、学习可以采取统一的原则，两者之间的差异可以体现在他们后续工作的开展方式以及他们未来的职业发展路径上。

实操 18　如何管理外部培训讲师？

考虑到内部人才在授课方面的专业程度，企业对内部培训讲师的选拔可以相对宽松一些，可以重点在对内部培训讲师授课技巧的培养上下功夫，而对外部培训讲师的选拔就需要更严格一些。

企业寻找外部培训讲师主要是因为企业缺乏某一方面的信息或能力，需要外部培训讲师补足，所以外部培训讲师必须要具备一定的专业素养，具备丰富的经验和出众的能力。企业在选拔外部培训讲师时，需要注意以下几点。

（1）外部培训讲师需要具备培训课程的开发能力、培训项目开发及授课的经验。然而，适合的才是最好的。名校毕业、多年的工作经验、丰富的授课经验、某大型企业高管等背景并不能作为外部培训讲师适应企业需要的证明。培训管理者在选择外部培训讲师时不要只看讲师的水平，还要看讲师擅长的培训主题、内容、风格是否适合企业自身。

（2）在引进外部培训讲师之前，培训管理者应当试听一下培训讲师的课程。同时，企业应当让外部培训讲师提供其曾经服务过的客户的反馈信息，如培训结束之后的评估。好的培训效果不仅指课堂效果，更重要的是培训后企业的某些环节是否真实地发生了变化。

（3）仅以试听和外部培训讲师提供的资料作为选择外部培训讲师的依据尚不充分，尤其是在选择期望长期合作的外部培训讲师时。在外部培训讲师提供资料后，培训管理者应当实施背景调查，了解外部培训讲师的背景和口碑。

实操 19　培训讲师的选聘标准有哪些？

培训讲师的选聘标准如图 5-6 所示。

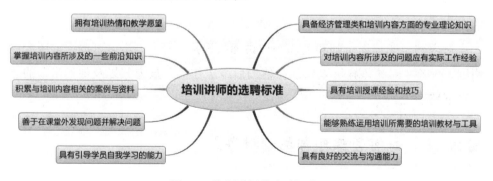

图 5-6　培训讲师的选聘标准

实操 20　企业在选择培训讲师时应侧重考虑哪些问题？

企业在选择培训讲师时要考虑三个问题（见表 5-13）。

表5-13 选择培训讲师时要考虑的问题

项　目	内　容
培训讲师选择标准	培训讲师要具备丰富的专业知识和出色的沟通能力，最好有与培训相关的从业经验
培训讲师来源	① 来自企业内部。一般是请企业内部的人员兼任培训讲师，如请培训对象的上一级管理人员或人力资源经理、高层领导来实施培训； ② 来自外部机构。如果培训交由外部培训机构实施，则由相应机构委派专职培训讲师或专家教授进行培训
培训讲师管理	无论培训讲师是来自企业内部还是从外部聘请，培训负责人都应对培训讲师的备课、讲课等行为进行实时跟踪和监控并制定相应的规范，对培训讲师实行科学、严谨的管理

实操 21　如何对培训讲师进行培训与开发？

培训讲师的培训与开发如表 5-14 所示。

表5-14 培训讲师的培训与开发

项　目	内　容
授课技巧培训	讲师的授课技巧是影响培训效果的关键因素，授课技巧要因人而异、视情况而异
教学工具使用的培训	培训讲师必须能熟练使用现代化教学工具
教学内容的培训	① 外聘讲师理论充实，但对企业实际情况不了解，需要在培训中为其补充这方面的知识； ② 内部讲师对企业比较了解，业务技能也很娴熟，但是对专业范围内的理论新动向或新开发的技术和产品不了解，需要在培训中加以补充
对讲师的教学效果进行评估	① 对讲师在整个培训中的表现进行评估； ② 对讲师在培训教学中的表现进行评估
讲师培训与教学效果评估的意义	讲师培训与教学效果评估是企业获取高质量培训讲师资源的一个很好的手段

实操 22　如何准备与培训有关的辅助设备？

培训辅助设备能够增强授课的效果，方便讲师讲解。在实际工作中，经常用到的培训辅助设备的优、缺点如表 5-15 所示。

表 5-15　常见培训辅助设备的优、缺点

设 备 名 称	优 点	缺 点
投影仪	① 方便讲师与学员面对面地沟通培训内容； ② 可及时增加和删除授课内容； ③ 可图文并茂地展示课程内容	① 价格昂贵，不便于运输； ② 要提前进行安装和调试
影像播放设备	① 多数为专业设备，放映效果好； ② 能在正常光线下使用； ③ 可通过租用降低成本	① 价格昂贵； ② 要提前进行安装和调试
磁带录音机	① 成本低； ② 使用方便	① 需要做好一些准备工作，如剪辑等； ② 使用频率不能太高，否则易损坏；不易长期保存
白色书写板、记号笔	① 使用比较方便； ② 记号笔容易购买且便宜； ③ 可以使用多种颜色加以标注	① 书写板的价格比较昂贵； ② 记号笔容易干； ③ 板面光滑，不易书写
粘贴展板、磁性展板	① 价格便宜； ② 可以展示优秀作品，能反复使用	① 日常工作中较少使用； ② 黏性、磁性容易消失
图表、海报	① 携带方便； ② 可提前准备、多次使用	① 容易破损； ② 易分散学员的注意力； ③ 第一次准备时工作量太大

　　需要注意的是，在培训开始之前，培训组织部门要将可能用到的培训模型、实物和设备提前准备到位并逐一对设备进行调试和检查，以保证其正常运行。

实操 23　培训中需要准备哪些印刷材料？

　　培训中需要准备的印刷材料如表 5-16 所示。

表 5-16　培训中需要准备的印刷材料

项 目	内 容
工作任务表	其作用有：① 强调课程的重点；② 提高学习的效果；③ 关注信息的反馈
岗位指南	岗位指南是对最常用、最关键的任务的描述，使包含许多复杂步骤的任务简单化，具有重点突出、使用简易、查阅快捷、记忆方便等优点。岗位指南在培训中具有以下作用：① 迫使有关专家对理想的操作做出界定，进一步明确培训的目标；② 有助于员工记忆在培训中学到的操作规程，也便在以后的工作中随时查阅；③ 有时可以代替培训或减少培训时间，节约成本

续表

项　目	内　容
学员手册	学员手册是培训中的指导和参考材料
培训者指南	如果只是讲师用，培训者指南可以很简单，如果要发给学员或其他人使用，就应该多一些注解
测验试卷	在培训开始时，测验试卷可帮助培训讲师了解学员的知识水平和经验，对培训内容做最后的调整。在培训结束时也可以进行试卷测验，分数的差别可准确地反映出学员对培训内容的掌握程度，方便讲师和学员本人了解

实操 24　如何开发培训教材？

（1）培训教材应结合学员的实际需要，而且必须是能充分反映所培训领域最新信息的材料。

（2）资料包的使用。为适应培训的快节奏、高标准和高要求，除精心地用教学大纲说明课程意图外，还可以采用"教材资料包"的方法。

（3）利用一切可开发的学习资源，组成"活"的教材。

（4）尽可能地开发一切能利用的信息资源，打破传统的教科书体系，充分利用现代科学技术的先进成果，把单一的文字教材扩充到声、像、网络以及其他各种可利用的媒体。

（5）设计视听材料。

实操 25　什么是企业培训制度？

培训制度是指能够直接影响与作用于培训系统及其活动的各种法律、规章、制度及政策的总和，主要包括培训的法律和政令、培训的具体制度和政策两个方面。

企业培训涉及两个培训主体，即企业和员工。培训制度是由企业制定的，主要目的是调动员工参与培训的积极性，使企业的培训活动系统化、规范化、制度化。

企业培训制度的构成如图 5-7 所示。

图 5-7　企业培训制度的构成

除图 5-7 中的各项制度外，还有培训实施管理制度、培训档案管理制度、培训资金管理制度等，这些制度自上而下地给予培训活动全方位的支持。

实操 26　制定与修订培训制度的要求有哪些？

制定与修订培训制度的要求如表 5-17 所示。

表 5-17　制定与修订培训制度的要求

要　求	具体内容
战略性	制定和修订培训制度时要从战略角度出发，为企业人才培养建立一个完善、有效且有威严的指导性框架，使培训与开发活动走向制度化和规范化
长期性	培训是一项人力资本投资活动，要正确认识人力资本投资与人才开发的长期性和持久性，要用"以人为本"的指导思想和管理理念制定培训制度，保证制度的稳定性和连贯性
适用性	① 培训制度应有明确、具体的内容或条款，充分体现管理与实际的需要 ② 应当深入实际进行调查研究，"对症下药"，掌握真实、全面的信息，保证企业培训制度的科学性和可行性

实操 27　培训制度应包括哪些内容？

企业人力资源管理部门在制定某一项具体的培训管理制度时，应当注意其结构和内容的完整性和一致性。一项具有良好的适应性、实用性和可行性的培训制度至少应包括图 5-8 所示的基本内容。

图 5-8 培训制度的基本内容

实操 28 如何制定企业培训服务制度？

企业培训服务制度的制定如表 5-18 所示。

表 5-18 培训服务制度的制定

项　　目		内　　容
制度内容	培训服务制度条款	① 员工正式参加培训前，根据个人和组织需要向培训管理部门或部门经理提出申请； ② 培训申请被批准后需要履行的培训服务协议签订手续； ③ 签订培训服务协议后，方可参加培训
	培训服务协议条款	① 参加培训的申请人；② 参加培训的项目和目的；③ 参加培训的时间、地点、费用和形式等；④ 参加培训后要达到的技术或能力水平；⑤ 参加培训后要在企业服务的时间和岗位；⑥ 参加培训后出现违约行为的处罚措施；⑦ 部门经理人员的意见；⑧ 参加人与培训批准人的有效法律签署
制度解释		培训服务制度是培训管理的首要制度，虽然不同组织有关这方面的规定不尽相同，但目的都是相同的，只要是符合企业和员工的利益并符合国家法律、法规的有关规定就应该遵守

实操 29 如何制定入职培训制度？

入职培训制度的制定如表 5-19 所示。

表 5-19 入职培训制度的制定

项　　目	内　　容
制度内容	① 培训的意义和目的；② 界定需要参加的人员；③ 特殊情况不能参加入职培训的解决措施；④ 入职培训的主要责任人（是部门经理还是培训组织者）；⑤ 入职培训的基本要求、标准（内容、时间、考核等）；⑥ 入职培训的方法

续表

项　　目	内　　容
制度解释	入职培训制度就是规定员工在上岗之前和任职之前必须经过全面的培训，没有经过全面培训的员工不得上岗和任职。 这一制度体现了"先培训、后上岗""先培训、后任职"的原则，适应企业培训的实际需要，有利于提高员工队伍的素质和工作效率。 这一制度的制定要与人力资源部有关人员配合进行并争取与其他各部门经理人员共同商讨，这对于此制度的贯彻执行是非常有利的

实操 30　如何制定企业培训激励制度？

企业培训激励制度的制定如表 5-20 所示。

表 5-20　培训激励制度的制定

项　　目	内　　容
制度内容	① 完善的岗位任职资格要求；② 公平、公正、客观的业绩考核标准；③ 保证公平竞争的晋升规定；④ 以能力和业绩为导向的分配原则
制度解释	企业培训激励制度的主要目的是激发各个利益主体参加培训的积极性，包括三个方面的内容：① 对员工的激励；② 对部门及其主管的激励；③ 对企业的激励
要点	① 要在培训激励制度中明确培训机会的平等性； ② 要在培训激励制度中明确对于取得优秀培训成果的相应人员的奖励办法

实操 31　如何制定企业培训考核制度？

企业培训考核制度的制定如表 5-21 所示。

表 5-21　培训考核制度的制定

项　　目	内　　容
制度内容	① 被考核的对象；② 考核的执行组织；③ 考核的项目范围；④ 考核的标准；⑤ 考核的主要方式；⑥ 考核的评分标准；⑦ 考核结果的签署确认；⑧ 考核结果的备案；⑨ 考核结果的证明（发放证书等）；⑩ 考核结果的使用（使用奖惩制度）

续表

项 目		内 容
制度解释	培训前明确考核标准	① 明确的考核标准能够使员工在接受培训时更加明确自己的学习方向，明确哪些培训内容是企业所重视的，变被动学习为主动学习； ② 明确的考核标准能够使员工明确知道自己的不足之处，进而积极接受培训以提升自身的能力
	界定清楚考核的执行组织	① 培训前的考核由员工所在部门的主管负责； ② 培训中期的考核由人力资源部门的人员负责； ③ 培训后期的考核由员工所在部门的主管负责

实操 32 如何制定企业培训奖惩制度？

企业培训奖惩制度的制定如表 5-22 所示。

表 5-22 培训奖惩制度的制定

项 目		内 容
制度内容	奖励设置	① 将培训成果纳入个人奖金发放的考核范畴； ② 设立专项培训先进奖，可以是有形的物质奖励，也可以是无形的精神激励，还可以因为培训考核成绩优秀而放宽其他相关条件的要求
	具体内容	① 制定培训奖惩制度的目的和意义； ② 奖惩对象说明； ③ 奖惩情况认定标准以及相应的奖惩标准； ④ 奖惩制度的执行组织和程序； ⑤ 实施奖惩制度的方法

实操 33 如何制定企业培训风险管理制度？

企业培训风险管理制度的制定如表 5-23 所示。

表 5-23 培训风险管理制度的制定

项 目	内 容
制度内容	① 企业根据《中华人民共和国劳动法》与员工建立相对稳定的劳动关系； ② 根据培训活动的具体情况考虑与受训者签订培训合同，从而明确双方的权利、义务和违约责任；

续表

项　　目	内　　容
制度内容	③ 培训前，企业要与受训者签订培训合同，明确企业和受训者各自负担的成本、受训者的服务期限、保密协议和违约补偿等相关事项； ④ 根据"利益获得原则"，即谁投资谁受益，投资与受益成正比关系，考虑培训成本的分摊与补偿
制度解释	① 避免人才流失及其带来的经济损失；② 防止培养竞争对手；③ 以防培训没有取得预期的效果；④ 送培人员选拔失当；⑤ 专业技术保密难度大。若企业培训风险较大且找不到合适的防范手段，就会对培训投资持有不积极的态度。做好培训实施工作可尽量降低风险，如积极性维持和培训质量保证等

实操 34　如何制定企业培训档案管理制度？

培训档案管理制度的内容涉及培训中心的工作档案、受训者的培训档案、与培训相关的档案，如表 5-24 所示。

表 5-24　培训档案的分类及具体内容

档 案 分 类	具 体 内 容
培训中心的工作档案	① 培训工作的范围；② 如何进行岗前培训；③ 如何进行升职晋级培训；④ 如何进行纪律培训；⑤ 如何进行其他技术性专项培训；⑥ 如何进行对外培训；⑦ 如何考核和评估培训；⑧ 全公司人员已参加培训、未参加培训的情况；⑨ 列入培训计划的人数、培训时间和班次、学习情况；⑩ 特殊人才、重点人才、急需人才的培训情况
受训者的培训档案	① 员工的基本情况，包括学历、入职年限、所从事过的岗位、目前岗位工作情况等； ② 上岗培训情况，包括培训时间、培训次数、培训档次、培训成绩等； ③ 升职晋级培训情况，包括任职时间、提拔晋升等情况； ④ 专业技术培训情况，包括技术种类、技术水平、技能素质以及培训的难易程度； ⑤ 其他培训情况，如在其他地方参加培训的经历、培训的成绩等； ⑥ 考核与评估情况，包括考核定级的档次、群众评议情况等
与培训相关的档案	① 培训讲师的教学及业绩档案； ② 培训财物档案； ③ 培训工作往来单位的档案

实操 35 如何合理使用企业培训经费？

由于培训经费是有限的，因此要将经费使用在关键的地方，具体可采取以下方法保证经费的合理使用。

（1）建立健全培训经费管理制度。

（2）履行培训经费预算、决算制度。

（3）科学调控培训的规模与频次。

（4）突出重点，统筹兼顾。

实操 36 如何做好企业培训制度的执行与完善工作？

（1）在执行各种规章制度的同时，要加大监督检查的力度，从多个角度监督检查培训制度的落实情况。

（2）采取开放的管理方式，每一个员工都有权利和义务监督培训制度的执行情况，如有意见或建议可直接提出，也可采用匿名的方式提出。

执行与完善培训制度的步骤如图 5-9 所示。

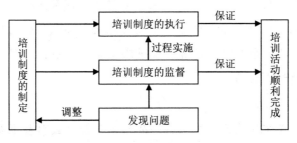

图 5-9 执行与完善培训制度的流程

第二节 案例精解

案例 1 如何选择外部培训机构？

对于企业而言，大部分的培训工作可由内部人员做，还有部分培训需要员工参加外部的公开课，那么如何选择合适的培训机构来合作呢？

【精解】

企业可根据业务需要自行选择、安排外部培训课程，一般可以参考以下要点进行。

1. 同行推荐

每个行业都有自己的行业交流会，每个 HR 也都有自己的人脉圈子，企业借此可以收集一些比较好的培训机构的特色、风格、效果等信息，将其作为初步资料留存。

2. 自行调查

除了考虑同行推荐的外部培训机构，企业也可通过网络、电话、宣传单等自己联系培训机构，深入了解需要的信息。

3. 自身需要

满足自身需要是企业选择外部培训的根本点，应充分结合公司的年度培训计划安排工作，按照培训内容选择符合内容特色的培训机构。

4. 市场口碑

不管是培训机构、培训内容，还是培训讲师，都有其服务对象。企业可要求培训机构提供其已服务单位的信息，最好能提供参训单位的地址、电话、联系人，不能提供的，企业可通过其他渠道联系参训单位，了解对方对于该培训机构培训效果的综合评价。

5. 培训预算

培训机构对于不同内容、不同讲师的培训费用的收取标准不尽相同，企业要根据培训预算来筛选培训机构，同时也应该考虑市场行情和经济发展变化。

6. 了解讲师

讲师是课程的直接宣讲者，他们的自身素质是决定课程效果的根本因素。有的培训机构口碑很好，但可能会有一两个讲师的水平不尽如人意；有的培训机构口碑一般，却有"王牌讲师"。有时候，选择讲师甚至比选择培训机构更重要。企业要了解讲师之前服务过的企业，了解讲师的经验和知识构造并和讲师就课程做沟通，达到了解讲师的目的。

7. 试听课程

最直接的了解讲师的办法就是试听课程。企业在试听的过程中可更深入地了解讲师的授课风格，合理推测员工在听课过程中的反应，也可和参训对象做简单沟通，这样得到的信息是直接、有效、丰富的。

8. 特事特办

有时，公司需要安排一项特殊的外部培训，而外面的培训机构暂时还没有针对此类培训的成熟方案，这时可要求培训机构、讲师到公司进行实地参观，使其调研并开发出相应的培训课程，以满足公司的培训需求。

9. 其他细节

选择培训机构还应注意很多细节问题，如培训机构的后续服务，培训机构的规模、资质情况、办公条件、员工素质等；还应注意观察讲师助理的素质，这可从侧面反映出讲师的部分素质。

案例 2　用人部门如何选择导师？导师的主要职责是什么？

2018 年年底，某民营企业人力资源部吴经理受邀参加一个人力资源论坛，在此期间，他了解到很多公司为了帮助新员工迅速融入公司、适应公司的岗位要求会在公司实行"导师制"。推行"导师制"的公司，员工流失率低、胜任度高，而且容易形成一种"传、帮、带"的良好工作氛围，同时也能促进大家相互学习、相互交流。回到本公司，吴经理和领导讨论后，决定在本公司推行"导师制"。

请结合案例分析，用人部门如何选择导师？导师的主要职责是什么？

【精解】

对于新员工，除了接受新员工通用类课程的培训外，更为重要的是部门导师的引导。用人部门导师通常由与新员工同岗位的资深同事或者上级担当，确保他们了解员工的具体工作且能给予相应的工作建议、指导和帮助。导师的主要工作是让新员工了解岗位职责、要求，确保员工能够胜任工作岗位。

导师的主要职责包括以下几点。

（1）介绍部门情况。主要是告知部门的架构、职能、主要成员、工作流程。

（2）明确岗位、岗位职责，帮助新员工了解他们的岗位、主要工作职责、工作要求、工作关系等。

（3）确定试用期的工作目标和考核要求，让新员工知道试用期的工作任务、工作目标并确保其能顺利通过转正考核。

（4）了解新员工的工作、工作进度、工作绩效等，同时不定期地做好工作辅导和沟通。

案例 3 如何选择培训方法及培训师？

某民营企业是由一个仅有几十名员工的小作坊式机电企业发展起来的，目前已发展到拥有两千多名员工、年销售额达几千万元的大企业，其组织结构属于比较典型的直线职能制形式。随着本行业的技术更新和竞争的加剧，该企业高层领导者开始意识到，企业必须向产品多元化方向发展。其中，一个重要的决策是转产与原生产工艺较为接近、市场前景较好的电信产品。适逢某国有电子设备厂濒临倒闭，于是该民营企业将其并购，在对其进行技术和设备改造的基础上组建了电信产品事业部。然而，该企业在转型过程中逐渐出现各种人力资源问题。除了需要进行组织结构的调整外，还需要加强企业人力资源管理的基础工作，调整不合理的人员结构，裁减冗员，从根本上改变企业人力资源管理落后的局面。

此外，根据并购协议，安排在新组建的电信产品事业部工作的原厂的 18 名中低层管理人员与该企业新委派来的 12 名管理人员之间的沟通与合作也出现了一些问题，如双方沟通交流较少，彼此的信任程度有待提高，沟通中存在着障碍和干扰，导致了一些不必要的误会、矛盾甚至冲突，他们希望公司能够通过一些培训来帮助他们解决这些问题。

因此，上级要求人力资源部设计一个培训方案，帮助电信产品事业部的管理人员加强沟通合作。那么，哪些培训方法适合这次培训？应该选择外部培训师还是内部培训讲师？

【精解】

培训方法可采取经营管理策略培训、特别任务法培训、案例研究、课堂教学、拓展训练等。

对于选择外部培训师还是内部培训师这个问题，其实应该两者都有。因为培训主要是为了加强管理人员的沟通合作，内部培训师更了解企业的特点及企业的文化，对企业的需求反应得更快。而外部培训师的来源渠道多样，包括高校、政府机关、培训机构和咨询公司等，他们具备更专业的知识，懂得更多的培训方法。

案例4 公司沦为"培训基地"怎么办?

某仪表研发企业的规模还可以，但老板一直不愿意提供符合行业平均水准的薪酬，导致该公司被同行戏称为"培训基地"。因为有能力的人不愿意来，所以该公司只能招些新人自己带，而培养了一年半载之后，新人通常都会跑到其他公司去。该公司人事总监多次和老板谈过给员工加薪，起码要给优秀人才加薪，但老板总是一句话："如果他们是冲着钱来的，做不长。"

在现有的条件下，人事部门能做哪些工作来改变公司沦为"培训基地"的现状呢?

【精解】

本案例中，人事总监多次和老板谈给员工加薪都失败了。思想决定着方法，无效的方法只能证明思想是错误的。具体到本案例中，可以从两个层面去考虑，即方法层面和思想层面。

1. 方法层面

公司人事总监可以不去和老板谈涨薪的问题，而是去谈公司战略。用公司战略倒逼薪酬战略，用薪酬战略倒逼管理思想，以管理思想确定实施方向。

每个企业都有自己的战略，搞清楚企业的战略，就可以谈薪酬战略了。薪酬战略不是根据市场情况实施的，而是根据战略实施的。也就是说，如果在某种战略下，离职员工多，但企业还能招到人，招到的人还能满足企业经营需要，则不会调整这个战略，除非市场有了较大的变化，影响了经营战略。

有了企业战略和薪酬战略，基本就可以确定管理思想了。什么是管理，即"满足企业需要、保证企业竞争能力的所有活动"。管理思想中是没有一般和优秀员工之分的，只分核心型和非核心型员工。核心型员工一般使用稍高的薪酬、福利甚至股份来保留，非核心型员工一般通过企业文化、培训、考核和适当的薪酬来保留；核心型员工管理用沟通，非核心型员工管理用制度。本案例中，作为人事总监，应具备这样的管理思想并通过员工离职的这个问题优化企业结构，合理规划企业工资成本支出。管理思想确定了，实施方向也就确定了。

2. 思想层面

企业必须具备"时"和"势"的思想模式。一个企业的行业高度是由战略决定的，而外部市场环境决定了战略实施的时机，这个叫作"时"。人为努力的影响叫作"势"。所有的事物都受到"时"和"势"的制约。

思想决定行动。人的热情和精力有限，为企业负责也要为自己负责，拥有洞悉问题本质的能力，才能发挥 HR 的专长。

案例 5 如何将员工培训价值最大化，实现与企业的共赢发展？

某集团公司总部持续两天的 2020 年度预算会议结束后，人力资源部经理王某显得格外高兴，因为在预算会议上，公司高层一致决定明年提高员工培训的预算额度，将培训预算费用从以前的占工资总额的4%提高到6%，这对于人力资源部以及培训工作来说是一种莫大的支持和肯定。高兴之余，王某又觉得压力很大。虽然公司的培训工作如火如荼地开展着，也获得了很多部门和员工的称赞，但他对于培训能给企业带来的价值和真正对员工绩效所起到的实际作用并没有十足的底气。

他想知道该如何将员工培训价值最大化，实现与企业的共赢发展呢？

【精解】

人力资源经理王某对于培训能给企业带来的价值和真正对员工绩效所起到的实际作用没有十足的底气，这说明培训对公司战略和目标的支持是不充分的。虽然培训预算占比增加了2%，但是王某压力倍增，因为他担心如果花了更多的培训费用却拿不出让领导满意的结果会很难堪。对此，王某可以参考以下建议。

（1）在培训策略方面，要上接战略、下接绩效。公司制订战略计划后，作为人力资源部经理，要清楚理解公司的战略计划，再思考如何从培训角度支撑公司战略目标的实现。例如，人才培养的数量和质量、人才继任计划、关键人才培养等。

（2）在培训规划方面，要突出重点，注重培训的投资回报。例如，销售人员培训、领导力培训通常是培训的重点。销售人员培训可以从培训前和培训后的绩效情况来评估培训效果。随着销售培训的开展，员工的绩效分数逐渐攀升就是一个很好的证明。

（3）将培训与员工职业发展挂钩。要实现员工与公司的共赢发展，必须要重视员工在公司的职业发展。可以根据公司未来人才地图有针对性地设计人才培养项目，如备才班、英才班等，等公司真正需要人才的时候就可以从人才库中选拔晋升，快速实现员工的职业发展目标。同时，也可以考虑在职位说明书里加入一栏"晋升标准"。"晋升标准"包括经验要求、项目要求、知识技能要求。员工如果想晋升，就必须完成"晋升标准"里要求的必修课程。这样，员工不仅获得了加薪升职的机会，还提升了职场竞争力。

第六章

员工培训效果
的评估

第一节 实 务 操 作

实操 1 什么是培训评估？

所谓培训评估，是一个系统地收集有关人力资源开发项目的描述性和评判性信息的过程，其目的是帮助单位在选择、调整各种培训活动以及判断其价值的时候做出更明智的决策。培训评估有狭义和广义之分（见表 6-1）。

表 6-1 培训评估的含义

含 义	内 容
狭义的培训评估	即一个单位在组织培训之后，依据培训目的和要求，运用一定的评估指标和评估方法，用定性或者定量的方式对培训的效果加以检查和评定。它是培训流程中的最后一个环节，在培训结束后，对培训实施各环节进行评估，是对整个培训活动实施成效的评估和总结
广义的培训评估	即运用科学的理论、方法和程序对培训主体和培训过程及其实际效果的系统考察。它有一个系统的规划，是与培训需求分析、培训课程开发、培训活动的组织、实施及效果等多个环节同时进行的完整的、有效的培训评估系统，其评估结果可为下一次培训活动的需求确定和培训项目的调整提供重要的依据

员工培训效果评估是企业培训工作最终的也是极为重要的一个阶段。一个完整的员工培训过程包括培训需求分析、培训规划、项目与课程设计、教材与师资开发、培训活动的组织与实施以及培训效果评估等环节。其中，培训评估在现代培训管理中贯穿于培训的整个过程，起着承上启下的关键作用。培训评估通过建立培训效果评估指标和标准体系对员工培训是否达到了预期的目标、培训计划是否得到有效的实施等进行全面的检查、分析和评价，然后将评估结果反馈给主管部门，作为其以后制定、修订员工培训计划以及进行培训需求分析的依据。

实操 2　员工培训评估的基本原则有哪些？

1. 客观性原则

在培训评估过程中，评估指标的设计、指标权重的确定以及具体的定性、定量分析均应尽量避免评估人的主观因素对评估结果的影响，不仅要由有关专家或专业管理者、培训人员进行打分和评判，还需将接受培训者的意见纳入评估的考察范围，在采用定性、定量相结合的评估方式时，要适当提高可量化指标的权重，弱化评估的主观性。

2. 综合性原则

在目标考核层面，培训评估体系不仅要评估预期目标的实现情况，由培训效果产生的非预期目标也应在评估结果中予以反映；不仅要评估培训方案制定者的目标实现情况，还要与接受培训者的需求相结合，即评估培训活动是否有助于实现接受培训者的预期目标。

在评估培训结果时，要从接受培训者个人培训目标的实现和培训对组织发展的影响两方面进行综合测评；在选择评估方法时，应避免使用单一的定性或定量方法。一般来讲，定性评估多针对员工在接受培训后的态度和行为的改变，定量评估在计算培训为企业带来的收益方面的优势较明显，因此两种评估方法的结合可使评估更为全面和客观。

3. 灵活性原则

灵活性原则即要根据评估目标、评估对象以及评估周期确定采用何种评估方法。同时，评估方案制定者应在广泛采纳评估对象意见的前提下，根据具体情况制定出科学的评估方法并通过在实践中的运用收集反馈信息以改进评估方案。

实操 3　员工培训评估体系由哪些模块构成？

根据企业培训的特点，培训评估体系一般由三个模块组成（见表 6-2）。

表 6-2　培训评估体系的构成

模　块	内　容
培训前期评估	① 培训需求整体评估，即年初培训主管部门要求各业务职能部门提交年度培训需求，由培训主管部门对相关培训需求进行评估，提交领导层决策后组织实施培训； ② 培训方案设计评估，即各业务职能部门在组织培训项目前向培训主管部门提交培训方案，培训主管部门对其可行性、实效性、可操作性等方面进行全面评估并对培训方案提出修改意见，方案审核、评估通过后，方可进入实质性操作阶段
培训实施过程评估和效果评估	① 培训实施过程评估，采取委派专人跟班评估和委托主办部门评估两种模式。原则上，培训主管部门在各专业培训班开班、培训进行中和培训班结束三个阶段，均应委派专人到培训班现场进行评估、考察，同时委托主办部门全程跟踪评估。评估要素包括培训组织准备工作情况、培训学员参与培训情况、培训内容和形式、培训师和培训组织者的工作状况、培训进度和中间效果、培训环境和培训设施等，评估采取现场考察和问卷调查等形式进行； ② 培训效果评估，是在培训结束后通过问卷调查对培训效果的综合评估，这个环节也是整个培训评估体系的核心部分。调查问卷整体分为三个部分，即参训者基本信息、参训者对培训班的满意程度、参训者对培训班的建议及需求。问卷设计除要求参训者填写个人基本情况外，应充分考虑到培训完成后参训者个人的感受，突出培训对实际工作的促进情况，将员工个人培训需求与所在部门实际工作要求相结合，从主、客观两个方面共同评估培训效果。培训结束时学员要填写调查问卷，由培训主管部门收集汇总并撰写培训评估报告
培训评估结果反馈	① 将培训评估报告和总结的内容，特别是报告中关于培训班的成功经验、主要不足以及学员对培训班的建议和意见及时反馈到培训班举办专业职能部门并签报领导层审阅； ② 以经验交流材料的形式将评估结果发送到各职能部门传阅，便于各部门相互借鉴，共同提高培训效能； ③ 对培训评估结果进行归纳整理、存档，作为年终对各职能部门举办培训班进行评比以及今后申请举办类似培训的参考依据

实操 4　员工培训效果评估的作用有哪些？

培训效果评估可以分为三个阶段，即培训前的评估、培训中的评估和培训后的评估，各阶段的主要作用如表 6-3 所示。

表6-3　培训效果评估各阶段的作用

不 同 阶 段	具 体 作 用
培训前的评估	① 保证培训需求确认的科学性； ② 确保培训计划与实际需求的合理衔接； ③ 帮助实现培训资源的合理配置； ④ 保证培训效果测定的科学性
培训中的评估	① 保证培训活动按照计划进行； ② 培训执行情况的反馈和培训计划的调整； ③ 找出培训的不足，吸取教训，以便改进以后的培训，同时能发现新的培训需要，从而为下一轮的培训提供重要依据； ④ 过程监测和评估有助于科学解释培训的实际效果
培训后的评估	① 对培训效果进行正确、合理的判断，以便了解某一项目是否达到原定的目标和要求； ② 评估受训人知识、技术能力的提高或行为表现的改变是否直接来自培训本身； ③ 评估培训的费用效益，即培训活动的支出与收入的情况如何，有助于使资金得到更加合理的配置； ④ 可以较客观地评价培训者的工作； ⑤ 可以为管理者做决策提供所需的信息

实操 5　如何对培训评估体系进行总体设计？

一个全面的培训评估体系不仅要包括对课程、师资、时间、环境等培训方案的评价，还要包括对培训需求、培训的短期/长期效果以及后续追踪情况等的考察，需要利用多种评估工具从培训的各个方面进行细致、全面的分析。

企业员工培训评估体系的总体设计一般应包括以下内容，如图6-1所示。

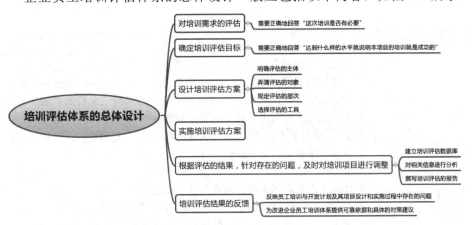

图6-1　企业员工培训评估体系的总体设计

实操 6 如何设计培训评估方案？

1. 员工培训需求的评估

对员工培训需求的评估，首先要由评估人员重新进行培训需求分析，即通过培训需求分析来确定员工在知识、技能、态度等方面的不足，可以从受训人员及其直接上司、公司三个方面来收集培训需求信息。

对受训人员要进行工作分析，找出其工作中的疏漏以及负责该项工作的人经常出现的失误并了解受训人员的兴趣和发展方向，从而确定培训需求。这个过程可采用问卷调查、小组访谈和工作跟踪等方法。此外，也可以从受训人员的直接上司处了解受训人员的绩效水平等信息并通过参加公司会议、研究会议纪要等方式综合考虑企业总体发展战略的总目标和总任务，从而有预见性地确定培训需求。同时，还要对工作效率低的部门及员工所在的工作环境实施调查，从而确定环境是否也对工作效率有所影响。

完成需求分析后，将评估人员的分析结果和培训方案中的需求分析做比较，从而判断所评估的培训项目计划的需求分析是否妥当。

2. 做出培训评估的决定

培训项目的组织者或实施者在进行评估之前要对评估的目的与可行性进行调查分析和确认（见表 6-4）。

表 6-4 培训评估的决定

项　　目	内　　容
确定评估的目的	它是一个决策者和培训项目管理者向评估者表达评估意图的过程。在进行培训评估之前，一定要明确评估的目的。评估的基本目的是满足企业管理的需要，而管理者可能会因下列三个目的中的任意一个（或几个）而需要有关的信息和评价。 ① 了解有关方案的情况，包括培训项目是否有利于增进组织员工的绩效、培训项目是否能进一步改进； ② 使管理者知道方案已确实提供并实施，如果没有提供，则要让管理者明白采取何种措施来代替这个方案； ③ 就继续还是中止、推广还是限制该方案做出决策；结合管理者的意图，明确相关的培训评估目的，这样才能使评估报告有价值

续表

项　　目	内　　容
评估的可行性分析	通过收集的相关资料确定评估是否有价值以及是否有必要进行。在进行培训项目的评估之前，要确定评估是否有价值、评估是否有必要进行，这个过程可以有效地防止不必要的浪费。可行性分析包括：① 决定该培训项目是否交由评估者评估；② 了解项目实施的基本情况，为以后的评估设计奠定基础
明确评估的操作者和参与者	评估操作者可分为外部评估操作者和内部评估操作者，决策者应当充分考虑其优、缺点后进行选择；另外，还要明确评估的参与者，评估过程并非评估者的事情，它涉及培训对象、培训领导者、培训管理人员及外部参与者

3. 员工培训评估方案的设计

（1）选择培训评估人员。选择评估人员是指选择受训员工的上下级或培训管理者等，让他们对受训人员的培训效果进行评价，这样可以从不同角度有效地了解学员的工作态度或其在培训先后行为的改变。需要注意的是，各类评估人员对评估标准的认识容易掺杂主观因素，因此为了获得客观公正的认识，必要时应当对评估人员进行短期培训，统一评估标准，以提高评估质量。

评估者主要分为内部评估者和外部评估者。内部评估者来自组织内部，可能属于组织专门从事评估的部门，也可能临时从其他部门抽调出来从事培训项目的评估工作。外部评估者是来自组织之外的评估工作者，多来自研究机构或专门的评估咨询公司等。两者的优势比较如图 6-2 所示。

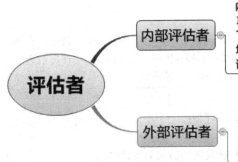

图 6-2　内部评估者和外部评估者的优势比较

（2）选定培训评估的对象。选定评估对象才能有效地针对这些具体的评估对象开发有效的问卷、考试题、访谈提纲等。另外，不一定要对所有的培训都进行评估，可以主要应针对以下情况进行评估：① 新开发的课程应着重于培训都需求、课程设计、应用效果等方面；② 新教员的课程应着重于教学方法、质量等综合能力方面；③ 新的培训方式应着重于课程组织、教材、课程设计、应用效果等方面。

（3）确定评估的层次。培训评估层次的确定可应用柯克帕特里克的四层次模型，即反应层、学习层、行为层和结果层。由于参加一次培训不可能立刻对受训人员的行为和组织效率产生明显的效果，因此一般可将评估的层次确定在前两个层次，即反应层和学习层。

（4）选择评估内容和指标。企业培训评估的内容和指标如表 6-5 所示。

表 6-5　培训评估的内容和指标

项　　目	内容和指标
培训前的评估	① 培训需求的整体评估； ② 培训对象的知识、技能和工作态度评估； ③ 培训对象的工作成效及其行为评估； ④ 培训计划的可行性评估
培训中的评估	① 培训活动参与状况的评估，包括目标群体的确认、培训项目的覆盖效率、培训对象的参与热情和持久性等； ② 培训内容的评估，包括培训课程构成、培训强度、培训量、培训频率和时间安排等； ③ 培训进度与中间效果的评估，包括培训组织准备工作评估、培训学员参与情况评估、培训内容和形式的评估、培训师和培训工作人员的评估以及培训设备设置和应用的评估等； ④ 培训环境的评估； ⑤ 培训机构和培训人员的评估，包括培训机构的规模和结构特征、内部分工状况、服务网点分布、培训机构的领导机制和协调机制、培训师的素质和能力、培训课程的安排和培训师的工作态度等
培训后的评估	① 培训目标达成情况的评估； ② 实施培训的效果、效益的综合评估； ③ 培训主管工作绩效的评估； ④ 受训者知识、技能的提高与接受培训的相关度评估

（5）建立培训评估数据库。进行培训评估之前，培训主管必须将培训前后产生的数据收集齐备，因为培训数据是培训评估的对象。培训的数据按照是

否可用数字衡量的标准可以分为两类：硬数据和软数据。硬数据是对改进情况的主要衡量标准，以比例的形式出现，是易于收集的事实数据，具体又可以分为产出、质量、成本和时间四大类，它们都是具有代表性的业绩衡量标准。而在难以得到硬数据的情况下，软数据就很有意义，常用的软数据包括工作习惯、氛围、新技能、发展、满意度和主动性。

（6）确定方案及测试工具。评估方案构成了整个评估过程的框架，测试工具则提供收集数据、获取信息的途径。评估方案和测试工具与培训项目、培训对象的匹配程度高低直接决定了培训评估能否取得成功。

选择的评估方法必须适合数据的类型。评估方法的类型包括课程前后的测试、收集学员的反馈意见、对学员进行的培训后跟踪、采取的行动计划以及绩效的完成情况等，应针对不同的评估内容选择相应的评估方法。

评估规划阶段实际上是评估者利用自己的知识和经验并结合实际的评估情景进行选择的过程。在选定评估对象和完善评估数据库之后，评估者应选择恰当的评估形式，只有在确定评估形式的基础上，才能设计出合理的评估方案并选择正确的测试工具，同时对评估的时机和进度做出准确的判断。评估形式的选择以评估的实际需要以及所选评估形式所具有的特点为依据。

实操 7　如何实施培训评估方案？

1. 选好进行评估的时机

这是取得公正客观的评估结果的前提和保证。例如，对于反应层，要在培训中或培训刚结束时进行评估，否则时间一长，学员可能会忘记当时的感受，从而使调查数据失真；相反，对于行为层或结果层，则需要在培训结束一段时间后进行评估，因为培训刚结束时学员还没有机会练习新的技能，不可能给组织带来明显的积极效果。

2. 做好评估数据信息的整理和分析

在确定了评估的对象、层次和内容之后，就应该考虑采用什么样的方法来收集数据，常见的方法有调查问卷、民意测验、面谈、考试、业绩报告、实地观察等。在具体选择时要考虑数据的使用方法、内容的有效性、评估的稳定性以及目标的适用性等因素。

当数据收集齐全并达到预先确定的目标之后，需要对数据进行分析并对分析结果进行解释。例如，对问卷调查的反馈结果要列表分类以便介绍，对不同的情况要进行不同的分析，一般可用趋中趋势分析法、离中趋势分析法和相关趋势分析法。

接下来是综合利用所有的信息，撰写培训评估报告。需要注意的是，根据阅读报告的主体不同，应提交侧重点各不相同的报告。例如，对人力资源开发人员的报告应侧重于培训项目设计本身的评估、对管理层的报告应对成本和收益等做详细的汇报、对学员及其直接上司的报告则应侧重反映培训考核的结果与工作绩效的改进等。

3. 在评估中与学员多沟通

培训主管部门要让学员充分了解到评估的最终目的是在以后的培训中改进方案，为他们提供更加适合的培训服务，而不是监督或为难他们。此外，要努力取得主要负责部门的支持，这样才可以及时获取评估所需的各类资源。

4. 根据情况及时调整评估项目

根据评估进展情况，培训主管部门可以有针对性地调整评估项目。若评估结果表明，评估项目的某些部分不尽如人意，如评估时间的安排需要进行适当调整或受评人员本身缺乏积极性等，培训主管就可以考虑对这些部分进行重新设计或调整。

实操8 培训评估结果需要反馈给谁？

在培训评估过程中，反馈评估结果对培训项目具有非常重要的意义。通常有四类人员必须得到培训评估结果，即人力资源培训专员、管理层、学员的直接上司和学员本人。

人力资源部门需要利用评估结果来改进培训项目，提高培训服务水平；管理层需要根据评估的结果决定是否继续投入更多的资金用于培训；学员的直接上司通过评估结果可掌握学员的学习情况并以此作为对下属进行绩效考核的参考因素之一；学员更应该知道自己的培训结果，进而取长补短，不断提高自身素质。

实操9　什么是评估培训成果的标准？

标准是对某一事物进行测量和评定的统一规范。

评估培训成果的标准是指企业和培训管理人员用来评价培训成果的统一的尺度和规范。培训实践人员和理论研究人员一致认为，为了提高企业员工培训的管理水平，需要确立更全面、更系统的衡量培训项目成果的标准模型。

实操10　培训成果的四级评估体系是什么？

1. 第一级评估——反应评估

反应评估即在培训课程刚结束时了解学员对培训项目的主观感觉或满意程度。评估目标包括对培训项目的肯定式意见反馈和既定计划的完成情况。反应层面需要评估培训的内容、方法、材料、设施、场地、报名的程序以及培训师等。反应评估的优、缺点如图6-3所示。

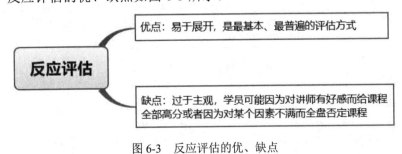

图6-3　反应评估的优、缺点

2. 第二级评估——学习评估

学习评估着眼于对学习效果的度量，即评估学员在知识、技能、态度或行为方式等方面的收获。评估的方法包括测试、模拟、技能练习和培训师评价等。学习评估往往在培训之中或之后进行，由培训师或培训辅导员来负责实施。学习评估的优、缺点如图 6-4 所示。

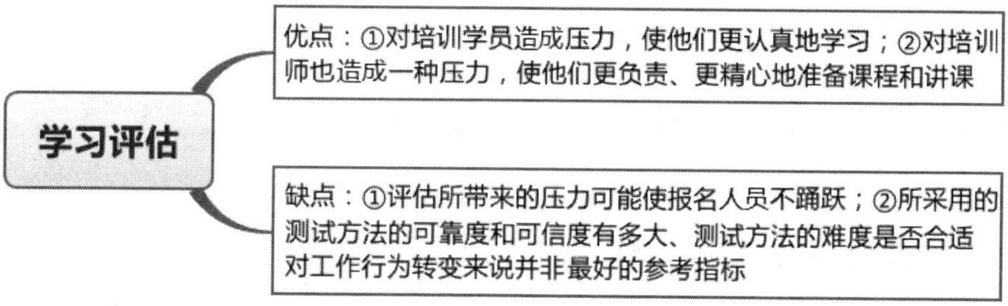

图 6-4　学习评估的优、缺点

3. 第三级评估——行为评估

行为评估即主要评估培训后学员在工作中的行为方式有多大程度的改变。评估方法主要有观察、主管评价、客户评价、同事评价等。行为评估涉及培训和开发人员、区域培训师或地方经理；评估的目标涉及培训的应用领域，包括重要的在岗活动。因此，行为评估非常重要，其优、缺点如图 6-5 所示。

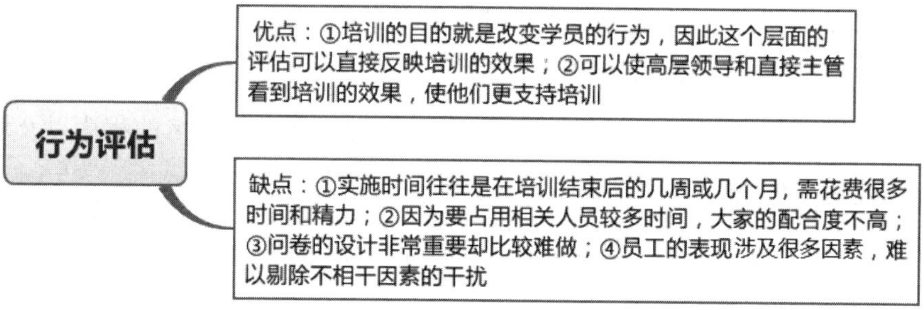

图 6-5　行为评估的优、缺点

4. 第四级评估——结果评估

结果评估即通过对质量、数量、安全、销售额、成本、利润、投资回报率等企业关注的、可量化的指标进行考查并与培训前进行对照，判断培训成果的转化情况。数据收集所涉及的责任人包括学员本人、主管、区域培训协调员或外部评估人员。结果评估的优、缺点如图 6-6 所示。

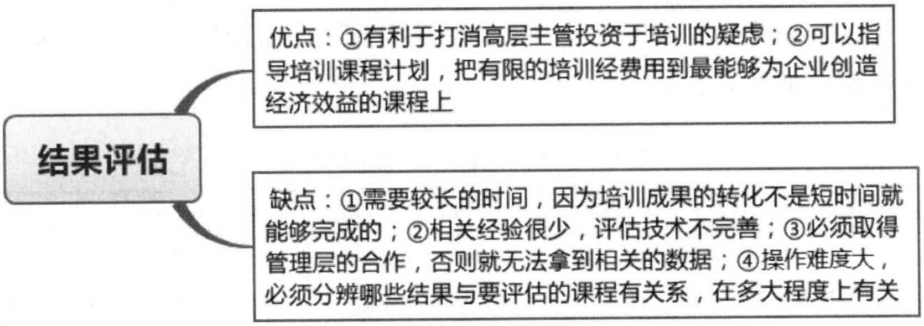

图 6-6　结果评估的优、缺点

不同的培训评估层面可以适用不同的培训评估方法（见表 6-6）。

表 6-6　培训成果四个评估层级的比较

层　次	评 估 内 容	评 估 方 法	评 估 时 间	评 估 单 位
反应评估	衡量学员对具体培训课程、培训师与培训组织的满意度	问卷调查、电话调查、访谈法、观察法、综合座谈	课程结束时	培训单位
学习评估	衡量学员对于培训内容、技巧、概念的吸收与掌握程度	提问法、角色扮演、笔试法、口试法、演讲、模拟练习与演示、心得报告与文章发表	课程进行时，课程结束时	培训单位
行为评估	衡量学员在培训后的行为改变是否因培训所导致	问卷调查、行为观察、访谈法、绩效评估、管理能力评鉴、任务项目法、360 度评估	培训结束 3 个月后或半年以后	主管上级
结果评估	衡量培训给公司业绩带来的影响	个人与组织绩效指标、生产率、缺勤率、离职率、成本效益分析、组织气候等资料分析、客户与市场调查、360 度满意度调查	培训结束半年或一两年后	学员的单位主管

实操 11　制定培训评估标准的要求有哪些？

在培训评估过程中需要解决两个重要问题：一是要判断培训项目取得何种成果；二是要对这种结果做出正确的评判，即要准确地说明其获得的成果是好还是坏并坚持 SMART 原则，尽可能采用量化指标做出描述。

在制定培训评估标准时，应当注重评估指标和标准的相关度、信度、区分度和可行性（见表 6-7）。

表 6-7　制定培训评估标准的要求

项　目	内　容
相关度	相关度是指衡量培训成果的标准与培训计划预定训练或学习目标之间的相关性。一般来说，培训计划在设定训练和学习目标时就已经确定了预期的受训者行为和实施行为所需要的条件、应掌握的知识和技能以及应达到的绩效水平。为了提高评估标准的相关度，应注意达到两个方面的基本要求：① 必须根据培训计划设定的学习目标来评估培训成果，尽可能使一项培训所需提高的某种技能和成功完成一项工作所需的知识、技能保持一致；② 在评估中所采集到的培训成果信息必须尽可能与受训者在培训项目中实际取得的成果一致
信度	信度是指对培训项目所取得的成果进行测试时，其测试结果的长期稳定程度。信度高的测试结果是指受训者对测试题目的理解和解答在经过一段时间后并没有发生什么改变。它可以使受训者相信相对于培训前所做的测试，分数的提高是由于对培训内容的学习，而不是由于测试特点或测试环境等因素
区分度	区分度是指受训者取得的成果能真正反映其绩效的差别
可行性	可行性是指在对培训成果进行评估时，采集其测量结果的难易程度

实操 12　培训成果评估的重要指标有哪些？

培训成果评估的重要指标如表 6-8 所示。

表 6-8　培训成果评估的重要指标

指　标	内　容
认知成果	认知成果可以用来测量受训者对培训项目中所强调的基本原理、程序、步骤、方式、方法或过程等的理解、熟悉和掌握程度。员工培训的认知成果是培训评估的主要对象和内容，即衡量受训者从培训项目中学到了哪些基本概念、基本原理和基本方法。 认知成果一般可以采用笔试或口试的方法来评估
技能成果	技能成果可以用来评价受训者在培训项目所强调的操作技巧、技术或技能以及行为方式等方面所达到的水准。员工培训后所获得的技能成果主要表现在员工掌握技能的水平及其在实践活动中应用技能的程度，即技能学习与技能转换两个方面。 技能成果可采用现场观察、工作抽样等方法进行评估。现场观察、工作抽样的方法既可以用来评估受训者掌握技能的真实水平，又可以用来评估员工实际应用所掌握技能的程度

指　　标	内　　容
情感成果	情感成果可以用来测量受训者对培训项目的态度、动机以及行为等方面的特征，如受训者对培训项目的各种反应。反应成果是情感成果的一种具体类型，是受训者对培训项目的感性认识，包括对设施、培训师和培训内容的感觉
绩效成果	绩效成果可以用来评价受训者通过培训对个人或组织绩效所产生的影响程度，同时也可以为企业制定人力资源开发决策及培训费用计划等提供依据。 绩效成果包括由于员工流动率或事故发生率的下降导致的成本降低以及产品产量、质量的提高或服务水平的提高
投资回报率	投资回报率是指培训项目的货币收益和培训成本的比较。进行培训项目成本收益分析，计算出培训的投资回报率是培训成果评估的一种常见的定量分析方法

实操 13　什么是非正式评估？

非正式评估是指评估者依据主观判断，而不是用事实和数据说明培训成果。

非正式评估的优点有：① 可以使评估者在培训对象未察觉的自然状态下进行观察，这就减少了一般评估给培训对象带来的紧张、不安，从而在某种意义上增强了信息资料的真实性和评估结论的客观性和有效性；② 方便易行，几乎不需要耗费额外的时间和资源，从成本收益的角度来看是很有优势的；③ 不会给受训者造成太大的压力，可以更真实、准确地反映出培训对象的态度变化，因为这些态度在非正式场合更容易表现出来，能使评估者获得意想不到的结果。

实操 14　什么是正式评估？

在某些正式的场合，尤其是当评估结论要被高级管理者用来作为决策的依据或者向特定群体说明培训的效果时，就需要进行正式评估。正式评估一般具有详细的评估方案、测度工具和评判标准，尽量剔除主观因素的影响，从而使评估信度更高。也就是说，在正式评估中，起关键作用的不再是评估者本身，而是评估方案和测度工具的选择是否恰当。

正式评估的优点有：① 在数据和事实的基础上做出判断，使评估结论更有说服力；② 更容易将评估结论用书面形式表现出来，如记录或报告等；③ 可将评估结论与最初计划进行比较、核对。

实操 15 什么是建设性评估？

建设性评估是指在培训过程中以改进而不是以是否保留培训项目为目的的评估。如果评估结论表明，培训并不像培训者所期望的那样，不能良好地运转，就可以对培训项目做适当的调整，如改变培训的形式等。建设性评估往往是一种非正式的主观评估。

建设性评估作为培训项目改进的依据，有助于培训对象学习的改进，可帮助培训对象看到自己的进步，从而使其产生某种满足感和成就感。这种满足感和成就感在培训对象下一阶段的学习中将会发挥巨大的激励作用。

实操 16 什么是总结性评估？

总结性评估是指在培训结束时，为对受训者的学习效果和培训项目本身的有效性做出评价而进行的评估。总结性评估往往是正式的、客观的。

必须注意的是，当进行总结性评估时，培训目标和预期培训效果必须从头到尾是清晰的，这不仅是对于培训者而言，同时也包括受训者在内。在培训之前，可以通过书面测试或小型座谈会的形式使受训者了解培训目标。

实操 17 什么是培训定性评估法？

培训定性评估法是指评估者在调查研究、了解实际情况的基础上，根据自己的经验和相关标准对培训效果做出评价的方法。这种方法的特点是评估的结果只是一种价值判断，因此它适合对不能量化的因素进行评估，如员工工作态度的变化等。定性评估法有很多种，如问卷调查、访谈、观察等都属于定性评估法的范畴。培训定性评估法的优、缺点如图 6-7 所示。

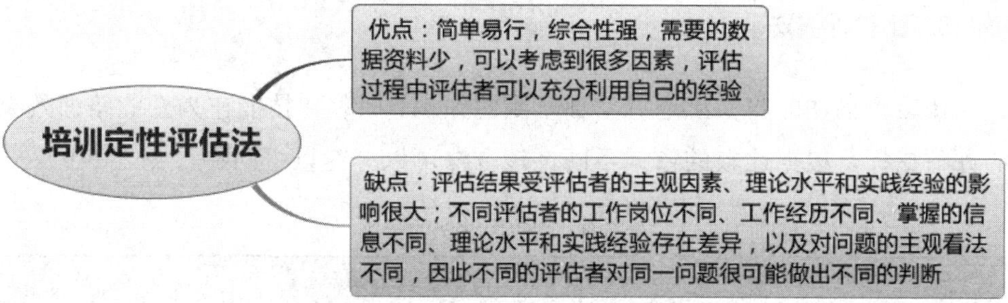

培训定性评估法

优点：简单易行，综合性强，需要的数据资料少，可以考虑到很多因素，评估过程中评估者可以充分利用自己的经验

缺点：评估结果受评估者的主观因素、理论水平和实践经验的影响很大；不同评估者的工作岗位不同、工作经历不同、掌握的信息不同、理论水平和实践经验存在差异，以及对问题的主观看法不同，因此不同的评估者对同一问题很可能做出不同的判断

图 6-7 培训定性评估法的优、缺点

实操 18 什么是培训定量评估法？

培训定量评估法是通过对培训作用的大小、受训人员行为方式改变的程度以及企业收益多少给出数据解释，在调查研究和统计分析的基础上，揭示并阐述员工劳动行为改变、技能形成、素质提高等方面的规律性，从培训评估的定量分析中得到启发，然后以描述形式来说明结论。

企业在培训中所获得的成果主要是硬性指标，包括成本收益分析、生产率提高、产量增加、废品减少、质量改进、成本节约、利润增加等。

实操 19 定性评估方法有哪些？

1. 目标评估法

目标评估法要求企业在制订的培训计划中列入受训人员完成培训计划后应学到的知识、技能，应改进的工作态度及行为，应达到的工作绩效标准等目标。培训课程结束后，企业将受训者的测试成绩和实际工作表现与既定培训目标相比较，得出培训效果。

2. 关键人物评估法

所谓关键人物，是指与受训者在工作上接触较为密切的人，如上级、同事、下级或者顾客等。在这些关键人物中，同事最熟悉受训者的工作状况，因此可采用同级评价法，向受训者的同事了解其培训后的改变。

3. 比较评估法

比较评估法即将员工通过培训学到的知识、原理和技能作为企业培训效果的评估指标。根据比较的依据不同，该方法可以分为以下四种（见表 6-9）。

表 6-9　比较评估法的分类

分　类	含　义
事前事后评估法	是指在参加培训前后，对受训者分别进行内容相同或相近的测试，可以体现出被测者受训前后的差别
纵向对比评估法	是指将评估对象放在自身的发展过程中，进行历史的和现时的比较，看其发展的相对位置和效果是否进步和增强
横向比较评估法	是指将多个评估对象放在一起进行相互比较和鉴别，看其相对水平的高低和效果的差异
达标评估方法	是指在评估对象之外确定一个客观的标准，评价时将评估对象与客观标准进行比较，衡量评估对象达到客观标准的程度并依照其程度分出高低等级来决定取舍

4. 动态评估法

动态评估法是指把有关的人和事放到培训的整个过程中去进行检测、评估，根据其原有基础，观察目前状况及其发展的潜力和趋势。实施动态评估符合评估的连续性原则。强调动态评估并不等于否定静态评估，而是与静态评估（即对评估对象暂时的稳定状态，如在某一时刻的现时表现、已达到的水平或已具备的条件进行测评）相结合，对评估对象做出科学的评估。

5. 访谈法

访谈法的应用范围较广，如了解学员对培训方案和学习方法的反应；了解受训者对培训目标、内容与实际工作之间的相关性的看法；检查受训者将培训内容应用在工作中的程度；了解影响培训成果转化的工作环境因素；了解受训者对培训的感觉和态度；帮助受训者设立个人发展目标；比较组织战略和培训之间的一致性；为下一步的问卷调查做准备等。

访谈法的具体步骤如图 6-8 所示。

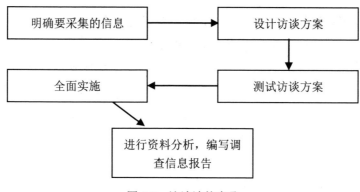

图 6-8　访谈法的步骤

6. 座谈法

座谈法是将受训者召集到一起开讨论会，让每一个员工讲述自己通过培训学会了什么、如何把学到的知识和技能应用到工作中以及是否需要进一步帮助、需要什么帮助等问题，从中获取评估培训所需的信息。

实操 20　定量评估方法有哪些？

1. 问卷调查评估法

问卷调查评估法主要用于对培训项目中培训内容、培训课程、培训师、培训场地、培训教材等主要环节的调查评估，如检查培训目标与工作任务的匹配度、评价学员在工作中对培训内容的应用情况、了解学员对培训师所使用的教学方法的态度等。

问卷调查评估法的具体步骤如图 6-9 所示。

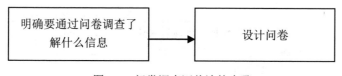

图 6-9　问卷调查评估法的步骤

（1）问卷的顺序。一份完整的问卷按顺序依次应包含问卷名称、问卷说明、问卷题目、致谢和署名（有时可增加附函）。其中，问卷题目的顺序对回答的内容和回答率有一定的影响。因此，问卷提问的设计应遵循这样的原则：

从一般问题到具体问题；从回答者不熟悉的问题到不太熟悉的问题；将同类问题放到一起；按事件发生的顺序安排问题的顺序。

（2）问卷的表达方式。问卷的表达方式主要包括开放式和封闭式两种（示例参见表 6-10）。开放式问题能鼓励回答者说出重要的观点，但是分析问卷需要花费很多时间；封闭式问题有若干备选答案，便于回答和分析。当问卷设计者无法确定答案的范围时才采用开放式问题。

表 6-10 开放式与封闭式问题示例

问卷表达方式	示 例
开放式	作为一名网络工程师，你有多长时间的工作经验？＿＿＿＿＿＿＿
封闭式	作为一名网络工程师，你有多长时间的工作经验？ □6 个月以下　　　　　□6 个月以上、1 年以下 □1～2 年　　　　　　　□2 年以上

（3）问卷的实际内容。问卷的实际内容即问题，问题应紧紧围绕评估目的展开，问题的表述必须清晰明确且不能带有情感暗示。

（4）问题的形式。问题的形式主要有二选一、多选一、量表（见表 6-11 和表 6-12）。

表 6-11 二选一、多选一问题形式

问题形式	示 例
二选一	培训中你使用过以下设备吗？ 　　　　　　　　　　　　　　　　是　　否 投影仪　　　　　　　　　　　□　　□ 计算机　　　　　　　　　　　□　　□ 扫描仪　　　　　　　　　　　□　　□ 录音机　　　　　　　　　　　□　　□ （在所选答案对应的方框内打"√"）
多选一	你在多大程度上参加了培训需求分析工作？ 未参加　　　　　　　　　　　　□ 进行了详细分析　　　　　　　　□ 决定培训需求　　　　　　　　　□ 辅助高级培训师分析培训需求　　□ 其他　　　　　　　　　　　　　□ （选择一项，在所选答案对应的方框内打"√"） 若选择了"其他"，请简单说明你在培训需求分析中的作用

表 6-12 量表法

任务	请指出这些任务的重要性/频率						
	重要性/频率						
	从不	至少一月一次	至少一周一次	至少一天一次	重要	比较重要	非常重要
1							
2							
3							
4							
...							

（5）培训评估问卷的类型。培训评估问卷主要有知识与态度、行为表现两种问卷，它们分别在培训前与培训后由培训学员及其主管共同填写。

知识与态度、行为表现问卷由培训师根据课程内容设计，一般为 40～50个问题，每个课程单元约对应 5 个问题。问卷一般采用表 6-13 所示的结构。

表 6-13 知识与态度、行为表现问卷的问题结构

项 目	内 容
KA 问卷	知识方面的调查问卷简称 KA 问卷，采用"我+清楚/了解/明白/知道+问题提问"的形式。 KA 问卷在培训前由学员填写，由培训部门收集汇总后交给培训师，作为对学员的学前了解与评估的依据。培训结束后，学员必须再次填写相同内容的 KA 问卷
BP 问卷	态度、行为表现方面的调查问卷简称 BP 问卷，采用"我+认为/觉得/经常/很少+问题提问"的形式。 BP 问卷是对学员在培训前后的行为表现进行调查的问卷，主要分为两种：一种是由学员填写的问卷，简称 BP-S 问卷；另一种是由学员直属主管填写的问卷，简称 BP-B 问卷。在培训后 3 个月，由学员及其直属主管再次填写问卷。 BP-S 问卷和 BP-B 问卷可以和绩效管理有机结合，问卷中的内容均可参考企业现有绩效考评制度规定的指标和标准，由负责考评的主管与被考评人共同确定，如个人知识、态度、行为表现与胜任能力方面的提升目标等，也可以与培训课程内容结合在一起考虑
测试问卷	在全面实施问卷调查之前进行一次测试，对问卷进行修改和完善
正式开展调查	
进行资料分析，编写调查信息报告	

2. 收益评估法

企业的经济性特征迫使企业必须关注培训的成本和收益。培训收益评估法就是从经济角度综合评价培训项目的优劣，计算出培训为企业带来的经济收益。需要注意的是，有的培训项目能直接计算经济收益，特别是操作性和技能性强的培训项目，但并不是所有的培训项目都可以直接计算出它的收益。

3. 6 sigma 评估法

6 sigma 评估法主要关注的是一段时间内公司培训的满意度。它将调查对象分为三类，即一般员工、管理干部、培训工作者，在全公司范围内进行内容不同的调查，再根据调查数据进行分析。首先建立一个"培训效果产品/问题结构树"并在此基础上建立如下培训效果模型。

$$E=\lambda_1 E_1+\lambda_2 E_2+\lambda_3 E_3+\cdots+\lambda_i E_i$$

式中，E——培训有效性；

E_i——培训有效性的具体体现（如 E_1 是培训推动战略的符合程度，E_2 是培训对完成岗位工作的帮助，E_3 是培训对个人职业发展的帮助）；

λ_i——构成比重，$\sum_1^n \lambda_i = 100\%$。

实操 21 综合评估方法有哪些？

1. 硬指标与软指标结合的评估法

（1）硬指标分析。为评估培训成本收益，多采用成本收益分析模型分析培训的收益性，即

$$R=TR/TC \text{ 或者 } R=(TR-TC)/TC$$

式中，R——成本收益率；

TR——培训获得的收益；

TC——培训投入的成本。

$R>1$，说明培训可取；$R\leqslant 1$，说明培训不可取，除非培训给企业带来非显

性的收益。

（2）软指标分析。软指标主要是员工满意度和顾客满意度。员工满意度的评估包括员工对培训的意见反馈、员工对所学知识和技能的掌握程度、员工受训后的工作态度、工作行为的变化及培训前后员工流失率的变化。顾客满意度的评估可从产品质量、交货期、次品率、客户的投诉情况、顾客在使用产品或服务的过程中提供的反馈意见以及订单的多少等方面入手。

2. 集体讨论评估法

集体讨论评估法是指采取集体舆论评议、群体表决等方式对评估对象做出评价和估量。这种方法由评估工作领导部门的成员和有关评估工作业务人员参加，适当邀请有关人员提出各方面的意见，进而依据评估指标对评估对象进行打分。

3. 绩效评估法

绩效评估法由绩效分析法衍生而来，主要被用于评估受训者行为的改善和绩效的提高。以受训者培训前的绩效记录为基础，在培训结束 3 个月或半年后，对照以前的绩效记录对受训者进行绩效考核，一般包括目标考核和过程考核。目标考核是绩效考核的核心，分为定量目标和定性目标；过程考核主要反映员工的工作现状，包括考勤、服务态度、工作饱满程度等指标。

4. 内省法

内省法能使个人清楚地了解自己的观念，能够预测调查对象对事物认识的变化，可以评估改变学员态度的培训效果。

值得注意的是，内省法的结果评估的是测评者自己的观念变化，而不是参与测评人员的变化，在实际操作中，应在培训前后分别测评一次，根据测评结果的差异就可以知道受训者培训前后观念的变化。

内省法的具体步骤如图 6-10 所示。

图 6-10　内省法的步骤

5. 笔试法

笔试法用于了解学员已掌握的知识，能在培训期间向学员反馈有关信息，考查学员在一段时间内的学习成果等。笔试法的具体步骤如图 6-11 所示。

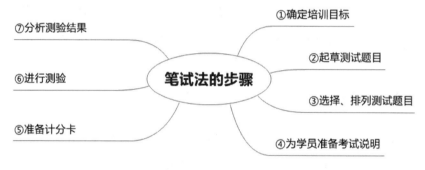

图 6-11　笔试法的步骤

6. 操作性测验

操作性测验是指通过对实际操作过程的观察和评价来进行评估测验的方法，可应用于整个培训过程。该方法具有较高的表面效度，能加强学习效果，鼓励学员在工作中应用培训内容，能让培训师和学员了解教学效果。当培训由一些相互独立的单元组成时，在培训前对学员进行操作性测验可以有针对性地确定学员应当参与的培训项目。

操作性测验需要注意以下事项。

（1）在确定培训目标与培训内容之前，设计操作性测验并起草评分方案。

（2）对测验中要完成的项目应进行规定，如动作、相关条件、生产定额等的规定。

（3）对测验进行标准化管理。

（4）根据需要尽可能使测验环境与工作环境相似。

（5）测验过程中，依次只能测一步。

（6）让测验、任务过程与最终产品挂钩。

（7）为学员编写说明书，清楚地指出他们应在测验中完成的事项。

（8）应对讲师和受训学员样本进行预测试。

7. 行为观察法

行为观察法是指观察者选择直接观察的方法，设计并利用专门工具对预定的对象进行观察、评估。该方法能够向学员当场反馈学习进展，考核培训结束后学员的能力，测量和评价学员培训前后的行为变化。

行为观察法的具体步骤如下。

（1）描述和解释培训项目计划开发的特定技能，即观察的对象。

（2）将技能分解为若干行为，对这些行为进行分析和分类并明确某一类行为与培训目标的关系。

（3）练习行为分类。

（4）被观察者开始工作，观察人员记录其真实行为。

（5）将观察结果汇总，反馈给被观察人员及其主管。

实操 22　如何对受训者的培训成果进行评估？

1. 受训者情感成果的评估

该评估主要是考评受训者在心理上对培训项目所灌输的内容的认可程度，多用于关于企业文化、职业心态等精神层面的培训。由于该部分评估指标较为主观，所以主要是上级领导与受训者进行讨论确定后由领导进行填写，其前提假设是受训者在接受了相关培训后，如果在职业心态等方面持续地表现出某些变化，则这些变化是由培训引起的。评估方法为以相应指标为考核依据对受训者接受培训前后的变化进行比较。

对受训者情感成果的评估主要涉及的维度和指标如表 6-14 所示。

表 6-14　受训者情感结果的评估主要涉及的维度和指标

项　目	内　容
创造性	对新的想法感兴趣；对经营管理提供有价值的分析、意见和决策；对工作流程和方法提供创造性建议
责任意识	不计较分内分外，无论工作时间长短，对工作始终保持强烈的责任感；在工作中主动承担更大的责任，以获得工作能力的提升；工作中无推卸责任的行为
学习成长	乐观向上，热爱自己的岗位，工作勤奋；了解自己的优势和不足，寻求发挥优势、改进不足的方法；愿意接受有挑战性的任务；关注行业/专业/客户/公司的发展趋势（关注媒体上的相关信息、主动学习国家的政策、法规等）；对行业/专业/客户/公司的变化敏感（快速区分和鉴别信息）并能评价变化所带来的影响；根据现状预测未来可能发生的对行业/专业/客户/公司有影响的事件；以实际行动为未来可能出现的变化做准备
沟通协调能力	与客户进行有效的沟通；与部门负责人、项目负责人、人力资源部门进行有效的沟通；积极参与组织活动；主动与他人建立融洽、和谐的关系；为组织目标的实现而容忍自己不欣赏的人并与之合作；在与他人共同工作的过程中考虑对方的利益，追求双赢与共同成长

2. 受训者技能成果的评估

该评估主要是对受训者将培训内容运用于实际工作中的情况进行评估，可采用所罗门小组测试法和时间序列评估法相结合的方法，即在培训项目前后相对称的一段时间里对受训者的某些方面进行多次测量以考察培训的结果。同时，选取对照组并进行相同的评估。这是为了减少或消除由于评估周期过长、周围环境及受训者的自身因素等对评估结果的干扰。其前提假设是，如果受训者在接受培训后持续地表现出某种变化，则可以认为这些变化是由培训项目引起的。由于该部分评估与受训者在工作中的技能运用关系紧密，因此主要以专业部门为单位进行评估。

3. 受训者行为改善度的评估

要对培训后受训人员的行为改善度进行动态评估，应从上级、下级、同事、培训主管、人力资源管理部门以及受训人员自身等多方面进行综合评估，即实施"360度培训评估"。可采取问卷调查、座谈、走访、考核等方式，跟踪考察受训人员在培训后的行为变化、成长情况，尤其要看受训人员在实际工作中的能力、作用是否增强、驾驭市场经济的本领和处理复杂矛盾的能力是否提高、工作创新力度大不大、工作实绩是否突出。

4. 受训者绩效增长度的评估

企业把员工送去培训，目的是实现员工综合素质和能力的提高，最终促进一个部门（或单位）工作绩效的增长和整体工作水平的提高。因此，应从上级主管部门及有关的生产部门、财务部门、人力资源部门和专业培训机构等各方面抽调专门力量，以月、季度或年为评估时限，在人员受训后对部门（或单位）的工作绩效和整体工作水平的增长度进行科学评估并以此作为培训工作的重要环节和进一步延伸，加大科学评估的力度，从而保证培训工作的质量，增强培训工作的实效。最后，培训后 3～6 个月内进行"回训"。在"回训"中，每位学员需要对上次培训后本人的行动计划及具体行动与行动成果进行详细介绍，由培训师分别点评并进行书面记录。这种方式适用于实践性强的重点课程，优点是可以清楚地知道培训对学员工作的实际帮助，知道培训在哪些方面较难发挥作用，学员也可通过培训师的点评获得提升；缺点是实际上等于再举办一场培训，直接成本与机会成本较高。

实操 23　如何对培训主管的业绩进行评估？

1. 培训管理绩效

培训管理绩效是指培训管理者实施企业培训管理的业绩和成果。由于培训管理涉及很多方面，所以对管理者绩效进行评估也应综合多方面加以考虑。

2. 培训主管业绩评估指标体系

为了综合、全面地评价培训主管的业绩，可从管理的过程、个人能力和组织环境、经济效益以及外部效应等方面进行考虑，构建评估标准。具体来说，在培训管理过程方面，主要测评员工对知识的获取能力是否改变以及员工培训后的创新能力是否得到提高；在个人能力和组织环境方面，主要测评整个组织的能力和组织支持环境的改善以及管理层的领导能力和员工的心智模式变化等；在培训管理的经济收益方面，主要测评利润水平、员工平均收入水平以及社会价值表现等；在培训的外部效应方面，主要从整个企业运营的供应链出发，测评客户与供应商的满意度是否提高等。

培训主管业绩评估指标体系如表 6-15 所示。

表 6-15　培训主管业绩评估指标体系

指 标 分 类	指 标 分 解	评 估 标 准
培训管理过程	知识获取	① 员工的知识、能力是否提高； ② 员工利用资料和网络的能力是否提高
	培训转移	① 员工的技能是否提高，态度是否改变； ② 员工的行为是否改变，业绩是否提高； ③ 员工参与培训的积极性是否提高
	知识创新	① 员工的新产品开发能力是否提高； ② 员工的对新知识的运用能力是否提高
个人能力与组织环境	组织能力	① 企业的整体学习能力是否提高； ② 管理者的激励创新水平是否提高； ③ 员工的知识转化能力是否提高
	领导能力	① 基层管理者的组织能力是否提高； ② 中层管理者的管理和指导能力是否提高； ③ 高层管理者的决策能力和水平是否提高
	心智模式	① 员工的思维方式是否有改善； ② 员工的工作效率是否提高； ③ 员工的交流和表达能力是否提高； ④ 员工的满意度是否提高
	支持环境	组织的网络和数字化水平是否有改善
经济效益	利润水平	① 销售利润是否提高； ② 净资产利润是否提高
	员工收入	① 员工平均收入是否提高； ② 员工参股额是否上升
	社会价值	① 股价； ② 纳税情况
外部效应	客户供应链	① 客户数量是否上升； ② 客户满意度是否提高

实操 24 如何对培训师进行综合评估？

培训师可分为专职和兼职两种，以兼职为主。这种专职、兼职结合，以兼职为主的培训师队伍构成是合理的，它最大程度地降低了人力资源成本，促进了内外部知识和信息的交流，但同时也带来了一些负面影响，如培训师素质参差不齐、外部培训师观念无法和企业文化相融合、无法对兼职培训师进行考评和控制等。因此，要规范对培训师的挑选、考评，首先应制定其能力评估标准。

企业培训师的主要职责是为学员创造有利的学习环境，协助学员设定学习目标并促进其自我发展，弘扬企业精神、价值观和文化理念，宣贯企业的重大方针、政策等。因此，一个合格的培训师应该是备受学员信赖和尊敬、富于热情和思辨能力、具备很强的沟通能力和语言表达能力并能敦促帮助别人进步的人。

1. 课程满意度评估

（1）培训完毕，对培训师的现场发挥水平、培训气氛、培训技能、培训内容、受训人员的感受等是否达到顶先设计的实施方案要求，采用问卷调查和现场观察的方式进行评估。

（2）实行开闭卷相结合、以闭卷为主，结合撰写论文的方法检验学员的受训效果，要重点测试学员应用所学知识的情况，可采用情景模拟和实际操作的方式进行评估。

2. 培训师能力评估

（1）培训师教学水平以及能力、素质的评估标准是经过深入的调查研究，在不断对多名成功的培训师的教学实践活动进行总结之后而最终形成的。

（2）在评估时，可以采用以学员评定、专家评定为主，以培训师自评、培训主管人员评定为辅的办法进行评估，以找出差距和不足，为提升培训师的综合素质提供依据。

培训师能力评估内容如表 6-16 所示。

表6-16　培训师能力评估内容

项　目	内　容	评 定 等 级
吸引学员注意	对学员表示欢迎并自我介绍	1□　2□　3□　4□　5□　6□　7□
	形成良好而讲求实际的气氛	1□　2□　3□　4□　5□　6□　7□
	表现对授课的巨大热情	1□　2□　3□　4□　5□　6□　7□
介绍主题	清楚说明本课程的目的	1□　2□　3□　4□　5□　6□　7□
	描述课程结构体系	1□　2□　3□　4□　5□　6□　7□
	分发讲义、概要等材料	1□　2□　3□　4□　5□　6□　7□
	告知学员对他们的殷切期望	1□　2□　3□　4□　5□　6□　7□
	说明培训的意义	1□　2□　3□　4□　5□　6□　7□
	把本次培训与其他培训相联系、比较	1□　2□　3□　4□　5□　6□　7□
	把培训内容与学员工作相联系	1□　2□　3□　4□　5□　6□　7□
	强调学习要求	1□　2□　3□　4□　5□　6□　7□
围绕主题进行阐释	使用合理、恰当的教学方法	1□　2□　3□　4□　5□　6□　7□
	阐明主要术语	1□　2□　3□　4□　5□　6□　7□
	解释清楚而简要	1□　2□　3□　4□　5□　6□　7□
	内容连贯而主题突出	1□　2□　3□　4□　5□　6□　7□
	把握整体与局部的关系	1□　2□　3□　4□　5□　6□　7□
	举例贴近实际	1□　2□　3□　4□　5□　6□　7□
	宣贯企业文化	1□　2□　3□　4□　5□　6□　7□
	变换表达速度	1□　2□　3□　4□　5□　6□　7□
激发学员兴趣	显示出持续的耐心和热情	1□　2□　3□　4□　5□　6□　7□
	幽默风趣而又不庸俗	1□　2□　3□　4□　5□　6□　7□
善于使用教学辅助设备与资料	开课前检测	1□　2□　3□　4□　5□　6□　7□
	有效地使用设备	1□　2□　3□　4□　5□　6□　7□
	保证全部学员看见教辅设备和演示	1□　2□　3□　4□　5□　6□　7□
	选用适合教学目的的设备	1□　2□　3□　4□　5□　6□　7□
	适当的时候分发资料	1□　2□　3□　4□　5□　6□　7□
有效地提问并回答学员问题	清楚、简要地提问	1□　2□　3□　4□　5□　6□　7□
	引导学员对提问的反应	1□　2□　3□　4□　5□　6□　7□
	给学员留下思考时间来回答问题	1□　2□　3□　4□　5□　6□　7□
	细心聆听学员回答	1□　2□　3□　4□　5□　6□　7□
	诱导其他学员提出问题	1□　2□　3□　4□　5□　6□　7□
	适当时候归纳学员回答	1□　2□　3□　4□　5□　6□　7□
	清楚回答学员提出的问题	1□　2□　3□　4□　5□　6□　7□
	培养学员正确的思维方式	1□　2□　3□　4□　5□　6□　7□

续表

项 目	内 容	评 定 等 级
组织学员积极参与	规定和主题吻合的作业任务	1□ 2□ 3□ 4□ 5□ 6□ 7□
	作业任务适合学员能力	1□ 2□ 3□ 4□ 5□ 6□ 7□
	划分学员小组,规定适合小组的作业	1□ 2□ 3□ 4□ 5□ 6□ 7□
	学员学习活动的多样化	1□ 2□ 3□ 4□ 5□ 6□ 7□
	监督学员进步情况,提出建设性意见	1□ 2□ 3□ 4□ 5□ 6□ 7□
	指导学员独立解决问题	1□ 2□ 3□ 4□ 5□ 6□ 7□
	培养学员的自学能力	1□ 2□ 3□ 4□ 5□ 6□ 7□
善于使用时间	准时开课	1□ 2□ 3□ 4□ 5□ 6□ 7□
	显示课程的计划性	1□ 2□ 3□ 4□ 5□ 6□ 7□
	在适当处偏离计划	1□ 2□ 3□ 4□ 5□ 6□ 7□
	准时结束	1□ 2□ 3□ 4□ 5□ 6□ 7□
结束授课	复述并归纳要点	1□ 2□ 3□ 4□ 5□ 6□ 7□
	指出学员学习中的不足	1□ 2□ 3□ 4□ 5□ 6□ 7□
	为今后的学习指出方向	1□ 2□ 3□ 4□ 5□ 6□ 7□
	感谢学员的参与,确认培训成就	1□ 2□ 3□ 4□ 5□ 6□ 7□

注:1 代表最优;2 代表优秀;3 代表良好;4 代表一般;5 代表略差;6 代表较差;7 代表极差

实操 25 如何撰写培训评估报告?

1. 撰写评估报告的要求

(1)调查培训结果时必须注意接受调查的受训者的代表性,必须保证他们能代表整个受训者群体回答评估者提出的问题,避免因调查样本缺少代表性而做出不充分的归纳。

(2)评估者(特别是内部评估者)在撰写评估报告时要尽量实事求是,切忌过分美化和粉饰评估结果。

(3)评估者必须综观培训的整体效果,以免以偏概全。

(4)评估者必须以一种合适的方式论述培训结果中的消极方面,避免打击有关培训人员的积极性。

(5)当评估方案持续一年以上时,评估者需要做中期评估报告。

(6)要注意报告的文字表述与修饰。

2. 撰写评估报告的步骤

撰写评估报告的目的是向那些没有参与评估的人提供评估结论并对此做出解释。一般情况下，组织的主管人员会对培训的产出感兴趣，而那些要求对其雇员进行培训的部门领导则会关注培训期间雇员的表现。撰写评估报告正是向这些不同的需求者提供培训的有关情况、评估结论及其建议的。撰写评估报告的步骤如表 6-17 所示。

表 6-17　撰写评估报告的步骤

步　　骤	内　　容
导言	① 说明评估实施的背景，即被评估的培训项目的概况。例如，被评估培训项目的性质是什么？哪些人掌管培训机构？培训已进行多长时间？哪些因素阻碍培训的顺利进行？受训者对培训的参与状况如何？撰写者应该通过对这些问题的回答使读者对被评估的培训项目有大致的了解； ② 撰写者要介绍评估目的和评估性质，即实施评估的目的是评定培训参与者的绩效还是提高培训参与者的参与程度？抑或是为了改善组织关系？评估者着重进行的是需求分析、过程分析，还是产出分析、成本-效益分析？ ③ 撰写者必须说明此评估方案实施以前是否有过类似的评估，如果有，评估者能从以前的评估中发现哪些缺陷与失误
概述评估实施的过程	评估实施过程是评估报告的方法论部分。撰写者要交代清楚评估方案的设计方法、抽样及统计方法、资料收集方法和评估所依据的量度指标。说明评估实施过程是为了使读者对整个评估活动有一个大概的了解，从而为读者对评估结论的判断提供一个依据
阐明评估结果	结果部分与方法论部分是密切相关的，撰写者必须保证两者之间的因果关系不能出现牵强附会的现象
解释、评论评估结果和提供参考意见	这部分涉及的范围比较宽泛。例如，在需求评估中进行培训的理由是否充足？在总结性评估中赞成或反对继续培训的理由是什么？在建设性评估中应该采取哪些措施改善培训？在成本-效益评估中，报告撰写者应该指明能否用其他培训方案更经济地达成同样的结果。撰写者还可以讨论培训的充分性，如培训是否充分地满足了受训者的多方面需求，满足到什么程度？
附录	附录的内容包括收集和分析资料用的图表、问卷、部分原始资料等。附录的目的是让读者鉴定研究者收集和分析资料的方法是否科学、结论是否合理
报告提要	提要是对报告要点的概括，是为了帮助读者迅速掌握报告的要点，要求简明扼要，在内容上要注意主次有别、详略得当，构成有机联系的整体。因此，在撰写前应当认真拟定写作提纲，按照一定的主题及顺序安排内容

第二节　案例精解

案例1　有哪些方法可以帮助员工更好地转化培训成果？

某公司行政部门的几名员工最近接受了"工作环境安全监督"的培训，培训结束后，他们都通过了相关的考试。当这些员工回到工作岗位后，行政部门经理却发现，他们并没有将所学的知识应用到实际中，在日常巡视时，他们对很多明显的安全漏洞都视而不见。行政部门经理仔细分析了这些员工的学习内容，发现学习的内容非常符合工作需要。

那么有哪些方法可以帮助员工更好地转化培训成果呢？

【精解】

培训成果转化方法包括以下几种。

（1）建立学习小组。行政部门参加培训的员工可以组成小组并和培训师保持联系，定期复习，这样就能改变部门或者小组的行为模式。

（2）行动计划。课程结束时要求受训者制订行动计划，明确行动目标，确保回到工作岗位上能够不断地应用新学习的技能。

（3）制定多阶段培训方案。

（4）应用表单。将培训中的程序、步骤、方法等内容用表单的形式提炼出来，便于应用。

（5）营造支持性工作环境。将培训的责任归于一线管理者。短期内可建立制度，将培训纳入考核，使所有管理者有培训下属的责任并在自己的部门建立辅导关系，保证受训者将所学知识应用到工作中。

案例2　制定项目负责人培训开发规划应注意哪些事项？为了确保培训成果的转化，研发总监在培训前、培训中和培训后应当给予哪些支持？

某公司研发中心下设5个研发部，设有研发总监、部门经理和一般员工三个职位层级。由于各研发部门的工作内容相似性较高，所采用的技术也基本一致，为了更好地激发研发中心员工的工作积极性和创造性，公司考虑取消部门经理这一职位，全面推行研发项目主持人负责制。研发中心将定期公布《新研发项目目录》，面向全员公开招标，符合条件的员工均可申请参加竞标，竞标成功并获得研发总监批准后，可作为项目负责人。

项目负责人应先参加公司专门组织的项目负责人培训班。培训结束后，项目负责人根据研发中心的相关规定，在中心内部招募项目成员，组成项目研发小组。在项目研发过程中，项目负责人直接接受研发总监领导并对其负全责，项目组以自主管理为主。

请结合案例思考以下问题。

（1）制定项目负责人培训开发规划应注意哪些事项？

（2）为确保培训成果的转化，研发总监在培训前、培训中和培训后应当给予哪些支持？

【精解】

（1）制定项目负责人培训开发规划应注意以下事项。

① 从企业的战略目标出发，满足组织发展的潜在需要；

② 以人力资源规划为指导，应对企业面临的不同环境；

③ 注重关键岗位人员、稀缺人才的培训发展问题，避免企业发展过程中的人力资源"瓶颈"问题；

④ 满足多样化、层次化的培训需求；

⑤ 避免培训的短视效应，为企业的长远发展打好基础；

⑥ 培训效果的评价、反馈作为承上启下的关键环节，发挥着重要作用。

（2）为了确保培训成果的转化，研发总监应给予以下支持。

① 培训前：了解是什么问题导致不良绩效；向培训者强调组织目标并且为受训者设立培训目标；参与培训需求评估，选择受训者并制订培训成果转化计划；建立支持机制。

② 培训中：观察或参与培训；获得受训者的进展报告；鼓励受训者；如果可能，重新分配受训者的工作量，尽可能避免中断受训者的培训；制订培训

结束后的行动计划。

③ 培训后：和培训者、受训者的同事一起编写受训者的培训报告；维持培训机制，监控培训计划的进展；为受训者提供应用新技能的机会；评估受训者的工作业绩；经常进行正面强化。

案例 3　如何做出一份优秀的培训效果评估报告？

某公司组织销售部门的员工参加培训，培训结束后，领导需要一份培训效果评估报告。

如何才能做出一份让领导满意的培训效果评估报告呢？

【精解】

做培训效果评估报告之前，要明白培训的目的。企业培训的着力点是提升工作业绩，因此培训要有效果，培训评估的意义也在于此。要做一份让领导满意的培训效果评估报告，需要注意以下几个方面。

（1）培训效果评估要重点评估员工个人发生的变化，即培训后员工个人绩效的提升，不仅仅包括量化业绩指标，也包括精神状态。

（2）培训效果评估要给公司看，那么评估报告的内容要翔实，能数据化的最好数据化。

（3）培训效果评估要和绩效、招聘挂钩，每次评估完，发现培训改善不了的人员，需要通过绩效考核确定并淘汰，需要通过改善招聘环节来减少培训的无用功。

（4）培训效果评估报告要有条理、有图表，重点要明确。

案例 4　企业花巨资培训员工为什么没有效果？

某制造企业拥有员工 200 名左右，年销售额可以达到上亿元，企业的发展势头非常好。公司领导王总是一个非常喜欢学习的人，只要听说或者从网上发现哪里有好的培训课程，有知名的培训大师授课，不仅自己积极参加，还要求各部门经理、主管都去学习。一年下来，光培训的交通费、食宿费就花了近150万元。

如今的企业，领导爱学习确实是件非常难得的事情。企业之间在各个方面和各种能力上都要进行竞争，"学习力"也是一个重要竞争点。但是，投入这么高额的培训费用之后，王总发现没有得到应有的培训效果。每次去听课程，经理、主管们在课堂上都表现得非常积极，而且感觉他们也确实学到了很多东西，可回公司后却缺乏实际行动，公司的问题还是很多。有些部门经理找借口和找理由的水平"提升"了，还有些主管听完课后跳槽的动机更强烈了，王总对此感到非常迷茫。

一方面，成功的企业都提倡学习型组织；另一方面，企业花巨资培训却得不到培训效果，产生不了培训效益。该企业的培训到底还要不要做？

【精解】

从本案例中可以看出，低效的培训确实成为该企业的一个大难题，不仅没有效果，还浪费了企业的资金，造成了成本负担。究其原因，就是王总不懂得企业的培训该如何做。

首先，培训之前要进行需求调查，了解员工的需求，再有的放矢地培训，这样才能产生效果；其次，培训课程的设置必须解决企业的问题，必须是系统化、循序渐进的，而不是一时的头脑发热或者为满足个人兴趣爱好；最后，培训还应做好培训评估工作，总结经验，了解得失，完善所有培训环节。

所以，对于一家企业来说，培训次数并非越多越好，有计划的、有系统的培训才是关键。

第七章

新员工入职培训

第一节 实 务 操 作

实操1 如何对新员工进行入职培训需求分析?

培训需求分析是设计新员工入职培训方案的首要环节。有效的培训计划是建立在对培训需求进行科学分析的基础之上的,由培训管理人员采用各种方法和技术,对新员工的目标、知识、技能等方面进行鉴别和分析,从而确定其是否需要培训以及培训哪些方面。

培训需求可以从企业、工作岗位、个人三个方面进行分析(见表7-1)。

表7-1 新员工入职培训需求分析

项　　目	内　　容
企业分析	企业分析主要从企业环境分析和企业自身分析两个角度展开。企业环境分析主要针对企业的系统结构、文化、资讯传播情况及企业产品在市场中的地位等方面进行分析;企业自身分析主要针对企业文化、企业概况、企业组织结构、企业相关的规章及制度等对新员工的影响进行分析
工作岗位分析	工作岗位分析是指分析新员工要想达到理想的工作绩效所必须掌握的技能和能力,包括任职资格分析、工作关系分析、岗位职责分析以及所任职岗位的工作技巧分析
个人分析	个人分析是将新员工现有的水平与未来工作岗位对员工技能、态度的要求进行比照,研究两者之间存在的差距,研究需要进行哪方面的培训以提高能力,从而最终达到新员工职务与技能的一致。个人分析主要包括工作态度分析和工作能力分析

实操2 什么是新员工入职培训需求分析报告?

新员工入职培训需求分析报告以新员工入职培训需求分析结果为基础,参考新员工相关管理制度、人力资源部绩效考核标准、历史培训等方面的记录,可以确定培训需求和培训目标(见表7-2)。

表7-2 新员工入职培训需求分析报告

文本名称	新员工入职培训需求分析报告	编号	×××××

一、新员工入职培训需求分析背景

企业自____年____月____日至____年____月____日通过人力资源部招聘了____人，至____年____月____日内部升职、调岗了____人。其中，新毕业人员占新员工总数的____%，升职人员占新员工总数的____%，调岗员工占新员工总数的____%。

二、选择培训需求分析的方法

此次新员工入职培训需求分析以调查问卷法与观察法为主，主要是针对内部调岗与升职者。

三、调查结果分析

此次发放调查问卷____份，收回有效问卷____份，结合培训需求调查观察表、职务说明书及公司其他相关文件可得出以下结论。

1. 公司大部分升职人员（____%）感到管理技能欠缺，无法快速进入新的角色。

2. 公司近____%的调岗人员对工作内容不太熟悉，影响了工作效率。

四、培训内容设置建议

鉴于新员工对企业与岗位的熟悉程度不同，企业建议设置两套不同的培训内容体系。

1. 针对刚毕业的新员工

对刚毕业进入公司工作的新员工的入职培训分为公司整体培训、部门工作引导和实地培训三个阶段。培训内容主要包括以下四个方面。

（1）企业的发展历史及现状。

（2）企业的经营理念、企业文化、规章制度等。

（3）企业的组织机构及部门职责。

（4）工作岗位介绍、业务知识及工作技能培训。

2. 针对有工作经验的新员工

（1）岗位技能培训。

（2）管理能力培训。

五、培训时间（略）

实操3 如何对新员工进行入职培训？

1. 确定培训内容

通过培训需求的分析，培训人员必须明确哪些内容可以满足这些培训需求并将这些内容分别开发成培训课程。培训人员可以根据企业概况、环境、企业文化、政策、规章制度、组织机构、战略目标、使命、工作岗位等来收集、整理新员工入职培训的具体内容（见表7-3）。

表 7-3　新员工入职培训内容的确定

项　　目	内　　容
确定与工作环境有关的培训内容	① 企业宏观环境，包括企业的历史、现状、行业地位、发展趋势、目标、优势和劣势、组织机构、部门职能、产品和服务、市场战略、质量方针、企业文化与传统、经营理念等； ② 工作环境与设施，包括办公设备、生产设备、各办公场所、食堂等，人力资源部经理可根据本企业的具体情况选择要参观、介绍的具体工作环境
确定与工作制度有关的培训内容	这部分涉及的内容较多并且都关系到员工的切身利益，包括企业各项人力资源管理制度、财务管理制度、行政办公管理制度等
确定与工作岗位有关的培训内容	① 岗位职责培训。根据员工岗位说明书向新员工介绍其所在岗位的主要职责、新员工的主要任务和责任、工作绩效考核的具体规定等，同时根据工作流程图向新员工介绍企业各相关部门的职责和岗位职能，以及本部门和其他部门的关系； ② 技术培训。对于技术性特别强的岗位，企业可安排新员工到新的工作岗位上进行实地训练并指定一名资深员工向新员工说明操作规范，协助新员工独立完成工作，指出应改进的地方； ③ 行为规范培训，主要是针对员工仪容仪表要求、着装要求、工作场所行为规范、工作休息制度、公司礼仪规范等方面进行的培训

2. 确定培训讲师

如果涉及与企业、部门及工作密切相关的入职培训课程，企业最好指定内部人员担任讲师，这是因为企业内部人员才是最熟悉企业的人。企业高层领导、人力资源部经理、部门主管、专业技术人员可以分别就不同的内容模块给新员工做入职培训。

如果涉及提高新员工个人职业素养的入职培训课程，如时间管理、商务礼仪等方面的培训，可以请专职的培训讲师来讲授。

另外，为了取得良好的培训效果，新员工的入职培训应安排一位高层领导参加，以表明企业对新员工的重视。

3. 选择培训方法

针对新进企业的人员，一般采用课堂讲座、多媒体教学、工作指导的方式展开培训或者采用角色扮演法来提升他们的一些基本技能；针对调岗和职位晋升者，可以采用工作指导、角色扮演和工作轮换的方法对他们进行培训。

4. 培训实施管理

培训实施管理包括培训资料的准备和培训后勤保障，如图 7-1 所示。

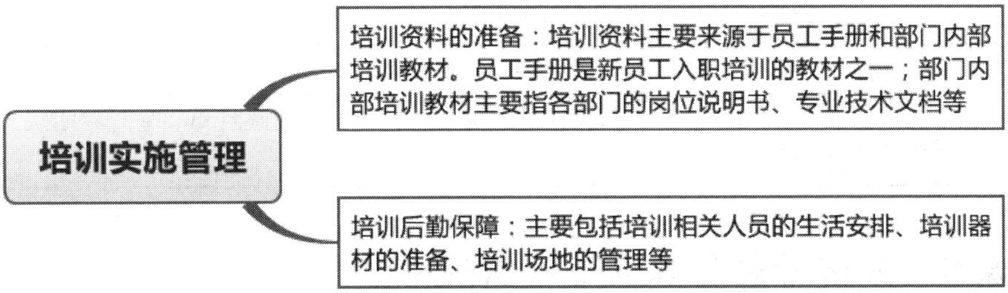

培训资料的准备：培训资料主要来源于员工手册和部门内部培训教材。员工手册是新员工入职培训的教材之一；部门内部培训教材主要指各部门的岗位说明书、专业技术文档等

培训实施管理

培训后勤保障：主要包括培训相关人员的生活安排、培训器材的准备、培训场地的管理等

图 7-1 培训实施管理

需要注意的是，新员工培训不只是企业人力资源部的事情。对于新员工培训工作，一定要明确人力资源部、高层管理者、岗位所在部门负责人、相关部门负责人的职责并在各自部门和岗位的考核中予以体现，以保证各岗位和部门担负起各自应尽的职责。为了保证培训的实际效果，新员工培训实施之后应及时进行记录归档和效果评估。

实操 4 新员工如何快速融入团队？

要想把工作做好，保持良好的团队氛围是非常重要的。新员工快速融入团队的具体做法如表 7-4 所示。

表 7-4 新员工快速融入团队的做法

做　法	内　容
保持平常心，努力做好基本工作	新到团队，老员工都会认为你是新人，没办法融入他们的小圈子。这时，你需要做的是抓紧时间熟悉公司环境、产品知识，补足专业知识和营销知识等，提高职业素养
个性积极张扬	有集体活动时，一定要充分把自己的才能展现出来。这种展现既要充分又不能显得夸张；既要让人知道你有才能，甚至可能比现有团队中的某些人还要好，又不能让人觉得你在抢某些人的风头
保持助人为乐的习惯	当团队中有人向你求助时，在不违背原则的情况下，利用自己的才能，尽心去替别人做些事。这些事可能会花费你的精力和时间，但在团队中是有价值的，有助于你在团队中获得良好的人际关系，同时获得他人的帮助

续表

做　　法	内　　容
真心待人，展现真性情	在职场上，要想获得大家的认可，就需要用真心待人，用真心做事。这样大家都会清楚地认识到你是一个可以交往、值得交往的人
经济上保持清楚	不要与团队中的人产生经济上的纠葛
适当保持低调	刚进入团队，适当保持低调是很重要的，要用眼睛和心去观察团队，感受团队

实操 5　如何对新员工做好入职引导？

1. 明确入职引导的意义和价值

入职引导与各企业文化氛围、价值导向、岗位核心等息息相关，所以需先进行细化梳理，制定相应的管理制度，明确目标与方向。无价值的引导毫无意义，反而会造成人力、成本的耗费。

2. 选择合适的引导内容

（1）校招——应届生。这类人员新入社会，即使有实习经历，相对来说也是片段化的，无整体的直观感受，对公司的工作环境、工作关系、工作伙伴等都需要熟悉和了解，包括最基本的工作规范。所以，新员工需要一位耐心、细心的老员工来做导师，帮助其逐渐熟悉生活环境，同时对其工作进行领带、反馈、考核等。

（2）社招——有经验。这类人员具备一定的阅历，懂得把握工作节奏，能很快地熟悉和适应新环境，在其入职初期，引导显得比较重要，主要是帮助其熟悉各办公工具的获取来源，不需要在技能方面做特别的培训与引导。

3. 选择合适的导师

（1）校招——应届生。适宜选部门的骨干老员工作为导师，他们有相对丰富的工作和生活经验，既可作为初入职员工的领带人，又可作为其在职场上的第一位老师，影响新员工日后的工作价值导向。所以，一定要选择对公司认可、具备良好的职业素养、乐于分享的员工。

（2）社招——有经验。适宜选部门中处事全面、协调力很好的员工作为导师，可带领这类员工熟悉办公工具的来源，便于其更快地进入工作角色。专业引导一般由部门负责人负责。

4. 引导的监管层次

（1）校招——应届生：利用"导师制"管理文件予以规范与指导，要在文件内容中设置详细的流程与管理考核方法。

（2）社招——有经验：采用试用期追踪，实现督促业务部门负责人关注新人，人力追踪试用期表现与改进的双重作用。

5. 给予引导人员合适的激励

引导人员（尤其是应届生引导）是在承担本职工作的同时兼任引导职责，所以一定要给予适当激励。

（1）可将引导工作与干部管理的"晋升"挂钩，作为担任综合管理岗位的一个考核要素，如员工晋升管理岗位必须具备领带人的经历，相当于岗前历练。

（2）可与兼职培训讲师的职级挂钩，公司除培训部外，业务部门还有很多兼职的培训讲师，可根据不同的授课经历，授予不同的职级，可将新人领带作为其中一项权重较小的考核指标。

（3）直接支付导师费。

（4）部门负责人灵活分工与配置。

实操6　如何做好新员工入职培训管理工作？

新员工入职培训管理工作的目的是明确新员工入职培训的程序和内容，确保岗前培训及试用期培训的规范性和有效性，使新员工经过入职培训后，能够掌握入职培训中的基础概念和知识，帮助新员工尽快融入公司和部门业务运作环节，同时培养新员工对公司的归属感。

1. 部门职责

新员工入职培训管理工作中，各部门的职责如表7-5所示。

表 7-5　新员工入职培训管理工作中各部门的职责

部　　门	职　　责
人力行政部	① 拟定入职培训流程、培训课程及与各部门的协调措施； ② 公司级统一培训课程的场地及设备的准备； ③ 培训记录及反馈的收集、整理； ④ 入职培训考核过程的协调； ⑤ 人力行政相关部分课程的制作、授课和考核
新员工所属部门	① 新员工试用期内在岗技能培训课程的制作、授课和考核； ② 新员工试用期内的工作辅导
其他职能部门	① 配合完成跨部门培训课程的制作、授课和考核； ② 配合完成新员工的轮岗学习

2. 实施培训的内容

新员工入职培训分为四类：公司级培训、部门级培训、ELN 培训和户外拓展（见表 7-6）。

表 7-6　新员工入职培训的内容

项　　目	内　　容
公司级培训	① 企业概况：企业发展史，企业主要业务范畴和企业文化，企业目前的业务、财政情况和下一步的业务目标，企业组织架构和主要管理层领导介绍，企业主要大事记以及员工活动的视频或者照片； ② 人事行政制度：新员工入职培训流程和培训纪律、公司《员工手册》的详细讲解、健康安全培训、人力行政部门人员构成和职责分配； ③ 跨部门培训：公司各个部门的业务内容、职能、人员等情况的介绍；财务表单的填写、报销流程及注意事项；新员工所在部门、岗位与其他各个业务部门在工作上的关联性和互相配合的内容；跨部门轮岗学习，将跨部门培训的理论知识具体化
部门级培训	部门级培训包括新员工所在部门业务知识及岗位技能的培训：① 新员工岗位职责内容说明；② 按岗位设立新员工入职后需参加的部门级通用培训课程并报人力行政部存档；③ 将课件授课、导师带教形式和 ELN 形式结合进行培训
ELN 培训	ELN 培训采取自学+部门学习模式，与公司级培训、部门级培训的培训课程可以交叉进行
户外拓展	户外拓展培训要联系专业机构组织开展

3. 实施培训的流程

（1）公司级培训的流程。新员工报到前一周，招聘专员将入职新员工的个人信息告知培训部门，包括姓名、入职日期、部门、岗位等信息；培训专员准备入职培训材料和相关培训表单；培训专员与各部门邮件预约跨部门培训课程的时间安排和培训师。公司级培训的具体流程示例如表 7-7 所示。

表 7-7　公司级培训的流程示例

培 训 时 间	培 训 事 项
第一天	① 员工关系专员为新员工办理入职手续，行政部发放办公用品； ② 培训专员负责带领新员工进行部门和人员介绍，熟悉办公环境； ③ 如新进人员人数在 3 人以上，由培训专员统一安排，对公司级培训进行集中授课；如人数在 3 人以下（含 3 人），则由培训专员发放公司级培训材料，新员工进行自学； ④ 总经理致欢迎辞（可录制后用于每期入职培训播放）； ⑤ 人力行政部介绍入职培训流程和培训纪律； ⑥ 企业概况培训（PPT、视频授课）； ⑦ 健康安全培训； ⑧ 人力行政部门组织架构和人员介绍； ⑨《员工手册》详细解读和各项制度培训； ⑩ 新员工针对第一天的培训内容进行小组讨论，汇报个人学习心得并进行答疑； ⑪ 新员工填写《培训课程评估表》
第二天	① 跨部门介绍（PPT、案例分析），具体时间安排以各部门预约时间为准； ② 新员工就第二天培训内容分享总结、心得并答疑，填写《培训课程评估表》
第三天至第四天（如工作允许会开设这部分内容）	① 跨部门轮岗学习（观察和实际操作授课）； ② 由各个部门的学习主管和学习管理员负责接待和协助工作； ③ 由人力行政部负责各个部门的协调工作
第五天	① 各位学员交流跨部门轮岗学习的心得体会； ② 公司代表与新员工交流，让新员工感受到公司对员工的认可和职业发展空间； ③ 公司级入职培训考核，采取书面考试形式，考题由人力行政和各部门学习管理员拟定； ④ 进行考核阅卷工作，由人力行政部和各部门学习管理员共同阅卷； ⑤ 反馈培训考核结果给人力行政总监、新员工所在部门经理以及新员工本人，考核结果决定是否需要继续试用

（2）部门级培训的流程。

① 授课课程和课件提前发送至人力行政部进行备案存档。

② 在新员工三个月试用期内，合理安排部门级培训并确保每个月要与新员工进行一次沟通，及时了解新员工的学习情况及其遇到的问题，帮助新员工尽快在本职岗位上成长起来。同时，提交《导师带教反馈表》至人力行政部存档。

③ 在新员工完成公司级培训课程后，组织培训考核，主要形式包括：新员工人数在 3 人以内（含 3 人），采取书面测试；新员工人数在 3 人以上，采取集中答辩。

④ 培训考核结果交人力行政部培训专员存档。

⑤ 新员工完成所有的公司级和部门级的培训课程后，必须将《新员工入职培训表》交还至人力行政部培训专员存档。

（3）ELN 培训的流程。

① 必修课部分由部门负责，根据进度安排集中学习。

② 个人选修课在规定进度内自学完成。

实操 7 新员工入职流程有哪些？

新员工入职流程如图 7-2 所示。

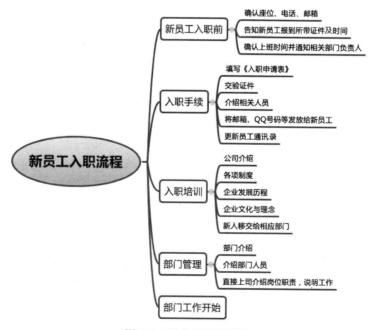

图 7-2 新员工入职流程

实操 8　如何做好新员工入职培训记录工作？

新员工入职培训记录表的内容如表 7-8 所示。

表7-8　新员工入职培训记录表

培　训　层　级	培　训　内　容	培　训　课　时	受训人及时间
公司级	公司简介、现状、企业文化	2～3 小时	
	公司现行人力资源管理制度介绍		
	日常工作行为礼仪		
	本人工作条件、工作时间、工资福利待遇告知		
	劳动安全常识		
培训教师：			培训时间：
部门级	本职位相关管理制度	2～3 小时	
	讲解工作职责及工作内容		
	本职位所涉及业务流程		
	本职位考核办法及标准		
培训教师：			培训时间：

说明：本表作为新员工入职培训记录，一式一份，用钢笔或签字笔完成后交人力资源部人事干事存档。

实操 9　如何设计新员工入职培训须知？

新员工入职培训须知的内容可参考表 7-9 进行设计。

实操 10　如何估算入职培训费用？

估算培训费用的作用是控制培训成本和合理分配培训预算。入职培训费用估算表如表 7-10 所示。

表 7-9　新员工入职培训须知示例

新员工入职培训须知

各位学员：

欢迎您参加 A 公司第____期入职培训课程！

为了加强您与公司之间的相互了解，促进您对我公司企业文化的认同，帮助您提高综合素质以适应新的环境和岗位，特组织您参加本次培训。我们真诚地希望这次培训能对您有所帮助。为使这次培训达到预期的效果，现将有关事宜说明如下，请您务必遵循！

一、本次培训为全封闭式，培训期间不得外出。

二、培训期间严禁吸烟、喝酒、赌博，累计违反 3 次者，取消培训资格。

三、认真遵守作息时间，上课不迟到、不早退，不随便出入教室。

四、严格按照培训安排进行就餐、住宿。

五、讲文明、讲礼貌，服从安排，尊敬师长，爱护公物，维护公共卫生。

六、上课时关掉通信工具或将其调至静音状态。

七、认真听讲并做好笔记，积极参与讨论、发表观点，以及参与各项活动。

A 公司培训中心

年　　月　　日

表 7-10　入职培训费用估算表

培训课程		培训日期		培训地点	
	培训费用项目			费用估算明细	
	教材开发费			____元/本×____本=____元	
	讲师劳务费（或奖金）			____元/时×____时=____元	
	讲师交通费			____元/日×____日=____元	
培训费用估算	讲师膳食费			____元/日×____日=____元	
	培训场地租金			____元	
	培训设备租金、教学工具租金			____元	
	其他费用			____元	
	合计			____元	
申请人（部门）		财务经理		总经理	

实操 11 如何设计财务部门新员工入职培训方案？

财务部新员工的入职培训方案主要列出了财务部各岗位新员工的入职培训内容和负责人（示例见表 7-11）。

表 7-11 财务部新员工入职培训方案示例

培训负责人	培训内容
会计文员	① 总公司各部门主要职能及主要人员； ② 分公司财务部主要人员； ③ 总公司财务部体系架构及各人员主要职能
出纳	① 公司目前在哪些银行开户，各开户银行的名称、户名、账号； ② 一般公司与客户的结算银行； ③ 实时支付业务：哪些银行开办了此项业务，如何判断客户有无办理实时支付
成本会计	① 公司进货渠道、作业流程； ② 公司销售流程； ③ 详细了解公司产品，熟悉产品生产流程； ④ 学习公司成本核算方法
管理会计	① 公司管理政策如何具体运行及监控； ② 财务在管理中具体执行哪些职能； ③ 公司的主要供应商及结算方式； ④ 了解应收账款日报表的填报格式及要求
税务会计	① 公司目前在哪个税务局报税； ② 公司增值税发票"六要素"； ③ 总公司给分公司开进货发票的程序； ④ 总公司客户销售发票开票程序； ⑤ 公司一般税负率； ⑥ 税控机的使用
费用会计	① 公司费用报销程序； ② 分公司的哪些费用需由总公司审核报销； ③ 公司费用报销具体规定，如报销程序、时间、单据粘贴规范、单据填写要求、其他特殊规定； ④ 新设分公司费用报销流程及注意事项
主管会计	① 对财务软件有一定的了解； ② 了解公司财务报表体系； ③ 公司资产及经营状况； ④ 主要财务核算制度的介绍

实操12 新员工入职培训的评估内容有哪些？

1. 新员工对培训内容的掌握程度

可通过访谈或问卷的形式了解新员工对入职培训内容的理解程度和掌握程度，以及入职培训安排得是否合理。新员工入职培训效果初步考核表如表 7-12 所示。

表 7-12　新员工入职培训效果初步考核表

编号：　　　　　　　　　　　　　　　　　　　　填表日期：　　年　　月　　日

姓名		专长		学历	
培训时间		培训项目		培训部门	
经培训，新员工对岗位工作的了解程度如何					
对新员工专门知识（包括技术）的考核					
新员工对各项规章制度的了解情况					
新员工提出的改善意见评核（以实例说明）					
分析新员工工作专长，判断其适合的工作是什么，并说明理由					
新员工辅导员评语：					
总经理：　　　　　　　　部门经理：　　　　　　　　评核者：					

2. 入职培训组织及教学工作的质量

对培训组织和教学工作的评估，主要包括以下内容。

（1）后勤工作，即主要评估培训场地安排、培训通知工作、培训期间的食宿安排等组织工作是否到位。

（2）课程的内容和质量。针对课程的内容和质量，可以通过一些细化指标来评估，如培训主题的清晰程度、培训内容的逻辑性、培训方法的运用、培训过程的生动性等。

实操 13 新员工入职培训的评估方法有哪些？

新员工入职培训的内容不同，其评估方式也有所不同，在培训评估中，培训管理者可根据具体情况灵活选择。新员工培训效果评估常用的几种方法如表 7-13 所示。

表 7-13 新员工培训效果评估的常用方法

方 法	内 容
试卷考察法	试卷考察法是在培训过程中采用得最普遍的评估方法，简便、易于操作。试卷考察法是指由培训师或培训管理者编制试题，通过闭卷测试培训对象对知识的了解和吸收程度。该方法有一定的实际意义，但也有一定的局限性。因为在工作中，很多能力与技巧是无法用试卷"考"出来的，所以常常出现培训考试成绩不错的员工回到工作岗位后的工作绩效并没有得到明显改善的现象
现场评估法	现场评估法是指在新员工经过专门培训后，对培训活动内容、培训师授课技巧、课堂活跃气氛、组织工作等进行现场问答调查或者现场操作考试，以测试新员工在培训后对专业技能的掌握程度。该方法简便、实用，不会给新员工带来麻烦，并且可以在很短的时间内将本次培训的效果评估出来，所以新员工乐于配合
问卷调查法	问卷调查法是用书面形式间接搜集研究材料的一种调查方法。问卷调查法应用到培训领域就是通过向新员工发出简明、扼要的调查问卷，请新员工填写对有关问题的意见和建议间接获得材料和信息的一种方法。该方法是借助预先设计好的问卷，在培训课程结束时向调查对象了解各种信息的方法
行为观察法	行为观察法是指观察者选择观察方法，设计并利用观察工具对观察对象进行观察评估的方法。该方法能够当场反馈新员工的学习进度，考核培训后新员工的能力，测量和评价新员工培训前后的行为变化

实操 14 如何设计入职培训调查表？

入职培训调查表应设计成完全不同的两份问卷，分别由受训新员工和培训讲师来填写（见表 7-14 和表 7-15）。

表 7-14　新员工入职培训调查（受训新员工用表）

您好！为了掌握您对本课程教学效果的意见和建议，不断改进我们的教学工作，请您客观评价所学的课程，在最接近您看法的分值前的方框中打"√"并客观地回答一些问题。谢谢您的大力支持！

培训时间：　　年　　月　　日

受训新员工		所属部门及职位	
新员工类型	□新进人员　□调岗	□升职　□复职　□其他	
培训课程		培训讲师	
需评估的项目	最低分特征	得分说明： 1分表示"很差"；5分表示"很好"；2、3、4分表示"由差到好"的一个趋势	最高分特征
您对本课程教学的总体评价	讲师准备不充分，课堂讲述很差，很难接受，培训效果很差	□1　□2　□3 □4　□5	授课讲师准备充分，课堂讲述非常精彩，易于接受
您对教学内容的评价	内容与培训需求关联不强，与培训主题无关，缺乏层次性	□1　□2　□3 □4　□5	课程内容完全针对培训需求，紧扣培训主题，层次清晰
您对课程准备的充分程度的评价	准备不充分，对课程不熟悉，讲述不系统，杂乱无章	□1　□2　□3 □4　□5	准备非常充分，对课程相当熟悉，讲述具有系统性，条理清晰
您对讲师仪表及精神面貌的评价	精神面貌很差，对参加培训的人员产生了负面影响	□1　□2　□3 □4　□5	仪表得体，精神面貌上佳，对参加培训的人员产生了积极影响
您对讲师的语言表达能力的评价	口齿不清，语言表达能力差且无辅助性肢体语言	□1　□2　□3 □4　□5	口齿清晰，语言流利，辅助丰富的肢体语言，有利于培训人员理解相关内容
您对课堂精彩程度的评价	课堂讲述乏善可陈，欠缺培训技巧，没有吸引力	□1　□2　□3 □4　□5	课堂讲述非常精彩，讲究培训技巧，具有很强的吸引力
您对教学幻灯片的评价	内容与主题有时缺少关联且有些陈旧，文字太多、太小	□1　□2　□3 □4　□5	内容与主题关联性强，文字清晰、精练
您对培训课程可接受程度的评价	无收获，对课程不了解，需要再次培训该课程	□1　□2　□3 □4　□5	有收获，课程内容清楚明了，在很大程度上满足了培训需求

续表

您对课程实用性的评价	对我的实际工作无指导作用	□1 □2 □3 □4 □5		对我的实际工作非常有帮助
您对培训时间安排与频度安排的评价	时间安排太紧凑，不利于消化所学的知识；培训太频繁	□1 □2 □3 □4 □5		时间安排、频度安排均合理
您对培训准备工作的评价	培训设备、资料准备不充分	□1 □2 □3 □4 □5		培训设备、资料准备充分
通过培训，您对以后工作的信心	一点信心都没有	□1 □2 □3 □4 □5		有很大的信心
学完本课程，您最大的收获				
您对企业培训的意见和建议				
您认为此类培训有哪些地方需要改进				

表 7-15　新员工入职培训调查表（培训讲师用表）

您好！为了更好地了解学员受训情况和本次培训的组织情况，请您根据自己的真实感受做如下评价，在最接近您看法的答案前的方框内打"√"并欢迎您对我们的工作提出意见和建议。谢谢您的大力支持！

评价等级说明：A—很好　B—较好　C——一般　D—较差　E—很差。

培训课程：　　　　　　　　　　　　培训时间：　　　年　　　月　　　日

需评估的项目	评估选择
时间安排	□A □B □C □D □E
培训通知安排	□A □B □C □D □E
培训流程管理	□A □B □C □D □E
培训纪律	□A □B □C □D □E
交通便利情况	□A □B □C □D □E
膳食	□A □B □C □D □E
本次培训的环境	□A □B □C □D □E
参加本次培训的学员（学习态度、参与性、对知识的悟性）	□A □B □C □D □E
您对本次培训的总体评价	□A □B □C □D □E
您认为本次培训做得比较出色的地方	
您认为本次培训最需要改善的方面	

实操 15　如何设计入职培训效果跟踪表？

在相关培训完成后一周内，人力资源部经理、部门主管可利用入职培训效果跟踪表（见表 7-16 和表 7-17）对新员工在此期间的培训效果和工作表现做出考核和评估，以判断培训的效果。

表 7-16　入职培训效果跟踪表（一）

本表由新员工直接主管根据与员工的面谈结果和平时对员工的考核及观察结果填写，副总办公室主任原则上应参与员工特训跟踪面谈评估；跟踪评估负责人为副总办公室主任和新员工直接主管。

姓名		公司/事业部		部门	
职务		入职日期		培训日期	
新员工入职至今对企业文化的感悟，请用几个字概括					
新员工参加培训以后的出勤状况和工作表现					
新员工对各项规章制度的了解情况					
新员工对本职工作的了解和掌握情况					
新员工目前在工作中所表现出来的优势					
新员工目前在工作中所表现出来的不足					
新员工目前在工作中是否遇到困难，以及是否需要提供协助					
新员工针对自身不足在以后的工作中采取的改进措施，如何落实这些改进措施					
对新员工专业知识和专业技能进行评核，分析其工作专长，判断其适合何种工作，并说明理由					
直接主管		副总办公室主任		副总经理	

表 7-17 入职培训效果跟踪表（二）

姓名		所属部门		职位	
岗位类别		入职时间		培训时间	
跟踪项目	主要培训内容	评价方式	评价标准		评价人
公司概况介绍	① 企业文化与经营理念 ② 组织机构与各部门职责 ③ 办公管理制度	背诵或说明	□优，熟练掌握90%以上 □良，较好掌握80%以上 □较好，基本掌握70%以上 □一般，掌握60%以上 □差，尚未达到基本要求		
专业技能培训		实际操作或演练	□优，技术熟练度达90%以上 □良，技术熟练度达80%以上 □较好，技术熟练度达70%以上 □一般，技术熟练度达60%以上 □差，尚未达到基本要求		
工作方法培训		操作或演练	□优，按操作标准优质完成 □良，按操作标准基本完成 □较好，操作中存在微小失误 □一般，操作中存在三处以下失误 □差，操作中存在很多失误		
总体评价（由考评人员进行评价）：					
部门经理签字：					

实操 16 如何设计入职培训效果反馈表？

新员工接受培训后，人力资源部应及时跟进其试用期期间的工作表现并反馈给新员工本人及其部门负责人，以便制定出相应的措施。常用的入职培训效果反馈表如表 7-18 所示。

表 7-18　入职培训效果反馈表

本表为新员工自我评估用，请检查自己对以下项目的掌握程度并于入职后一个月内将该表填完交至人力资源部。

姓名		职位		员工编号			
部门		直接上司		入职时间			
培训项目	培训内容	了解（掌握）程度					
		优	良	中	一般	差	
公司入职培训	公司历史及在行业中的位置						
	公司产品						
	公司的经营理念、愿景、价值观等						
	公司组织架构、机构设置						
	考勤、作息时间、用餐安排等						
	公司要求遵守的行为规范						
	员工礼仪常识						
	员工绩效管理						
	员工奖惩条例						
	员工异动程序						
部门入职培训	认识部门经理、直属上司、同事						
	参观部门						
	部门规章制度						
	阅读并了解职位描述						
	卫生与安全						
	岗位技能培训						
员工签名：				日期：　　年　　月　　日			

新员工在工作中提出的问题和存在的问题由人力资源部相关人员填写表格（见表 7-19），主要用来挖掘新员工在工作中主动提出的或被他人发现的问题。

表 7-19　新员工在工作中提出的问题和存在的问题

跟　进　项　目	培训中存在的问题	采取的措施
新员工提出的问题		
新员工工作中仍存在的问题		
人力资源助理：		日期：　　年　　月　　日

新员工表现评价表（见表 7-20）由指定的部门带训人完成，主要评价新员工的表现。

表 7-20　新员工表现评价表

反　馈　项　目	非常满意 （90～100 分）	较满意 （70～89 分）	一般 （60～69 分）	差 （60 分以下）
工作态度				
工作纪律				
仪容仪表				
工作的质量				
工作的数量				
团队合作精神				
部门带训人：			日期：　　年　　月　　日	

部门经理：　　　　　　　　　　　　　　人力资源部经理：

实操 17　如何撰写新员工入职培训评估报告？

1. 撰写入职培训评估报告的步骤

入职培训评估报告的撰写过程就是统计分析调查结果的过程，具体步骤如图 7-3 所示。

2. 确定入职培训评估报告的内容

入职培训评估报告的内容应有理有据、公正合理，主要包括对入职培训过程的叙述、对培训评估调查数据的分析说明、对培训评估结果的阐述和预测、对存在问题的分析和改进等方面的内容。

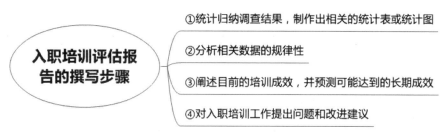

图 7-3　入职培训评估报告的撰写步骤

针对入职培训评估报告的基本内容和结构，培训评估人员可根据实际情况和需要进行填写（见表 7-21）。

表 7-21　新员工入职培训评估报告

日期：　　年　　月　　日

入职培训需求说明		新员工类型	
		受训总人数	
项　　目		内　　容	
新员工入职培训的目标分析			
培训实施过程说明			
入职培训一般性反馈信息			
培训效果的调查数据		（可附统计表或统计图）	
数据统计分析			
评估的结果			
评估结果与预期目标的比较			
存在的问题分析			
培训建议			

实操 18　有助于提高团队凝聚力的培训游戏有哪些？

有助于提高团队凝聚力的培训游戏如表 7-22 所示。

表7-22 有助于提高团队凝聚力的培训游戏

游戏名称	目 的	时 间	操 作
我是谁	让成员很快地行动起来,在活跃的竞赛气氛中彼此认识和了解	约20分钟	准备个人信息卡,信息可根据团体目标和成员的不同而变换。给每个成员一张信息卡,要求他们立即行动起来,在团体中找寻具有信息卡上特征的人。成员拿到卡,走到一个人身边问他是否有信息卡上的特征。如果有,请他告知自己的名字并填写在卡上。如果没有,继续问下一个人,看谁先将信息卡填满,率先完成者读出卡上的内容,念到名字者站起来。前三名有奖
知你知我	初步相识	约8分钟	准备足够的空间和可以挪动的椅子。指导者先让团体成员在房间里自由走动,见到其他成员,微笑着握握手,给一定的时间让成员自然相遇,鼓励成员尽可能多地与其他人握手,当指导者说"停",相互面对或正在握手的两个人就成了朋友,两人席地而坐或拿折叠椅面对面坐下,各自做自我介绍。介绍的内容包括姓名、所属单位、身份、性格特点、个人兴趣爱好、家庭情况以及愿意让对方了解的个人信息。每人3分钟,然后漫谈几分钟。当对方自我介绍时,倾听者要全身心地投入,通过语言与非语言的观察,尽可能多地了解对方
对对碰	扩大交往圈子	约10分钟	将两个两人自我介绍小组合并,形成四人一组,他者介绍,每位成员向另外两位新朋友介绍自己刚才认识的人,每人2~3分钟,然后四人一起自由交谈几分钟
连环自我介绍	进一步扩大交往范围,引发个人参与团体的兴趣	约8~10分钟	两个四人小组合并,八人围圈而坐,每人用一句话介绍自己,这句话中必须包含三部分内容:姓名、所属单位、自己与众不同的特征。规则是:当第一个人说完后,第二个人必须从第一个人开始讲起,第三个人一直到第八个人必须从第一个人开始讲起,这样做可使全组注意力集中,相互有协助他人表达完整、正确的倾向,而且在多次重复中,不知不觉地记住了他人的信息

续表

游戏名称	目的	时间	操作
关注练习	通过问与答的形式，促使成员关注他人的感觉并达到相识的目的	约20分钟	六人一组，自由协商，确定组长，然后从其中一位成员开始，如A，其他五人每人向A提一个自己想知道的问题，A立即回答，除了政治问题、宗教问题，可以随便提问，A如果不想回答别人问的问题，可以表达出来。为了不使自己的问题与他人重复，也为了更多地了解被询问者的有关信息，提问者把注意力集中在小组内，回答者因被全组其他成员关注而增加信心。对A的提问结束后，可以围绕A再自由交谈几分钟，第一圈时每人只有一次权利问一个问题，如果还有想问的留到自由交谈时间再问。组长要掌握时间，把握方向，结束后就轮到向B提问，以此类推，一直到F
寻找我的另一半	彼此相识，建立互动关系	约30分钟	准备彩色纸、胶水、硬纸板，将彩色纸剪成三角形或正方形并一分为二，由团体成员自由抽取，然后，成员必须在团体内找到与自己同色且形状相匹配的另一半，找到后，将彩色纸贴在硬纸板上并在彩色纸上写上两个人的名字，两人自由交谈5分钟，互相认识。然后，全体成员围成圈坐下，每一对轮流向大家介绍对方，使团体中所有人都能相识
棒打"薄情郎"	尽快相识，提高团体凝聚力	约20分钟	用挂历纸或旧报纸卷成一根纸棒。初次聚会，全体成员围成圈而坐，轮流介绍自己的名字、兴趣、出生日期等个人信息，每个人都专心去记其他成员的资料。然后围成一圈，选一个执棒者站在圈中间，由他面对的人开始大声叫出一个成员的姓名，执棒者马上跑到那个被叫的人面前，被叫的人马上再叫出另一个成员的姓名。如果谁叫不出来，就会受当头一棒，然后由他执棒。以此类推，直到大家熟悉彼此的姓名为止。如果一个人被打3次就必须出来表演，作为惩罚
连环炮	初步相识并建立团体互动关系	约40分钟	准备麦克风道具，以"接龙式"自我介绍访问进行。首先，全体讨论自我介绍的内容并讨论当一名记者与被访问者应注意的事项；然后，由指导者手持麦克风访问一位成员，再由这位成员访问另一位成员，如此反复进行，直到全体都被访问。访问内容主要是姓名、兴趣等关于个人的信息，访问过程中，记者可以用生动活泼的语言来发问

续表

游戏名称	目　的	时　间	操　作
循环沟通	打开话匣子，沟通练习，尽快相识	约30分钟	每人一把椅子。成员1、2报数，分成两人组，里一圈外一圈，里圈面朝外，外圈面朝里，一一对应，面对面而坐。每次交流2～3分钟，各自做自我介绍，然后指导者叫停，里圈不动，外圈站起来，向右挪一位，坐下继续与新的朋友交流，相互自我介绍，如此循环往复，一圈下来，所有人都认识了不少人。该方法是强制谈话，变化大且快，成员常常很兴奋。有时一个人不停地说，导致对方没有时间说了，那么具有自我觉察能力者会立即自我反省，调整自我介绍时间，让对方有机会讲。人数不宜太少或太多，太少不成圈，太多时间久且不易记住，一圈10～15人为宜
请帮助	团体人际温度测量并建立信任的关系	约40分钟	准备足够的空间。领导者请成员闭上眼睛，想一想自己小时候最喜欢唱的歌是什么，想到者举手示意。当成员都想到了，就请睁开眼睛，站起来，一边哼唱自己喜欢的歌，一边听别人唱什么。喜欢一样的歌的成员聚到一起，成为小组，谈谈为什么喜欢这首歌，然后一起大声唱。接着，交流小时候喜欢玩的游戏，为什么喜欢，再一起试试。最后各组表演。在此过程中，大家找到了知音，回到了过去的童年生活，心情放松愉快且交到了朋友

第二节　案例精解

案例 1　高额培训新员工又怕留不住，怎么办才好？

　　某公司想让新入职员工参加一项培训，但费用较高且该培训涉及公司的一些商业秘密，领导怕员工培训完就离职。

　　这种情况下，培训还要不要做？

【精解】

《中华人民共和国劳动合同法》规定：用人单位为劳动者提供专项培训费用，对其进行专业技术培训的，可以与该劳动者订立协议，约定服务期。因此，只有对员工提供专项培训费用，对其进行专业技术培训，企业才可与其约定服务期。同时，根据《劳动部办公厅关于试用期内解除劳动合同处理依据问题的复函》，"用人单位出资对职工进行各类技术培训，职工提出与单位解除劳动关系的，如果在试用期内，则用人单位不得要求劳动者支付该培训费用。如果试用期满，在合同期内，则用人单位可以要求劳动者支付该项培训费用。"因此，企业最好不要为在试用期内的员工提供培训，以避免损失。

案例 2　对于 Intel 对新员工进行的一对一交流和培训，你怎么看？

Intel 公司有一套管理新员工的资料，这套资料非常明确地规定经理每个月要教新员工干什么事情并要求经理对新员工进行一对一交流，交流的内容是什么、下一个培训是什么，资料都写得很清楚。

经理对每个新员工的情况都有记录，保证每个新员工得到相同的对待。培训是每个经理的主要内容，在对经理行为进行评估时，他们在管理员工方面的表现占有一定的权重。

每个公司的经理位置毕竟有限，不是每个员工都能做经理，也不是做经理才有晋升机会。如果没有做经理的兴趣，可以通过技能培训去发展自己。

Intel 从来不拿培训当奖励员工的方式，培训是根据工作的要求来进行的，员工不能做好工作，就送他们去培训一个星期。

Intel 在新员工培训方面有明确的预算，而其他培训基本上是根据需要进行，没有明确的预算。

对于 Intel 的"一对一"新员工培训，你有何感想？

【精解】

企业要想使自己的新员工能够迅速地适应工作、融入团队，就要进行必要的新员工入职培训，让新员工在入职培训的过程中进一步了解公司，熟悉相关业务流程，掌握相关的工作技能，认同公司的企业文化。同时，在新员工入职培训过程中，应当注意感情的培养，要表现出公司的诚意与热情，让员工有一种"家"的归属感。最后，就是要做好新员工的职业规划，结合员工自己的需求，为员工提供多渠道的发展空间，给员工提供富有挑战性的工作。

案例 3　如何设计新员工培训课程？

某公司经常组织新员工培训，但是每次培训的效果都不是很理想。新员工培训不理想，工作就做不好，业绩就差，就会导致员工离职。究其原因，主要是培训课程的设计不够合理。

那么，新员工培训的课程设计主要考虑哪些方面呢？

【精解】

新员工培训发生在新员工刚入职的时候，这个时候是帮助他们认同企业价值观、树立职业发展观以及为今后职业生涯发展做准备的关键时期。因此，可以从以下四个方面着重开展培训。

1. 认同企业价值观

加强企业文化、核心价值观的培训，通过企业愿景、使命和企业成果经验让员工树立信心，能够认同企业文化和业务发展目标；必须加大企业认同教育才能"志同道合"，树立员工永久发展的目标和动力；培训课程包括"企业文化""企业发展之路""成功之道""企业工作方法"等。

2. 树立职业发展观

加强职业化与能力的培训，树立正确的职业观和职业技能，带动员工自身能力的提升，培训课程包括"职业意识""自我管理"等。

3. 准备职业生涯道路

加强业务培训，让新员工全面了解企业的产品、服务，了解企业的规章、制度、业务流程、机制，帮助他们最快地了解企业的方方面面，尽快融入公司，相关培训课程包括"产品知识""研发体系"等。

4. 从岗位启航职业

新员工还需要掌握应知应会的知识、技能，从适岗到胜岗，进而从岗位启航职业发展。培训部门不仅要注重对新员工通用能力的培训，还要有目的地进行岗位职能职责、工作计划、流程管理、模板表单等一系列岗位技能的培训，使之达到相应岗位的任职资格初级要求。

需要注意的是，由于新员工的群体特点，培训应尽量采用互动、案例导入、实践等多种方式，帮助新员工克服陌生环境带来的困难，及时融入。

案例4 从受训者层面分析，新员工培训效果不佳可能由哪些原因导致？

某空调设备服务企业的一项重要业务是为家庭用户提供空调的安装维修服务，为了满足服务要求，该公司新招聘了 30 名应届毕业生，这些学生大都毕业于机电制冷专业，均没有实际工作经验。为此，公司为这些新员工安排了为期一个月的培训。培训结束后，这些新员工开始正式工作，但部分员工的工作表现不尽如人意。

从受训者层面进行分析，培训效果不佳可能由哪些原因导致？

【精解】

从受训者层面看，导致培训效果不佳的原因如下。

（1）个体特征。每个新员工的学习能力等个人特征不同，培训效果也不一样。

（2）学习动机。学习动机指受训者学习培训项目内容的一种预期，包括受训者的学习热情和当项目材料有难度时受训者的坚持程度。学习动机较弱的员工，培训效果可能不佳。

（3）努力程度。努力程度越低，培训效果不佳的可能性越大。

（4）自我效能。自我效能是指个体对自己的行为能力及行为能否产生预期结果所抱有的信念。自我效能越低，培训效果不佳的可能性越大。

第八章

企业管理人员培训

第一节 实 务 操 作

实操 1 管理人员培训体系设计的原则有哪些？

管理人员培训体系设计的总体原则是有利于企业总体目标的实现，有利于提高企业经营管理人员队伍的整体素质，有利于企业竞争能力、获利能力和获利水平的提高。管理人员培训体系设计的原则如表 8-1 所示。

表 8-1　管理人员培训体系设计的原则

项　目	内　容
战略性原则	企业管理人员培训必须与企业发展战略和人力资源发展战略相适应,培训体系设计必须服务、服从于企业发展战略
有效性原则	企业管理人员培训必须有明确的需求目标,充分与现实工作任务要求相结合,要针对本企业管理人员普遍存在的共性问题设置培训项目,遵循成人认知规律设计培训过程。每次培训实施后,要考评管理人员行为上有无明显的变化和改善,以评估培训的效果
计划性原则	将企业管理人员培训统一纳入公司培训计划管理范围,由培训中心制订企业全年培训计划并按培训计划组织实施培训,保证培训质量,降低培训成本
规范性原则	企业管理人员培训的实施必须按照培训体系的流程进行,确保培训质量
持续性原则	企业管理人员培训必须有长期的规划,按照管理提升的要求设置培训的内容,在企业每年的工作计划中将管理人员培训作为一项重要工作来安排,提出明确的培训任务和目标要求
实用性原则	在领导支持和需求驱动下，以提高素质与技能、提升业绩为目标

实操 2 如何对管理人员进行划分？

1. 基层管理人员

基层管理人员是指在企业生产、销售、研发等生产经营活动中处于第一线，执行管理职能的管理者，主要职责是协调和解决员工工作中遇到的具体问题。

基层管理人员是整个管理系统的基础，其与企业不同层次人员之间的工作关系如图 8-1 所示。

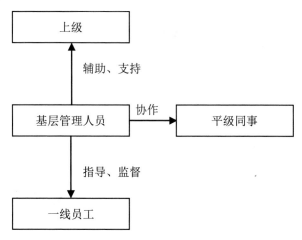

图 8-1 基层管理人员与企业不同层次人员之间的工作关系

2. 中层管理人员

中层管理人员是指处于高层管理人员和基层管理人员之间的一个或若干个中间层次的管理人员，是企业管理团队的中坚力量，起着承上启下的作用，对上下级之间的信息沟通负有重要的责任。

对中层管理人员进行培训的目的如下。

（1）使其明确企业的经营目标和经营方针，正确地传达企业的宗旨、使命、价值观和企业文化。

（2）为其提供胜任未来工作所必需的经验、知识和技能。

（3）使其适应不断变化的环境并解决所面对的问题，提升企业的整体管理水平。

3. 高层管理人员

高层管理人员的决策对整个企业的发展有着重大的影响。高层管理人员既是一个决策者，又是一个监督者，在企业中充当各种不同的角色。企业高层管理人员的组织角色如图 8-2 所示。

图 8-2　企业高层管理人员的组织角色

实操 3　针对不同类别管理人员的培训内容有何区别？

培训不同类别管理人员的侧重点如表 8-2 所示。

表 8-2　培训不同类别管理人员的侧重点

管理人员类别	培训侧重点
高层管理者	侧重经营理念、服务意识、企业集团化发展、战略规划能力、资本运营与投资决策能力、人才开发与制度创新能力、统率全局的能力、控制能力等高级工商管理方面的培训和英语培训，主要对象是公司总经理、副总经理、总经理助理、公司总部的核心职能部门经理
中层管理者	侧重经营管理基本理论与实际运用的培训，包括在服务意识、部门目标管理、绩效考核、成本控制、市场营销、人力资源开发与培训、员工激励、沟通技巧、领导艺术等方面实施有针对性的培训和英语培训；主要对象是各业务部门和职能部门的经理及经理助理
基层管理者	侧重服务意识、绩效考核、目标考核、成本管理、质量管理与督导、投诉处理及业务流程、工作指导方法、工作改善方法、人际关系方法的培训，以使基层管理者具备经营管理工作的基本素质；主要对象是各部门组长，开发、营销等部门的基层管理人员

实操 4　管理技能培训开发计划是如何形成的？

在确定管理技能培训开发的原则和要求的基础上，应制定相应的培训开发计划和方案，建立科学的培训开发系统。管理培训开发系统必须包含具有指导性和逻辑性的培训开发计划，以确保培训开发的顺利进行。

1. 企业管理系统的运行与绩效考评

针对企业面临的竞争环境、市场潜在需求、企业生产经营特点及建立销售网络的可行性进行充分研究，然后为企业的工程技术、生产、服务、销售、财务及人力资源等部门制定更为详细的计划和政策。根据管理人员的目标和分部的组织结构制订"人员配备计划"后，需要更为详细的计划，划分部门内个人的"管理职务"，从而选拔有能力的员工充实新的管理职位。同时，也可把目前尚不够条件但可以通过适当的培训胜任工作的人员确定下来。此外，每年再进行一次"全面考评"，根据对考核目标的完成程度及履行职责时所取得的个人业绩的评价，决定个人是否需要培训。

2. 发现管理缺陷和培训需求，制订组织开发计划

根据考评结果可能发现管理人员及其下属在领导方式和拟订目标方面存在某些缺陷，"个体及群体培训"就是为了满足这种需要而设定的。潜力考核是为了明确管理人员的工作潜力，确定绩效优良的管理人员作为分部管理职位的候选人员，从而肩负起更大的职责。随后，确定人员培训在市场营销和财务方面的需求，在考评过程中，企业确定了另外一些培训需求，主要涉及组织机构中各组织单位之间的矛盾冲突，从而综合了"组织开发"的计划。

3. 进行管理人员系统的培训与开发工作

管理人员的培训开发工作是整个管理过程的组成部分。从全面的计划开始，到组织机构的发展提高、人员配备制度的建立以及管理人员目标的确定，最后是考评管理，进而能为培训提供依据。这个过程说明，企业的需要和个人对专业发展的要求是能够通过系统方法结合起来的。

实操 5　如何实施管理人员培训开发计划？

在实际工作中，管理人员的培训开发过程要分为更详细的几个步骤。一个

优秀的培训计划并不是一成不变的，而是既要考虑管理人员目前的工作，又要考虑其下一个工作职务的培训需要，还要考虑企业更为广泛的需要并为将来做好准备。

按拟订好的计划准备好相关的培训器材，安排好师资、场地、时间、参训者通知等事宜，按计划开始培训。每一次培训要有独立的学习目标和学习重点，做好培训记录并在实施中收集反馈意见，不断修正和完善培训计划。此外，还需做好相应的服务工作及沟通工作，准备好相应的应急方案，确保培训工作的顺利进行，努力做到让管理人员在最适宜的环境中学到更多、更有用的知识，以达到培训效果的最大化。

实操 6 如何评估管理人员培训开发效果？

建立企业管理人员培训工作质量评估体系能够解决培训针对性和实效性不强的问题，评估应该包括以下两方面内容。

1. 学员反应

在培训结束后向学员发放满意度调查表，了解学员对培训过程的反应和感受及其对讲师培训技巧、课程内容的设计、课程组织、时间安排等方面的反应。通过对培训的计划环节和教学活动、教学方法、教学主体等实际需求和预期目标的比较，评估教学质量的优劣。

2. 学习效果

学习效果评估即确定学员在培训结束时是否在知识、技能、态度等方面得到了提高。这一阶段的评估要求通过对学员参加培训前和培训结束后知识、技能测试的结果进行比较，了解他们是否学习到了新的东西，同时也要对培训设计中设定的培训目标进行核对。

每次培训之后都应该进行培训效果评估，及时总结反馈信息和经验教训，以便在下一次的培训中改进。通过这样不断地改进，培训的效果才能提高。

实操 7　如何完善管理人员培训成果的转化机制？

　　培训成果转化机制是影响培训有效性的关键。培训成果转化是一个动态的过程，培训项目设计、受训者特点以及环境因素都会影响培训成果的转化。企业选派管理人员参加培训项目，特别是参加时间长、费用多的高层次管理培训项目，除了应考评管理者的专业素质和学习能力外，还要重视对管理者忠诚度的考查。因为培训项目的成功与否还取决于受训人员是否可以持续地将所学知识和技能运用于实际工作当中。

　　企业必须为受训员工提供充分发挥其知识、技能的工作环境，包括有竞争性的薪资待遇、广阔的职业晋升前景、更广泛的工作权利和难度更高的工作挑战。为此，企业在设计培训方案时，为确保双方的利益，可要求受训人员与企业签订培训费用支付合同，防止人才流失。同时，为企业长远发展的需要考虑，企业应通过坚持实施"以人为本"的管理理念，使管理人员的个人发展与企业目标规划结合，建立管理人员与组织间的心理契约，积极创造有利于培训成果转化的制度环境，有效降低员工的流失率，提高培训开发效率。

实操 8　管理人员培训开发的一般步骤有哪些？

　　管理人员培训开发的一般步骤如图 8-3 所示。

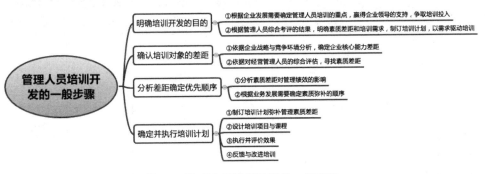

图 8-3　管理人员培训开发的一般步骤

实操9 如何对管理人员进行培训需求分析？

管理人员的培训需求分析可围绕战略与环境分析、工作与任务分析以及人员与绩效分析三个方面展开，如图 8-4 所示。

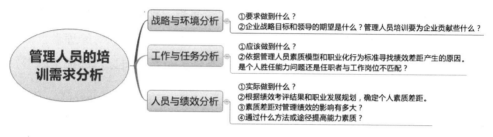

图 8-4 管理人员的培训需求分析

实操10 如何确定培训指数，筛选培训开发的需求？

培训指数这一概念是为了便于进行培训需求的选择和课程设计而提出的。培训需求的确定要以素质结构分析得到的各素质要素的重要性权重为基础，以综合绩效考评得到的素质差距为依据并参考受训者的意愿进行，选择其中的高得分项进行培训（见表 8-3）。

表 8-3 管理人员培训需求分析表

素 质 要 素	素质重要性权重 W_i	素质差距 S_i	培训指数 $P_i=W_i \cdot S_i$	本人受训的意愿	培训课程的选择
C1 专业基础知识 C2 管理专业知识 C3 政策法规知识 C4 分析与决策力 C5 专业技术技能 C6 计划组织协调力 C7 心理素质 C8 思维方式 C9 价值观念					

注：培训指数（P_i）＝素质重要性权重（W_i）×素质差距（S_i）

1．分析、明确企业的一般培训需求

（1）需要进行有系统性的常规管理知识和技能的培训。

（2）需要根据管理人员不同的管理岗位特点和职业生涯发展需要进行有针对性的岗位管理知识培训。

（3）需要现代管理技术的培训。

（4）需要针对管理人员自身心理素质、思维方式、价值观念和管理理念等方面进行培训。

2．在需求分析的基础上明确管理人员培训的重点

（1）高层管理人员应侧重分析与决策能力、计划与组织实施能力、思维方式和价值观的培训。

（2）中层管理人员应加强在自觉服从企业目标与战略的前提下的计划、组织与实施能力、分析与决策能力、专业技术能力和转变观念的培训。

（3）基层管理人员应重点进行专业技术能力、计划与组织实施能力、专业基础知识和管理专业知识的培训。

3．确定管理人员培训开发的目的

（1）通过培训增加管理知识，了解现代企业管理的基本理论、技术和方法。

（2）通过培训提高综合管理能力，运用已学的管理方法和技术进行科学管理。

（3）通过培训吸收现代先进的管理理念，促进管理观念转变。

4．明确管理人员培训开发的目标

管理人员培训开发的目标包括：获得新的管理知识；扩大一般常识；拓展思维；转变观念；获得可直接应用的管理技能；成为一个更有效的管理人员；获得更多的自信；与其他部门的管理人员交流思想；增强工作计划性；提高管理效率等。

实操11 如何编制管理人员培训开发计划？

管理人员培训开发计划的编制应坚持以"服务培训对象"为中心，以"培训需求分析、确定培训目标、设计培训内容"和"培训实施和效果评估"为基本点（见表8-4）。

表8-4 管理人员培训开发计划的编制

项 目	内 容
以"服务培训对象"为中心	经营管理人员培训的直接目的是帮助经营管理人员增补知识、提高技能、调整心态、转变观念、变革思维、确立正确的行为方式，最终提高管理绩效。因此，培训工作必须紧密围绕"经营管理人员"这个中心进行。将培训工作视为让各阶层管理人员和公司双赢的投资，建立切合实际的分层培训体系
以需求驱动培训	企业员工培训必须服从企业整体的发展目标与战略，确立切合实际的培训目标和战略，这既对经营管理人员提出了更高的要求，同时又产生了新的培训需求。企业应以需求驱动培训
根据培训需求确定培训计划、培训目标和任务	通过对培训需求的深入分析，可以选择内部培训与外部培训相结合、以内部培训为主的培训战略，制订分阶段实施的管理人员培训计划。该计划应当根据培训需求分析的结果和业务发展需要，确定素质差距弥补的方法和顺序，结合企业现有的培训管理和资源条件，明确培训的目标与要求，规划培训的内容和方法并提出培训课程系统的设计要求和任务
在制订培训计划的基础上组织实施与评估	培训实施是培训的关键环节；效果评估是为了检验培训方案实施的有效性，分析开展培训活动所取得的成绩，找出培训过程的差距，发现新的培训需求，对方案进行改进和完善，制订新的培训计划
完善培训激励、约束机制，促进培训成果转化	强化对公司经营管理人员的培训是一项长期性、持续性的系统工程，目的是培养能适应并推动企业可持续发展的高素质管理人才，因而完善激励、约束机制，创造有利于经营管理人员学习提高的良好的培训环境是提高培训绩效的重要保证。 引入激励、约束机制是增强培训效果的重要手段。应该抓住管理人员追求自我实现的关键需求，把培训工作与职位升迁、薪酬增加等激励机制挂钩。这不仅是重视培训的表现，而且是增强培训效果的重要手段。它能有效地调动管理人员参与培训、提高素质的积极性，其形式看起来是被动的，实际内涵则是主动的，符合现阶段企业管理人员培训的规律

实操 12　如何建立适应管理人员培训的实施体系？

1. 明确管理人员培训的实施机构与职能

企业高层管理人员的培训通常由集团统一规划并委托有关高校和培训组织实施；中层管理人员培训一般由企业内部培训中心规划并组织实施；基层管理人员的培训主要由企业培训中心和基层单位规划和实施。专业技术、技能培训是由职能部门和技术主管部门组织实施。如果这样的培训管理和实施体系不能适应管理培训的需要，就需要进行管理和实施体系创新，进而提高管理人员培训的实效。

在企业经营管理人员培训实施职能的划分上，应根据经营管理人员培训的特点，由集团总部和公司人事部、培训中心联合组织，共同参与培训需求分析和培训计划的制订，培训计划报公司决策层批准后，由培训中心组织实施。

2. 实施"以团队为核心"的管理人员培训模式

管理人员培训的实施模式可以建立在工作团队的构建基础之上，由受训的管理人员个体、工作团队和企业决策层三个层次构成。在这种培训主体系统中，工作团队居于核心位置，在企业培训活动中享有充分的主动权。团队有权根据自身内外环境的特点和企业未来的发展战略来制定管理人员培训目标和培训计划，进行培训对象的培训需求分析、培训方案的设计并执行或者委托企业内外专业机构执行培训计划。团队的受训个体通过发挥自身的主动性、能动性和积极性来促进企业培训各个环节的运作。企业决策层通过控制工作团队的预算、变更工作团队领导、重新分派团队任务、协调团队与环境之间的关系、提供信息等方式来影响、监督、控制工作团队的培训活动。

工作团队的管理实施形式是扁平型组织在企业培训活动中的具体体现，具有以下特点（见表8-5）。

表 8-5　工作团队管理实施形式的特点

特　点	内　容
培训工作团队具有更多的工作自主权	培训目标和培训计划的制定、培训需求分析、培训方案的设计以及培训项目的具体实施与培训效果的评估均由团队负责，决策层起监督、控制、协调、引导作用
注重个体自我开发	通过信息共享、民主参与和充分激励等方式，充分启发、调动、发挥受训人员的积极性、能动性、创造性，有利于个人的发展和团队培训任务、目标的顺利实现，也有利于整个企业组织的进步
"三位一体"	个体学习、团队培训、组织开发"三位一体"，便于培训与企业管理者开发目标协调一致，产生培训开发的高效益

实操 13　如何做好管理人员培训课程的设计与开发工作？

1. 管理人员培训课程设计的基本点

培训策略是指导培训活动的纲领，而培训课程是培训活动的细目，培训课程设计是制订培训计划的基础。管理人员培训课程设计的基本原则是要符合成人学习的知识规律。培训课程设计的本质是进行人力资源开发。培训课程设计要素如图 8-5 所示。

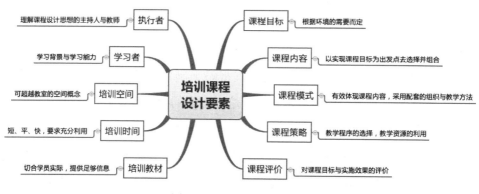

图 8-5　培训课程设计要素

2. 设计系统化的管理培训课程体系

（1）系统性常规管理知识和技能培训。常规管理知识和技能培训通常是针对所有管理人员设立的基础管理知识和管理技能培训项目，它不同于人力资源管理培训、营销管理培训、生产管理培训等更强调其专业领域的知识和技能，而是更多地对通用的管理常识进行系统培训，从而提高受训者的综合管理素质。

一般来说，常规管理培训课程要求企业当年所有管理人员都要参加培训，上到企业决策层，下到企业班组长。这一培训课程的内容主要由两部分组成，一是管理基础知识，二是管理基本技能。在培训形式上可以采取讲座班、企业管理进修班等形式。常规管理知识和技能培训的绩效一般表现在以下几个方面：① 系统地了解管理学基础知识；② 加强管理者对自身角色和工作职责的认识；③ 提升管理者的管理技能；④ 对以往的管理经验进行重整；⑤ 掌握基本的管理工具的应用。常规管理培训课程的内容如表 8-6 所示。

表 8-6 常规管理培训课程的内容

课程内容	训练对象		
	高层	中层	基层
管理基础知识培训课程			
现代管理者的挑战及误区	√	√	
管理者的角色与管理原则	√	√	
组织远景与战略决策	√	√	
学习型组织再造与管理系统革新	√	√	
企业文化管理与创新	√	√	
目标与绩效管理	√	√	
计划与执行管理	√	√	√
控制与改革管理	√	√	√
变革与创新管理	√	√	√
有效授权管理	√	√	√
沟通与协调艺术	√	√	√
信息和资源管理	√	√	√
领导方法与艺术	√	√	√
管理基本技能培训课程			
工作效率与自我形象管理	√	√	√
倾听与询问能力训练	√	√	√
观察与分析能力训练	√	√	√
面谈和谈判能力训练	√	√	√
会议技能训练	√	√	√
商业礼仪技能训练	√	√	√
创新能力训练	√	√	√

（2）岗位管理知识培训。根据管理人员所在岗位的特点来设计培训课程体系，既要进行岗位基本知识培训，又要进行岗位前沿知识培训，包括知识管理培训理论、学习型组织理论、物流管理理论、职业生涯开发理论等。另外，还有对技术能力的培训，管理人员的技术能力应该是全方位的，对企业产品工艺流程、操作标准和技能技巧要有整体概念，具有一定的业务素质。对先进的技术有一定的了解也可避免管理人员在工作中做出错误的决策。

（3）现代管理技能培训。对管理人员要进行现代管理技能的培训。经营管理人员要与时代并进，了解企业生产经营管理的新需求，知晓现代科技发展的趋势，掌握可大规模提高生产、工作效率的管理应用工具，包括计算机网络、卫星通信、计算机信息系统的综合实验以及电子商务、现代物流等现代管理方法的应用，提高综合管理效率。

（4）管理人员心智能力培训。管理人员心智能力培训是现代经营管理方式提出的要求。现代企业经营管理方式已经发生了很大的变化，社会转型牵动管理转型，新兴的管理技术和管理方法不断涌现，如个体管理模式向团队管理模式转变等均对管理人员提出了新的要求。管理人员不能仅仅满足于现有的知识结构和以往的管理经验，必须与时俱进，否则就可能被现代管理淘汰，因此需要对管理人员开展心理素质、思维方式、价值观等方面的系统培训开发。

实操 14 管理人员技能培训的重要性体现在哪些方面？

管理人员技能培训是指通过传授知识、转变观念、提高技能来改善企业管理人员当前或未来管理工作绩效的活动。管理人员技能培训的重要性如表 8-7 所示。

表 8-7 管理人员技能培训的重要性

项 目	内 容
示范作用	管理人员是组织中的主导力量，在组织的一切活动中处于管理或领导地位，管理人员的水平直接决定着组织活动的成绩，管理人员的行为方式对企业的其他人员会有很大的影响。一定程度上，管理人员对培训开发的认同、支持和参与程度直接决定了企业培训开发的效果。如果管理者在培训过程中深有体会，不仅可以提高自己的管理效能，而且会起到很好的示范作用

续表

项　　目	内　　容
角色转换的需要	在人员晋升上，大多数企业都会把那些精通技术的人员选拔到管理岗位上或者把在基层做得很好的管理人员晋升到更高的管理岗位上，这些人员虽然是现有岗位的精英，但未必是所晋升岗位的合格管理者，毕竟技术与管理存在很大的差别，而且被管理者的角色和管理者的角色有很大的不同。因此，有必要及时帮助其补充管理知识。但实际上，很多企业或者认为这些人理所当然地已经掌握了管理技能，或者认为即使这些人有所欠缺，他们也会通过自我学习，很快地掌握相关的管理技能。但是事实并非如此，因此常常出现"彼得原理"所说的不称职的管理者，轻则贻误战机，重则影响组织绩效，甚至危及企业的生存发展。要让那些被提拔到管理岗位上的人更好地完成现有工作，就必须对其进行必要的管理技能的培训开发
现代经营管理方式的要求	现代企业经营管理方式对管理人员提出了新的要求，因此需要管理方面的系统培训开发

实操 15　管理人员技能培训的要求有哪些？

不同管理层次的管理者扮演着不同的角色，具有不同的工作目标，需要不同的管理技能。管理者通常应具备三种最主要的技能，即业务技能、人际技能和概念技能。相比较而言，基层管理者需要有较强的业务技能，高层管理者需要有较强的概念技能，而所有层次上的管理者都需要掌握人际沟通技能。

1. 明确不同层次管理人员的能力要求

所有管理人员都需要拥有与其所履行的岗位职责相适应的管理能力，但是由于各层管理人员的职能不同，其应该具有的管理能力也有所侧重。

2. 界定不同层次管理人员的职责与行为要求

根据管理人员职业化标准，高层、中层和基层三个等级的管理人员的资格标准和行为标准是不同的（见表 8-8）。

表 8-8　管理人员职业化行为模块

行　为　模　块	高层管理人员	中层管理人员	基层管理人员
管理重点	方针管理	目标管理	工作任务管理
组织建设	文化建设	组织建设	团队建设
资源规划	资源建设	资源管理	资源利用
决策形式	促成决策	影响与参与决策	提供决策信息
绩效重点	促进发展	业绩管理	绩效辅导

　　所有层次的管理人员都要进行其职权范围内的决策，履行规划、组织、领导、控制职能，区别是他们花费在每项职能上的时间不同。不同层次管理人员的职责与行为要求如表 8-9 所示。

表 8-9　不同层次管理人员的职责与行为要求

管理者层次	职责与行为要求
高层管理人员	高层管理人员要为企业实现总体目标与达到业绩要求负责并负责制定和评价长期的目标、规划或计划与战略；进行高层的管理决策；评价企业不同部门的总体运作业绩，保证合作；进行重要人员的选择；就全局的项目或问题与下级管理人员磋商，其首要的工作是及时发现问题和正确决策。因此，他们首先必须具备获取信息、分析问题和决策的能力
中层管理人员	中层管理人员应自觉地服从企业的总体目标与战略和业绩要求，为在本部门所做的决定负责并负责制订中期计划和长期计划，供高层管理人员审查；分析管理工作的业绩，提升人员的个人能力并考查其合格情况；建立部门政策；审查日常和每周的生产和销售情况；与下级管理人员磋商生产、人事和其他情况；选择和招募员工。他们的首要工作是组织好部门员工实施项目任务和协调上下左右的关系。因此，他们最重要的是具备服务于企业目标与战略的计划与组织实施能力
基层管理人员	基层管理人员根据企业的要求组织一线的员工实施规定的任务，对实施的结果负责并负责确定详细的短期经营计划、实施程序、现场工作流程与标准工作方法；考察一线员工的工作业绩；管理和监督日常经营运作；制订详细的任务分配计划；与操作员工保持密切联系和接触。他们的首要任务是利用自己丰富的工程知识和经验完成好上级交办的任务。因此，他们应该具有丰富的专业知识和专业技术能力

实操 16　管理人员技能培训的内容有哪些？

　　管理人员技能培训的内容除一些职能部门特定的业务培训项目外，还有一些特定的培训项目，可以分为品性、能力、知识三大类。不同层次管理者的培训重点不同，必须针对特定受训管理人员的工作和自身特点，有选择地整合以上培训项目进行培训。

1. 高层管理者的培训

高层管理者是企业战略的制定者和企业发展方向的把握者。因此，高层管理者在具备必要的行业技能和基本沟通技能的基础上，必须具备较强的概念技能，如图 8-6 所示。

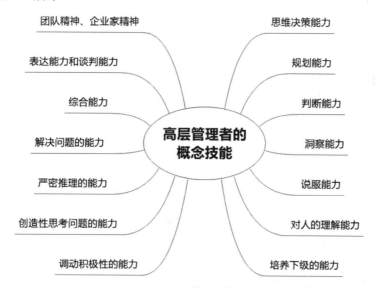

图 8-6　高层管理者具备的概念技能

此外，高层管理者的知识结构会存在陈旧的问题，因此对高层管理者进行有效的知识更新也是企业培训要解决的问题。

2. 中层管理者的培训

中层管理者起着上传下达的作用，因此必须具备一定的本行业专业技术并了解企业的整体运作，更需要具有对上对下的沟通技能。中层管理者往往是未来的高层管理者，因此中层管理者的培训重点不仅仅是对其现有技能的培养，更要开发其潜在能力。中层管理者负责组织目标的落实和整体管理水平的提高，因此更要注重其管理科学性的培训，主要培养他们的主动性、执行力、影响力、培养他人的能力、带领团队的能力以及专业知识与技能。

3. 基层管理者的培训

基层管理者是企业战略的最终实施者。企业战略通过决策层、中层再到基层，没有基层的实施，企业战略就成为一纸空文，所以必须重视对基层管理者的培训。由于基层管理者最接近公司基层员工，因此应具备很强的自我约束力、亲和力，了解公司的目标和原则，具有责任感、勇气、诚实可信赖等基本素质。

各层管理者的具体培训内容如表 8-10 所示。

表 8-10　各层管理者的培训内容

层　次	品　性	能　力	知　识
高层	经营思想与观念更新； 能力与修养的提升； 社会责任探讨	企业发展战略研究； 对策研究； 组织设计和领导； 现代管理技术	国家政策； 行业形势； 对手信息
中层	对待领导、下属、改革以及组织的态度； 树立乐于为组织服务的正确价值观与态度	理解、把握、创新能力； 组织实施能力	组织内外的政策、法规与现代化管理知识
基层	对待领导、下属、改革以及组织的态度； 树立充分体现组织与领导先进的思想与能力的服务态度	操作实施能力； 理解把握能力； 解决实际矛盾与问题的技能、技巧	组织内外的新知识、新政策、新法规

实操 17　管理人员技能培训的方法有哪些？

管理人员技能培训的方法有在职培训、一般培训和培训新方法三种类型。

1. 在职培训方法

在职培训的优点是让管理者在实际竞争中各显本领，而不用开展正式的培训活动。同时，这种晋升管理人员的方法不会使替补培训的人产生不切实际的幻想，也不会使那些未被推荐晋升的人有所抱怨，缺点是如果不设专人指导，有时会造成资源浪费甚至导致失败。在职培训的主要方法有职务轮换、设立副职和临时提升三种（见表 8-11）。

表 8-11　在职培训的主要方法

方　　法	内　　　　容
职务轮换	职务轮换即让管理者在不同部门的不同管理岗位或非管理岗位上轮流工作，以使其全面了解整个企业的不同工作内容，得到各种不同的体验，为今后在较高层次上任职做准备。职务轮换主要是拓宽管理人员或潜在管理人员的知识面，通过各种不同岗位的职务轮换，使受训者全面掌握企业各种职能的管理知识、技能或艺术
设立副职	设立副职即可以通过受训者与有经验的管理人员共同工作和管理人员对受训者的特别关注，从而拓展受训者的思维，增加他们的管理经验。管理人员可以从众多的业务工作中选择一些来测验受训者的判断力。当管理人员也是一名合格的受训者，能够指导并开发受训者，使其足以承担主管人员的全部职责时，这种方法与职务轮换一样相当有效
临时提升	临时提升即人们常说的"代理"主管，如主管休假、生病、出差或者由于其他原因导致职务空缺时，常常采用这种方法。临时提升可作为一种培训方法，对企业来说，也是一种便利措施。如果代理主管制定决策并充分履行职责，那么这种实践经验是很宝贵的。相反，如果临时提升只是挂名，不做相关决策，就很难在培养期间得到成效

2. 一般培训方法

（1）替补训练。替补训练是指把一些工作较为出色的管理人员指定为替补训练者，除原有责任外，要求他们熟悉本部门上级的职责，一旦其上级离任，替补训练者即可按预先准备接替上级工作；如果其他上级职位出现空缺，替补训练者也可进行填补。

替补训练的优、缺点如表 8-12 所示。

表 8-12　替补训练的优、缺点

项　　目	内　　　　容
优点	这种方式由于是为晋升做准备，因此受训者积极主动；在替补发生后，受训者可较快地适应新的工作
缺点	① 渴望晋升但又未被选为替补训练者的人可能感到前途渺茫，积极性下降； ② 已经等候很长时间的替补训练者可能变得垂头丧气，尤其是当他们看到空缺被其他部门的替补训练者填补时； ③ 某些上级唯恐被取而代之，因而不可能向替补训练者传授他们的所有知识和技能

（2）敏感性训练。敏感性训练也可称为"T 小组""恳谈小组""领导能力培训"，其目标是使个人能更好地洞悉自己的行为，明白自己在他人心目中的"形象"；更好地理解群体活动过程；通过群体活动培养判断和解决问题的能力。

敏感性训练的优、缺点如表 8-13 所示。

表 8-13　敏感性训练的优、缺点

项　　目	内　　容
优点	在敏感性训练过程中，人们坦诚地相互交流并从培训者和小组其他成员那里获得对自己行为的真实反馈。小组成员的反馈可能是坦率的、直接的，收到负面评语的人可能接受这个评语并决心改正其行为，也可能感到受到了伤害并退出小组。敏感性训练可能引起人们的担忧和灰心，但若管理得当，会促进合作和支持
缺点	有些人可能在心理上受到伤害，因为他们受不了这种挫折。敏感性训练也可能侵犯个人隐私。由于群体压力及动力的影响，参与者暴露自己的程度很可能超过原先的打算。需要注意的是，有些培训者可能不适合指导容易引起感情冲突的课程。最后，对于敏感性训练的结果是否切合实际工作情况，仍然存在疑问

为了提高敏感性训练的效果，避免其不足，必须坚持以下准则：① 自愿参加；② 筛选受训者，避免让那些受不了批评、敏感易怒的人参加这种培训；③ 慎重地评选培训者并且要确认他们具备必要的能力；④ 在培训前，应该向有可能受训的人介绍培训的目的和方法；⑤ 在开展敏感性训练之前应确定培训的要求和目标并在此基础上使用一些较为传统的方法。

（3）案例点评法。案例点评培训是提高管理人员决策能力及其分析、解决问题能力的有效培训方法。案例点评法的程序如表 8-14 所示。

表 8-14　案例点评法的程序

程　　序	内　　容
注重案例的遴选	培训师选择案例要注意以下三个条件： ① 案例要有真实性，是社会经济生活中确实存在的事例，切忌哗众取宠、虚构案例； ② 案例要有结合性，培训师应结合教学内容和培养目标选用案例； ③ 案例要有启发性，能启迪管理人员阐述自己的看法、分析问题并提出解决方式

续表

程　序	内　容
实际角色分析案例	培训师将案例发给学员并提出问题让学员预习案例并粗略提示；然后要求学员进入角色，在独立分析思考问题的基础上提出解决问题的方法和途径；随后进行课堂发言，在交流中，培训师引导发言，鼓励交锋，提倡创新，控制课堂局面。这样一来，既增加了学员的实践经验，又体现了学员的思想理论水平，还能碰撞出新的智慧火花
案例点评和升华	同一案例，由于学员的能力、经历和水平不同，解决案例中问题的手段和方案也各不相同，甚至完全相悖。解决问题的方法可能多达几十种。实际上，现实社会经济生活中的许多问题大多没有一种精确的答案，也没有一种固定不变的结论。因此，培训师在进行案例点评时要注意激发学员的思考、探索、创新能力。在点评中要结合学员的实践；要结合每一方案的闪光点；要启发学员去联想、对比、创新；不要把结论约束在某一方案里。总之，要让学员多角度、多层次、多渠道地解决案例中的问题，使点评升华，使学员有显著提高

（4）事件过程法。事件过程法是有组织的、带有戏剧性的处理案例的一种方法。这种方法常常被用于人事关系案例的讨论，有时也可以用于生产、销售、购买等问题的讨论。

事件过程法的步骤如图 8-7 所示。

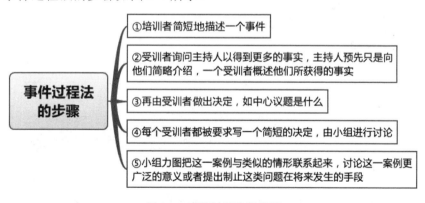

事件过程法的步骤

① 培训者简短地描述一个事件

② 受训者询问主持人以得到更多的事实，主持人预先只是向他们简略介绍，一个受训者概述他们所获得的事实

③ 再由受训者做出决定，如中心议题是什么

④ 每个受训者都被要求写一个简短的决定，由小组进行讨论

⑤ 小组力图把这一案例与类似的情形联系起来，讨论这一案例更广泛的意义或者提出制止这类问题在将来发生的手段

图 8-7　事件过程法的步骤

（5）理论培训。理论培训是提高管理人员管理水平和理论水平的一种主要方法。这种培训的具体形式大多采用短训班、专题谈论会等，时间都不长，主要是学习一些管理的基本原理以及在某一方面的一些新的进展、新的研究成

果或就一些问题在理论上加以探讨等。

（6）学习班。学习班包括专家演讲学习班和大学管理学习班（见表 8-15）。

表 8-15　学习班分类

分　类	内　容
专家演讲学习班	专家演讲学习班可用作企业内部或外部培训。这种方法可以使管理人员或潜在管理人员倾听各个相关领域专家的演讲。在企业内部，可介绍企业的发展历史、目标、宗旨、政策，以及企业与消费者、其他团体之间的关系。外部的专家演讲学习班内容范围较大，可以从具体的管理方法到广泛的课题。仔细挑选演讲题目和演讲人会提高这种培训方法的效果。此外，如果在使用演讲学习班这种培训方法时考虑到讨论的时间安排，将会取得更好的效果
大学管理学习班	许多大学现在都在举办各种实习班、报告会、讲座和正式的学习班，如工商管理硕士（MBA）教育、高级工商管理硕士（EMBA）教育，用以培养管理人员。这些学习班向管理人员讲授管理理论与实务、发展趋势和案例研究经验。此外，管理人员之间通常能进行有益的交流，构建多方面的联系，从而拓展他们的社会交往

（7）阅读训练。有计划地阅读有关管理文献是一种自我培养的主要方法。为使管理人员获得帮助，培训部门常常会编辑一些有价值的阅读书目，管理人员通过与其他人就有关论题或书籍内容展开讨论，可获得更多的学习经验。

3. 培训新方法

管理技能培训的新方法如表 8-16 所示。

表 8-16　管理技能培训的新方法

方　法	内　容
文件事务处理训练法	文件事务处理训练法也称一揽子事件法，是一种训练企业管理人员快速有效地处理日常文件和事务的方法。在受训时，各学员都有一大堆有待处理的文件和事务且必须在规定的时间内完成这些文件的阅读、指示和事务的处理。培训师提供的文件和事务一般没有条理性，有些需要紧急处理，有些需要常规处理，这就要求学员进行分析研究，分清轻重缓急，统筹规划，合理安排时间

方　　法	内　　容
角色扮演法	角色扮演法即把一组主管人员集合在一起，设定某种带有普遍性的、比较棘手的情况，让几个人分别饰演其中的角色，把事件的过程表演出来。这种方法的优点是真实性强。表演者身临其境，可在模拟实践中加深对管理的领会和对管理技巧的把握，对提高管理人员的演讲能力和表达能力也有一定价值。它还可以在决策、管理技能、访谈等培训中使用。受训者扮演的角色往往是工作中经常碰到的人，如上司、下属、客户、其他职能部门经理等，处理的也常常是实际工作中可能遇到的具体问题。表演结束后，其他学员作为"观众"，需对扮演者完成任务的情况加以分析、评价，评论完后还可以再轮换表演。这种角色间的交往和博弈过程有助于学员体验各类人物的心理感受，处在他人的位置考虑问题，从而培养其多角度看待问题的思维能力和自我控制的能力，提高人际交往技能
管理游戏法	管理游戏法有对抗赛、模拟市场竞争等游戏方式，可以按一个市场划分，也可以按一家企业或一个职能部门划分。这种方法要求学员在一定的规则、程序、目标和输赢标准下竞争，往往是全组合作达到一个共同目标。它能通过调动学员的参与热情和兴趣来训练他们的合作意识、相互协作的方法与技巧，以及由此彼此的思维能力与创造力。这一方法的关键在于管理游戏的设计，一个好的管理游戏能够使受训者在行为中不自觉地展现自己在实际组织或群体中所扮演的角色并有所感悟，这比单纯地讲授知识收效更大。除此之外，培训师还应特别注意事后的归纳与总结，因为游戏后的启示要比游戏本身更为重要
无领导小组讨论法	无领导小组讨论法要求将学员集中起来组成小组，就某一给定的主题展开讨论，事前并不指定讨论会的主持人，学员在讨论中可以自由发挥。培训师可以从中观察每个人不同的语言表达、逻辑思维、组织协调、应变和环境适应能力，从而针对各人的特点给予不同的指导

实操 18　如何制定不同类别管理人员的培训需求调查表？

1. 基层管理人员培训需求调查表

基层管理人员培训需求调查表示例如表 8-17 所示。

表 8-17 基层管理人员培训需求调查表示例

<table>
<tr><td rowspan="2">基本信息</td><td>姓名：</td><td colspan="2">所在部门：</td></tr>
<tr><td>所在岗位：</td><td colspan="2">入职时间：</td></tr>
<tr><td colspan="4">培训现状调查（请在您认可的答案前的"□"内打"√"）</td></tr>
<tr><td>1</td><td colspan="2">今年您参加过几次课程培训（包括公司级和部门级培训）</td><td>□1～2 次　　□3～4 次
□5～6 次　　□7～8 次</td></tr>
<tr><td>2</td><td colspan="2">今年各级培训中授课老师的水平</td><td>□很高　　　□比较高
□一般　　　□比较低</td></tr>
<tr><td>3</td><td colspan="2">今年各级培训的频率</td><td>□很高　　　□比较高
□一般　　　□比较低</td></tr>
<tr><td>4</td><td colspan="2">今年各级培训的时间安排</td><td>□很合理　　□比较合理
□一般　　　□不太合理</td></tr>
<tr><td>5</td><td colspan="2">通过公司的各级培训，您个人感觉收获如何</td><td>□很大　　　□比较大
□一般　　　□不大</td></tr>
<tr><td>6</td><td colspan="2">您对公司培训的整体感觉如何</td><td>□很满意　　□比较满意
□一般　　　□不太满意</td></tr>
<tr><td>7</td><td colspan="2">您认为目前影响培训效果的因素是什么（可以多选，限选 3 项）</td><td>□时间安排不太合适
□课程内容对工作无太大帮助
□培训师的授课水平有限
□形式太单调
□员工培训意识未跟上
□领导不够重视
□其他_____</td></tr>
<tr><td>8</td><td colspan="2">您认为目前公司培训需要改进的地方是（可多选，限选 3 项）</td><td>□老师的选择　　□时间的安排
□内容的选择　　□效果的评估
□培训的形式</td></tr>
<tr><td colspan="4">培训需求调查（请在您认可的答案前的"□"内打"√"，如选择"其他"则请在横线内简要描述）</td></tr>
<tr><td>1</td><td colspan="2">您想学哪些课程</td><td>□压力管理　　□职场人际关系
□执行力　　　□团队建设
□管理技能　　□班组长管理
□生产制度　　□其他_____</td></tr>
</table>

续表

2	您希望参加公司各级培训的频率是	□每周一次　　　□每月一次 □每两个月一次　□每季度一次
3	您认为公司培训的培训师来源最好是	□公司内部　　　□部门内部 □培训机构　　　□其他_____
4	您最喜欢的培训方式是	□课堂讲授　　　□案例分析 □模拟操作　　　□音像多媒体 □游戏竞赛　　　□研讨会 □其他_____
5	您希望培训时间安排在	□工作时间　　　□下班时间 □公休日时间　　□其他
6	您希望每次培训的时间为	□30~60 分钟　　□60~120 分钟 □120 分钟以上　□其他_____
7	您个人感觉在工作中是否存在下列困惑（请如实填写，可多选）	□工作压力大，有时或经常因工作原因情绪低落 □感觉工作任务重，总是感觉忙不过来 □和同事合作时，感觉沟通不够顺畅 □工作中和同事发生意见分歧时，有时不知如何处理或处理后感觉效果不好 □个人感觉工作已经努力，但目标仍无法完成或领导有时感到不满意 □日常活动中，个人的有些行为不知是否恰当，是否合乎礼仪要求 □其他（请详细说明，可另附表）
8	在专业知识、理论方面，结合您个人的职业发展规划，请列出您个人感觉最需要提高的三个方面	1. _____ 2. _____ 3. _____
培训建议（如您对公司的培训有任何好的建议，请您提出，谢谢）：_____ _____		

2. 中层管理人员培训需求调查表

中层管理人员培训需求调查表示例如表 8-18 所示。

表 8-18　中层管理人员培训需求调查表示例

姓名：　　　　　　　　　　　　　　　　　　　　　填表日期：	
1．您的职务：	

2．您的学历：
　□硕士以上　　　　　□本科　　　　　　□大专　　　□高中及以下

3．您的年龄：
　□35 岁以下　　　　□35（含 35）～40 岁　　□40（含 40）～45 岁
　□45（含 45）～50 岁　　　　　　　　　　□50 岁以上

4．您担任中层管理或以上职务的年限：
　□10 年以上　　　　□5（含 5）～10 年　　　　□3（含 3）～5 年
　□1～3 年　　　　　□1 年以下

5．您以往参加培训的情况：
　□有相关培训一定参加　　　　　　　□尽量提前安排好工作参加
　□视工作情况，尽量参加　　　　　　□视工作情况，有空闲才会参加
　□通常没时间参加

6．您认为目前公司组织的培训在数量上如何：
　□非常不够　　　　　□不够　　　　　　□还可以
　□足够　　　　　　　□绰绰有余

7．您目前的学习状态是：
　□经常主动学习，有计划地持续进行
　□有工作需要的时候才会针对需要学习
　□偶尔会主动学习，但没有计划性，不能坚持
　□有学习的念头或打算，但没时间
　□较少有学习的念头

8．您认为自己在工作中哪些方面做得很出色（可多选，但不超过 3 项）：
　□内部沟通配合　　□有具体目标的工作　□专业技术工作
　□执行力　　　　　□管理及制度设计　　□经营业绩

9．您认为自己在工作中哪些方面存在不足（可多选，但不超过 3 项）：
　□演讲水平　　　　□市场开拓　　　　□管理技能　　　□制度设计
　□专业技术　　　　□人际交往　　　　□理念思路　　　□工作方法
　□沟通协调　　　　□执行力

10．您工作中主要的客观障碍是什么（可多选，但不超过 3 项）：
　□人员关系复杂　　　　　　　　　□切实可行的管理制度的欠缺
　□团队配合不够　　　　　　　　　□相关培训不足
　□整体气氛不好　　　　　　　　　□内部沟通不畅
　□工作目标不清晰　　　　　　　　□其他

11．您觉得中层干部之间的沟通顺畅度： □非常好　　　　□比较好　　　　　□一般　　　　　□不够好 □非常不好	
12．您认为企业培训最有效的培训方法是什么（请选出您认为最有效的 3 种） □到院校接受系统培训　　　　　　□拓展训练　　　　□企业参观交流 □外聘培训师到公司集中讲授　　　□建立网络学习平台 □到培训机构接受系统外训　　　　□光碟、视频等声像资料学习 □建立公司图书库，供借阅　　　　□部门内部组织经验交流与分享讨论 □由公司内部有经验的人员进行讲授	
13．您认为最有效的课堂培训方法是（请选出您认为最有效的 3 种）： □案例分析　　□课堂讲授　　　　□专题研讨会　　　□团队解决问题能力 □交流座谈会　□模拟及角色扮演　□游戏竞赛活动　　□户外训练 □课堂讨论　　□音像多媒体	
14．您认为以下哪个因素对公司培训工作的开展效果影响最大（可多选，但不超过 3 项）： □培训内容的实用性　　　　　　　□领导的重视程度 □培训方式与手段　　　　　　　　□培训师的授课水平 □员工对培训的参与意识　　　　　□培训效果的跟进 □培训时间的安排和时长　　　　　□培训组织与服务	
15．您认为过去公司举办的管理人员培训课程在哪些地方有待改进（可多选，但不超过 3 项）： □培训时间安排更合理　　　　　　□培训形式应多样化 □培训次数太少，可适当增加　　　□培训内容实用程度应加强 □培训应少而精　　　　　　　　　□培训组织服务更完善 □培训内容理论应深化　　　　　　□提高培训师水平	
16．公司在安排培训时，您倾向于选择哪种类型的培训师： □知名职业培训师，有丰富的授课经验 □咨询公司高级顾问，有丰富的项目经验 □实战派知名企业专家，有标杆企业经验 □本职位优秀员工或专家，对公司业务很了解 □学院派知名教授、学者，理论功底深厚，知识渊博	
17．以下培训师授课的风格及特点，您比较看重哪一点： □实战性强，丰富的案例辅助　　　□知识渊博，引经据典，娓娓道来 □授课形式多样，互动参与性强　　□语言风趣幽默，气氛活跃 □理论性强，具有系统性及条理性　□激情澎湃，有感染力和号召力	

18. 对于举行某一期的培训，多长时间您比较能接受：
□无所谓，看课程需要来定　　　　　　　　□5 天　　　　　　　　□4 天
□3 天　　　　　　　　□2 天　　　　　　　　□1 天
19. 您认为培训安排在什么时候比较合适：
（1）集中时间培训。
□周一到周五，脱产封闭式培训 3～5 天
□周二到周六，利用一天周末，脱产培训 3～7 天
□周三到周日，利用两天周末，脱产培训 3～5 天
（2）分阶段培训。
□无所谓，看课程需要来定　　　　　　　　□工作时间，如周五下午 2～3 小时
□工作时间，每月 1 天　　　　　　　　　　□工作时间，每周 1 天
□周末，每月 1 天　　　　　　　　　　　　□周末，每周 1 天
（3）如果是集中培训，你认为适合分多少期举办。
□共 1 期　　　　　　　　□分 2 期　　　　　　　　□其他：＿＿＿＿＿＿＿（请详细注明）
20. 您希望的培训地点是：
□公司培训教室/会议室　　　　　　　　　　□酒店多功能厅/会议室
□外部专业教室　　　　□院校　　　　　　　□无所谓　　　　　　　　□其他
21. 您认为未来两年内最迫切需要接受的培训项目是（不超过 5 项）：
□执行力　　　　　　□决策管理　　　　　　□激励技巧
□授权技巧　　　　　□沟通技巧　　　　　　□全面预算
□危机管理　　　　　□经营管理与市场营销　□项目管理
□战略管理　　　　　□领导与教练技术　　　□高效会议管理技巧
□时间管理　　　　　□团队建设　　　　　　□压力与情绪管理
□成本分析与成本管理　　　　　　　　　　　□非财务经理的财务管理
□非人力资源经理的人力资源管理　　　　　　□成功人士的七个习惯
□法律常识（经济、劳动、安全法等）　　　　□其他
22. 您对公司培训方面的其他意见或建议：＿＿＿＿＿＿＿＿＿＿＿＿＿＿＿＿＿
＿＿＿＿＿＿＿＿＿＿＿＿＿＿＿＿＿＿＿＿＿＿＿＿＿＿＿＿＿＿＿＿＿＿＿

3. 高层管理人员培训需求调查表

高层管理人员培训需求调查表示例如表 8-19 所示。

表 8-19　高层管理人员培训需求调查表示例

姓名：　　　　　　　　　　　　　　　　　　　填表日期：		
相关现状调查		
1．您认为公司主要在哪些方面存在问题（可多选）：		
□领导素质	□经营战略	□专业知识
□团队精神	□企业文化落实	□品质管理
□内部沟通	□管理制度	□其他：＿＿＿＿＿
2．在公司安排培训时，您倾向于哪种类型的培训师（可多选）：		
□实战派知名企业高管	□学院派知名教授、学者	□职业培训师
□咨询公司高级顾问	□公司内部优秀培训师	□其他：＿＿＿＿＿
3．您认为培训时间安排在什么时候比较合适（可多选）：		
□上班时间	□下班后	□双休日　　□其他：＿＿＿＿
4．您希望通过培训达到什么效果（可多选）：		
□提高管理水平	□提高业务绩效	□提高团队协作能力
□发展企业文化	□其他：＿＿＿＿＿＿＿＿	

培训需求反馈（以下课程最多选择 2 个，请打"√"）		
说明类别	课程名称	对目前工作的重要程度 高　◀――――――▶　低
战略类	企业发展战略设计与实施要务	10 9 8 7 6 5 4 3 2 1
	企业如何培养、提升核心竞争力	10 9 8 7 6 5 4 3 2 1
	企业战略规划	10 9 8 7 6 5 4 3 2 1
	企业战略管理创新与执行	10 9 8 7 6 5 4 3 2 1
	其他：＿＿＿＿＿＿＿＿＿＿	
生产管理类	4.0 时代——制造工业思维创新与转型升级	10 9 8 7 6 5 4 3 2 1
	精益生产之 JIT 管理实战	10 9 8 7 6 5 4 3 2 1
	企业生命线——TQM 全员品质管理	10 9 8 7 6 5 4 3 2 1
	其他：＿＿＿＿＿＿＿＿＿＿	
个人职业发展类	中国式管理：如何从管理走向领导	10 9 8 7 6 5 4 3 2 1
	跨部门沟通与协作	10 9 8 7 6 5 4 3 2 1
	打造高效能团队的领导艺术	10 9 8 7 6 5 4 3 2 1
	其他：＿＿＿＿＿＿＿＿＿＿	
您还有其他意见与建议吗，请说明：＿＿＿＿＿＿＿＿＿＿＿＿＿＿＿＿＿＿ ＿＿＿＿＿＿＿＿＿＿＿＿＿＿＿＿＿＿＿＿＿＿＿＿＿＿＿＿＿＿＿＿＿＿		

实操 19 如何制定基层管理人员培训效果调查表？

基层管理人员培训效果调查表示例如表 8-20 所示。

表 8-20 基层管理人员培训效果调查表示例

姓名：		部门：		职务：
参加培训的项目与内容：				
日期：　年　月　日		地点：		费用：
实施此项培训的单位：				
1．该培训宣传广告对培训实际内容介绍的准确性如何 □非常准确　□准确　□不准确				
2．主题内容与您的需要及兴趣相符程度如何 □很符合　□比较符合　□基本不符合				
3．培训师及会议主持人的水平如何 □优秀　□很好　□良好　□一般　□不好				
4．设施、饮食等如何 □极好　□很好　□良好　□一般　□不好				
5．您觉得自己在培训后得到了哪些收获 □有关其他公司业务的知识　　□有关的新理论和原理 □可用于本人工作的概念和技术　□其他（请说明）				
6．从时间和成本的角度来看，您如何评价这个培训计划 □极好　□很好　□良好　□一般　□不好				
7．以后您还愿意参加单位组织的培训吗 □愿意　□可能　□不愿意				
8．您是否会介绍您公司的其他人参加这个培训 □会　□不会　□说不准 如果您会，那么您会介绍谁来参加：＿＿＿＿＿＿＿＿＿				
9．其他意见：				

实操 20 什么是管理继任者培训？

管理继任者培训是指企业通过确定、评价关键岗位的高潜能内部人才，对其进行系统开发和培养，以便为企业未来的组织战略和管理发展提供人力资本方面的储备和保障。

　　企业管理继任者培训计划也称企业接班人计划，其主要任务是为企业储备未来的管理人员，它关注组织经验的延续和继任人员未来的发展，对企业的现状及未来发展具有重大意义。企业接班人计划根据管理方式和管理重点的不同，可以分为领导人员继任计划和管理人员继任计划，如图 8-8 所示。

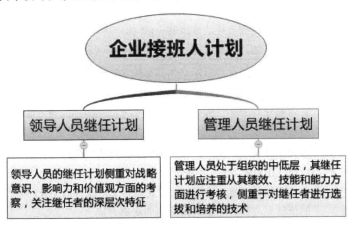

图 8-8　企业接班人计划

实操 21　继任者的胜任力包括哪些内容?

　　继任者的胜任力包括六个方面的内容，如表 8-21 所示。

表 8-21　继任者的胜任力

项　目	内　容
认同企业文化和发展战略	企业文化是企业价值观和发展理念的外显形式，对企业形象塑造、组织愿景生成、内部人际互动、个体价值创造等具有重大影响。作为继任者，首先应认同所属企业的文化并成为该文化的积极倡导者、忠实履行者和维护者。其次，继任者应善于在企业文化的土壤中培植出企业的共同愿景并对共同愿景的演进保持一种前瞻的维护姿态。实践中，继任者对企业核心价值观的理解与尊重主要表现在：不论处在何种职位上，都对企业发展有强烈的责任感和使命感；遵守企业规章制度；具有奉献精神并激励他人效仿；从全局考量企业的经营战略和服务理念；对企业文化有深刻领悟并内化为信念和价值准则

续表

项　目	内　容
具备组织领导才能和成就意识	作为继任者，应该具备卓越的领导才能，善于配置企业的人力和物力资源，采取有效方式凝聚众人达成共同目标；在面对问题时勇于承担责任，这有利于增强自身感召力和组织权威，从而提高领导效能。继任者还应有强烈的成就意识，能够以积极的行为达成期望的目标
擅长人际协调和化解冲突	管理实践中最常见的行为是与人沟通，继任者应该具备出色的人际协调能力。多元化管理中不可缺少的是上下沟通和平行沟通，继任者只有善于运用合理的方式达成清晰、有效的沟通，才能减少或避免对方的抵触和反对情绪，达成目标
拥有核心知识或技能和优秀业绩	企业核心能力是指组织自主拥有的、能够为顾客提供独特价值的、竞争对手在短时间内无法模仿的各种知识、技能、技术、管理等要素的组合，它是继任者能够引领企业或部门实现良性循环的业务能力指标。继任者应该拥有推动企业发展的核心知识或技能并对市场发展有深刻的洞察力和预见能力，以应对管理实践中的复杂状况。同时，继任者在工作中应该有出色的表现，业绩完成的方式和对结果的评估与企业的经济效益和社会效益一致；其所在的团队具有比较优势和整合功能，能创造更多的价值并成为企业绩效体系中的支撑力量
持续的自我开发能力	继任者应具有自我开发的敏感性和规划性。首先，继任者应能够客观、全面地评估自己，善于从工作过程中总结自己的优势和不足，判断分析相应结果的环境因素和人员因素；其次，继任者应该拥有开放的心态，并不断拓展它的应用范围；最后，继任者应该保持学习的热情，构建与岗位匹配并能持续增长的知识、能力体系
保持高忠诚度和强烈的归属感	企业在管理手段上采取了更富弹性的雇佣机制，在组织建构上趋向于"扁平化"结构，而日益完善的市场体制和人才流动机制、社会保障体制为人才流动和职业转换提供了宽松的外部环境。企业员工在职业生涯规划上具有更强的自主性和发展空间，成员的组织承诺在很大程度上取决于企业的发展现况及其对企业的满意度，而企业也因为继任者的卓越才能而承受着更大的人才流失风险。因此，对企业的忠诚意识和强烈的归属感与责任感是对继任者适应性的重要考量指标。继任者应该不断调适自己的价值观以契合企业的核心价值，同时应具有以个人和企业互动促生关系为导向的价值评价体系，勇于面对困难和承担责任，使对企业的强烈归属感和责任意识成为群体行为选择的驱动因素

实操 22　如何实施接班人计划？

1. 评估关键岗位，确定继任需求

（1）明确企业战略和核心能力。不同的企业战略和核心能力决定了组织中有不同的关键岗位与核心人才。企业的战略和核心能力只有转化为对关键岗位的职责，才能保证核心能力的构建和战略目标的实现。因此，确定关键岗位、识别核心人才，首先要明确企业战略和核心能力需求。

（2）通过岗位评估来确定关键岗位、识别核心人才。企业发掘和培养顶尖人才的目的是确保合适的人在合适的位置上做正确的事。因此，通过岗位评估来确定关键岗位、识别核心人才是制订和实施核心人才继任计划的首要环节。岗位评估是确定企业中各个工作岗位相对价值的过程，主要是从岗位职责、工作强度、工作环境、任职资格、社会对该岗位的评价和员工因岗位产生的心理压力等特性方面进行评估。企业可以根据具体情况选择岗位评估方法，系统的岗位评估一般采用定量与定性相结合的方法，其中，定量评估是核心、基础，定性评估是参考和调整的依据。

（3）绘制核心人才继任需求表。核心人才继任计划的目的是发现并追踪高潜力人员，为关键岗位培养合格的继任者。因此，继任需求就需要从数量和质量两个方面来确定。在数量方面，评估企业现有继任候选人的需求量、现有量、短缺量；在质量方面，评估继任候选人的素质状况。在评估后，将继任需求信息汇总形成核心人才继任需求表。核心人才继任需求表的基本内容包括核心部门和关键岗位名称，核心人才继任者需求量、现有量、短缺量，以及核心人才继任者素质状况评估。一般来说，继任候选人的考核采取"差额制"，即候选者的数量大于继任者需求量，从而为核心人才计划的实施和控制阶段的调整留下余地。

2. 确定核心人才素质特征，构筑素质模型

（1）确定企业核心能力和企业战略目标。不同的企业战略目标和核心能力对企业核心人才的知识结构、能力要求和技术水平等素质特征的要求是不一

样的，企业只有把对企业的核心能力和战略目标的追求转化为核心人才素质特征的要求，才能确保合适的人在合适的位置上，运用合适的能力做合适的事情。

（2）确定素质类别相应的定义和典型的行为表现。在结合企业发展要求和文化特点的基础上，企业通过对业绩优秀人员与业绩一般人员的行为特点进行对比提取胜任素质特征并予以准确的定义，列举出典型的行为表现。不同种类核心人才的素质类别及其权重、相应的定义和典型的行为表现是不同的。

3. 选拔继任计划候选人

（1）确定企业核心人才继任计划选拔候选人的步骤，进行人才储备，要建立人才综合数据库。企业储备人才大致有四类，如图 8-9 所示。

图 8-9　企业储备人才分类

企业应通过绩效评估以及评价中心等能力测试手段定期充实人才信息。人才数据库除提供关于候选者的姓名、职务、学历、专业、工作经验和研究成果等常规性描述外，也应尽可能详细地描述其个性特征、兴趣爱好、社会关系、处事风格、特殊需求、价值观、工作态度或敬业精神等。人才数据库可以为核心人才继任计划提供大量准确的候选人信息。

（2）以素质模型为依据，识别人才发展潜力，为继任计划挑选候选人。继任候选人的筛选关键在于人才发展潜力的识别。素质的内在特征，如动机、自我评价、社会角色等，决定着人们的行为与工作绩效，是鉴别性素质，可以有效地区别高绩效与低绩效人员；而且这些特征是内在的、难以测量的，不太容易通过外在的影响来改变和发展。候选人发展潜力的识别应该以内在的素质作为主要评估因素，具体可以从对企业文化和发展战略的认同度、成就与权力需求、个性特征、持续自我开发能力和对企业的忠诚度和归属感等方面来识别。

4. 培养核心人才继任者

（1）以素质模型为基础为每个候选人量身定制培训方案。以素质模型为基础对候选人的素质进行综合测评，分析得出继任者的胜任素质排序。根据综合测试结果确定各项胜任素质的培训需求程度，为培训课程体系设计提供依据，使候选人培训做到有目的性、有针对性。此外，核心人才具有很强的自我成长意识，因此在制订培训计划时，核心员工的期望也是应该考虑的因素。

（2）培训的实施与控制。在培训过程中，候选人在岗位胜任力方面的优、缺点也会暴露出来，企业通过进行定期或不定期考核，将评价结果及时总结、反馈，帮助他们及时调整培养方案，来对继任者培养进程进行控制。在企业外部环境或内部战略发生变化时，对核心人才培养计划进行相应的调整。在确定候选人确实无法胜任相关职位或候选人离职的情况下，更换候选人。

5. 继任者培训计划的实施与反馈

岗位交接必须采用渐进的方式，选择适当的时机，逐步实现关键岗位的权力、职责、业务和职位的交接。继任者培训计划并非随着交接完成而结束。交接后企业要将继任者培训计划的实施效果列入企业督查范围，定期检查，跟踪效果。通过督察工作查找薄弱环节并分析原因，制定改进方法，不断优化程序，及时对较好的做法与经验做总结、推广。

实操 23　高层管理人员培训制度包含哪些内容？

高层管理人员培训制度的内容如表 8-22 所示。

表 8-22　高层管理人员培训制度的内容

项　目	内　容
高层管理人员应具备的职业素养	公司高层管理人员必须具备扎实的业务素质、创新意识和思想，应做到：① 不断开拓，勇于创新；② 勇于接受新事物、新思想、新观念，能够创造性地开展各项工作。 公司高层管理人员应具备的创新意识包括以下内容：① 经营理念上的不断创新；② 新产品的不断引进和开发；③ 不断开拓新市场；④ 不断开拓新领域

项　　目	内　　容
高层管理人员应具备的职业素养	公司高层管理人员应着重培养的职业素养包括以下内容。 ① 爱心、责任心、使命感； ② 独立经营的态度； ③ 谦虚、谨慎的生活态度； ④ 诚实、守信的经营方针； ⑤ 服务社会的高尚品质
高层管理人员应掌握的经营知识	公司高层管理人员必须以提高企业经营效益为目的。 高层管理人员应随时进行市场调查研究，根据市场的新变化不断调整经营策略，及时迎合迅速发展的市场需求，具体步骤如下。 ① 确定研究主题，明确研究的目标； ② 进行广泛的市场调查并对市场调查结果进行认真的分析研究； ③ 对竞争对手进行认真的分析调查； ④ 根据市场变化情况，确定营销策略

实操 24　中层管理人员培训制度包含哪些内容？

中层管理人员培训制度的内容如表 8-23 所示。

表 8-23　中层管理人员培训制度的内容

项　　目	内　　容
中层管理人员培训的基本目标	① 明确公司的基本战略目标和基本经营方针； ② 培训相应的管理和领导能力； ③ 培训相应的组织、协调和沟通能力
中层管理人员应坚持的事项	① 支持下属，理解下属，为下属的发展创造合理的空间； ② 合理安排，使下属有公平感； ③ 真诚守信； ④ 发布命令或进行指导时要善于思考
中层管理人员应具备的条件	① 具备相关工作的知识、技能； ② 熟练掌握本公司的管理方法； ③ 熟练掌握培训技巧； ④ 努力培养作为领导者应具备的高尚人格

续表

项　目	内　容
中层管理人员应具备的能力	① 计划能力：明确工作的目的和方针，掌握相关事实，以科学、规范的方式从事调查，拟定实施方案； ② 组织能力：分析具体的工作目标和方针，分析并决定职务内容，设置机构，制定组织图表，选任下属人员； ③ 控制能力：执行制定的客观标准和规范，严格实施标准，及时向上级反馈
中层管理人员应采用的指示方法	① 口头指示：条理清楚，切合主题，思想明确；确定实行的时间、期限、场所等；保证传达的明确性；明确注意事项；回答问题有耐心 ② 书面指示：明确标明目标，逐条列举；明确要注意的问题；必要时用口头指示补充；检查指示的执行程度
中层管理人员贯彻指示的要求	① 整理指示相关内容； ② 严格遵循、贯彻程序； ③ 确认下属已彻底理解指示； ④ 使下属乐于接受指示并改进他们的工作态度，提高工作效率
中层管理人员人际关系的处理要求	① 乐于接受批评和建议； ② 善于合作； ③ 不越权行事； ④ 不得将个人情绪带到工作中
中层管理人员接见下属的要求	① 选择适当的场所，以亲切的态度使下属放松； ② 涉及私人问题时为下属保密； ③ 留心倾听，适当询问，使下属无所不谈； ④ 应注意不要轻易承诺
中层管理人员维持正常工作关系的要求	中层管理人员为维持正常的工作关系应注意以下几点。 ① 认识到人是有差异的，尊重下属的人格； ② 把握下属的共同心理和需要； ③ 公平对待下属，不偏不倚； ④ 培养下属的工作积极性，重视他们的意见和建议并接纳他们的正确意见； ⑤ 妥善解决下属在工作和生活中遇到的问题
中层管理人员配置人力的要求	中层管理人员配置人力时应注意以下几点。 ① 根据每位员工的知识、能力安排合适的职位，做到人尽其才、才尽其用； ② 给下属以适当的鼓励，使其在工作中具有成就感，形成良好的开端，增强工作的积极性； ③ 有效地实施训练，增强下属的工作能力

续表

项　目	内　容
中层管理人员对待下属的要求	中层管理人员对待下属时应注意以下几点。 ① 不要对下属抱有成见或偏见； ② 不以个人偏好衡量下属； ③ 冷静观察实际工作情况，不要使下属产生受人监视的感觉； ④ 利用日常的接触、面谈、调查，多从侧面了解下属；严守下属的秘密；公私分明
中层管理人员发挥下属积极性的要求	中层管理人员发挥下属积极性应注意以下几点。 ① 适时对下属加以称赞，即使是细微之处也不要忽视，同时不可以忽视默默无闻、踏实肯干的下属； ② 授予下属权责后，不做不必要的干涉，同时尽可能以商量的口气而不是下命令的方式分派工作； ③ 鼓励下属提出自己的见解并诚心接受，尊重下属的意见； ④ 鼓励并尊重下属的研究、发明，培养其创造性； ⑤ 使下属充分认识到所从事工作的重要性，认识到自己是不可或缺的重要一员，产生荣誉感
中层管理人员批评下属的要求	中层管理人员批评下属时应注意以下几点。 ① 要选择合适的时间，要冷静，避免冲动； ② 选择适当的场所，最好是在无其他人在场的情况下； ③ 适可而止，不可无端地讽刺，不可一味指责； ④ 不要拐弯抹角，要举出事实； ⑤ 寓激励于批评
中层管理人员培养后备人选的要求	中层管理人员培养后备人选时应注意以下几点。 ① 考察后备人选的判断力； ② 考察后备人选的独立行动能力； ③ 培养后备人选的协调能力、沟通能力； ④ 培养后备人选的分析能力； ⑤ 提高后备人选的责任感和工作积极性

实操 25　基层管理人员培训制度包含哪些内容？

基层管理人员培训制度的内容如表 8-24 所示。

表 8-24　基层管理人员培训制度的内容

项　目	内　容
基层管理人员与公司内部各级的关系	基层管理人员是负责本公司实际工作的,他们与公司内部各级的关系如下。 ① 和上级的关系——辅助上级; ② 和下属的关系——指挥、监督下属; ③ 横向关系——与各部门同事互助协作
基层管理人员的基本责任	① 按预定工作进度、程序组织生产; ② 保证产品的质量; ③ 降低生产成本
基层管理人员的教育培训职责	① 向新员工解释公司有关政策、传授工作技术,指导新员工工作; ② 培训下属,使其有晋升机会; ③ 培训后补人员; ④ 其他教育培训职责
基层管理人员处理人际关系的要求	基层管理人员处理人际关系应注意以下几点。 ① 对下:进行家庭调查,举行聚会、郊游,为下属排忧解难; ② 对上:反映下属意见,遵循上级要求,提出自己的建议和看法; ③ 横向:与其他部门的同事通力合作; ④ 积极开展对外活动,树立良好的公司形象,形成良好的公共关系
基层管理人员必须具备的能力	① 领导能力及管理能力; ② 组织协调能力; ③ 丰富的想象力,敏锐的观察力; ④ 丰富的知识和熟练的工作技能
基层管理人员教育培训的种类	① 后备管理人员教育培训; ② 培训发展计划; ③ 再培训计划; ④ 调职、晋升教育培训
基层管理人员培训的考核要点	基层管理人员培训有以下几个考核要点。 ① 出勤率; ② 员工的工作积极性; ③ 产品的质量; ④ 原材料的节约情况; ⑤ 加班费用的控制

注: 高层管理人员和中层管理人员必须授予基层管理人员合理的权利并且进行必要的教育培训

第二节 案例精解

案例1 企业在制定培训规划时应做好哪些方面的工作?

某电器制造企业十分重视员工的培训开发工作,刚成立不久就制定了"人力资源职业技能培训与开发五年规划"。该规划明确规定,每年度基层员工的培训不少于30小时,基层管理人员的培训不少于60小时,中、高层管理人员的培训不少于80小时。2020年年底,人力资源部在对全公司各个部门进行培训需求分析的基础上,起草了"2021年全员培训开发规划",并责成培训主管根据该规划制定出各类人员培训项目的实施方案。

结合本案例,说明企业在制定培训规划时应做好哪些方面的工作。

【精解】

制定培训规划时,应当做好以下几个方面的工作。

1. 制定培训的总体目标

总体目标制定的主要依据是:① 企业的总体战略目标;② 企业人力资源的总体规划;③ 企业培训需求分析。

2. 确定具体项目的子目标

子目标的确定是在总体目标确定后,根据具体培训项目及阶段来制订的子项目或阶段性培训计划,包括实施过程、时间跨度、阶段、步骤、方法、措施、要求和评估方法等。

3. 分配培训资源

企业培训受人力、财力、物力等方面的条件限制,因此为减少浪费,提高培训效果,必须按轻重缓急为培训的各子项目或阶段性目标分配培训资源,以确保各项目标都有相应的人力、物力和财力支持。

4. 进行综合平衡

主要从四个方面进行综合平衡:① 在培训投资与人力资源规划之间进行

平衡；② 在企业正常生产与培训项目之间进行平衡；③ 在员工培训需求与师资来源之间进行平衡；④ 在员工培训与个人职业生涯规划之间进行平衡。

案例2　如何编制和实施管理人员的培训开发计划？

近年来，某大型制造集团先后从全国各类高校招聘了一大批毕业生，分配至各级经营管理岗位。2020年，集团人力资源部为了掌握这批新生力量的成长情况，进行了一次全面的摸底调查，调查内容包括人员岗位适合度、主管领导满意度、学习成长环境满意度以及培训需求等。集团人力资源部要求各下属子公司以及所属中心、研究院根据本次调查结果，结合各单位实际情况，编制2021年经营管理人员的培训开发计划。

根据本案例，回答下列问题：

（1）简要说明编制管理人员培训开发计划应遵循的基本原则。

（2）实施管理人员培训开发计划可分为哪几个阶段，各有何具体要求？

【精解】

（1）编制管理人员培训开发计划，应遵循的基本原则如下。

① 以"服务培训对象"为中心。经营管理人员培训的直接目的是帮助经营管理人员增补知识、提高技能、调整心态、转变观念、变革思维、确立正确的行为方式，最终提高管理绩效。

② 以需求驱动培训。企业员工培训必须服从企业整体的发展目标与战略，确立切合实际的培训目标和战略，这既对经营管理人员提出了更高的要求，同时又产生了新的培训需求。

③ 根据培训需求，确定培训计划、培训目标和任务。通过对培训需求的深入分析，可以选择内部培训与外部培训相结合、以内部培训为主的培训战略，制订分阶段实施的管理人员培训计划。

④ 在制订培训计划的基础上组织实施与评估。培训实施是培训的关键环节。

⑤ 完善培训激励、约束机制，促进培训成果转化。

（2）管理人员培训开发计划的实施包括以下三个阶段。

第一阶段：全面培训阶段。对全体管理人员分层次、有重点地进行常规管理知识和技能的培训。

第二阶段：定向提高阶段。对处于不同岗位上的管理人员进行有针对性的岗位管理知识与技能培训。

第三阶段：重点提高阶段。对部分确有发展潜力的经营管理人员进行重点培训，使其成为优秀的职业经理人。

案例 3 企业培训员工新知识为什么不受欢迎？

某公司新上任的人力资源部马经理在一次研讨会上学到了一些自认为不错的培训经验，回来后就向公司主管领导提交了一份全员培训计划书，要求对公司全体人员进行为期一周的 Office 办公软件技能培训，以提升全员的办公软件操作水平。不久，该计划书就获得批准，公司还专门下拨 15 万元的培训经费。可一周培训过后，大家对这次培训议论纷纷。除办公室的几名文员和 45 岁以上的几名中层管理人员觉得有所收获外，其他员工要么觉得收效甚微，要么觉得学而无用、浪费时间。大多数人认为，15 万元的培训费只买来一时的"轰动效应"。有的员工甚至认为，这次培训是新官上任点的一把火，是某些领导拿单位的钱往自己脸上贴金！听到种种议论的马经理感到非常委屈，想不明白此次培训的效果为什么这么不理想？在当今的竞争环境下，学点办公软件操作知识应该对每个人都是很有用的，怎么会不受欢迎呢？

根据本案例，回答下列问题：

（1）导致这次培训失败的主要原因是什么？

（2）企业应当如何把员工培训落到实处？

【精解】

（1）导致这次培训失败的主要原因包括：① 培训与需求严重脱节；② 培训层次不清；③ 没有确定培训目标；④ 没有进行培训效果评估。

（2）企业要把员工培训落到实处，需做到：① 培训前做好培训需求分析，包括培训层次分析、培训对象分析、培训阶段分析；② 尽量设立可以衡量的、标准化的培训目标；③ 开发合理的培训考核方案，设计科学的培训考核指标体系；④ 实施培训过程管理，实现培训中的互动；⑤ 重视培训的价值体现。

第九章

生产人员培训

第一节 实 务 操 作

实操 1 如何进行生产人员培训需求分析?

1. 生产人员培训需求分析的层面

生产人员培训需求分析的三个层面如表 9-1 所示。

表 9-1 生产人员培训需求分析的三个层面

分 析 层 面	内 容
组织分析	① 组织目标分析。明确、清晰的组织目标既对组织的发展起决定性作用,又对培训规划的设计与执行起决定性作用,所以组织目标决定培训目标; ② 组织资源分析。若没有确定可以利用的人力、物力和财力资源,就难以实现培训目标; ③ 组织特质与环境分析。主要是指对组织的系统结构、文化、信息传播情况进行全面的了解。组织特质与环境对培训具有重要的影响
职务分析	职务分析是指按照企业职务工作标准、担当职务所需要的能力标准(职能标准),对生产人员各职务工作(岗位)状况,尤其是对员工的工作能力、工作态度和工作成绩等进行比较分析,进而确定企业培训的需求结构
生产人员个人分析	生产人员个人分析是主要分析个体现有状况与应有状况之间的差距。例如,培训需求分析人员可对生产人员的绩效考核表进行分析,找出生产人员在绩效考核中不合格的项目并分析不合格项目是否需要培训、通过培训能否达到要求,以此作为确定生产人员培训需求的依据

2. 生产人员培训需求分析的方法及工具

进行生产人员培训需求分析以问卷调查法、访谈法、观察法为主(见表 9-2 至表 9-4)。

表 9-2　生产人员培训需求调查问卷

姓名		部门		职位	
任职时间		工作地点		学历	
培训经历	培训时间	培训地点	培训方式	培训内容	

一、调查内容

1. 简单描述您对公司企业文化的理解：

2. 您认为您在工作中需要哪些知识，目前还欠缺哪些方面的知识：

3. 您认为要干好您的本职工作需要哪些技能：

4. 简单描述您所负责的工作应达到的工作标准：

5. 简单描述您对您岗位工作安全的看法：

6. 您认为您目前急需提高的技能是什么（按由主要到次要的顺序排列）：

7. 您的职业生涯规划

短期目标：

中期目标：

长期目标：

二、对培训的建议

1. 最喜欢、最有效、最理想的培训方式是	□课堂讲授　　　　□小组讨论式 □角色扮演式　　　□演示法 □户外拓展训练　　□游戏训练 □其他　请说明：_____
2. 最能接受的培训时间是	□上班时间　　　　□休息日 □下班后　　　　　□无所谓
3. 合适的培训频率是	□每月一次　　　　□每两月一次 □每季度一次　　　□每半年一次
4. 其他需说明的内容	

表9-3 访谈记录表

访谈对象		访谈地点	
访谈时间		记录人	
访谈问题		记录内容	
描述一下您的工作流程			
您需要掌握哪些知识才能胜任本岗位工作			
您需要掌握哪些技术才能胜任本岗位工作			
您认为您的工作存在哪些不足			
您认为您目前迫切需要提高哪些方面的能力			
您认为比较有效的培训方式是什么			
生产设备如何保养（如有）			
……			

表9-4 观察记录表

观察对象			职务		
观察地点			观察时间		
观察内容（概括）					
工作流程					
内容	优秀	良好	好	一般	差
遵守生产纪律					
按工作流程工作					
工作中使用了工作技巧					
处理工作中出现的突发事件					
整理工作现场					
工作中的时间管理					
工作过程中具有安全意识					
工作过程中具有成本意识					
工作成果符合质量要求					
团队合作					
工作中的沟通					
整体工作状态					
需要改善的内容： 1. 2.					

实操 2　什么是生产人员培训需求分析报告？

生产人员培训需求分析报告即人力资源部以生产人员的培训需求调查信息和分析结果为基础，参考生产人员相关管理制度、生产人员历史培训等方面的记录，分析生产人员培训的必要性，确定培训目标和培训课程，形成包括绩效差距、企业对生产质量的新要求、建议培训课程等在内的书面报告。生产部各岗位培训需求如表 9-5 所示。

表 9-5　生产部各岗位培训需求

生产部岗位	专业知识与技能类培训	管理技能类培训	通用技能类培训
生产总监	全面生产管理； 精益生产管理； 生产成本控制方法；	卓越领导力； 有效会议管理； 有效激励员工；	目标管理； 团队管理； 企业文化；
生产部经理	生产计划控制； 制定生产规划； 生产品质管理	如何辅导和训练下属； 有效授权	项目管理； 创新思维训练； 安全生产管理
生产调度主管	生产计划执行管理； 生产进度控制	有效沟通； 生产组织与协商； 执行力的提升训练	
车间主任	目视管理； 看板管理； "5S"管理； 生产现场管理； 生产标准化管理； 质量管理工具与方法	现场管理者能力提升； 领导力； 有效执行； 冲突管理； 团队管理； 有效授权	企业文化； 目标管理； 态度决定一切； 压力与情绪管理； 人际关系； 安全管理
班组长	设备操作； 工装使用； 工艺流程的疑难点；	人员绩效管理； 有效激励员工； 冲突管理；	
一线操作工人	产品质量控制点； 物料与产品制程控制	如何与下属沟通； 团队管理	

实操 3   如何制定生产人员的培训目标?

生产人员的培训目标如表 9-6 所示。

表 9-6 生产人员的培训目标

培 训 目 标	内　　容
基本目标	通过培训,使培训对象掌握新知识、新技能,接受新观念和新理论,开阔视野,增强生产人员的职业竞争能力
	通过培训,弥补生产人员知识的不足,提高其职业发展能力,提供观念变革的动力,保证有效工作手段,改善员工和组织的绩效
	通过培训,优化生产人员的技能与专业知识结构,储备生产人才
	通过培训,使公司新的生产线尽快投入生产,进一步增强公司的市场竞争力
	通过培训,使生产人员掌握与新生产线有关的知识
	加强员工安全教育,提高员工工作技能,培养员工的责任心与职业素质,树立企业内部标杆,进而丰富员工生活,促进员工个人发展和公司整体发展
	调整员工的思想意识、价值观和行为规范,使其理解和贯彻公司的战略意图,调动其积极性,增强凝聚力
	使生产人员了解或掌握新生产线的管理知识和技能,进一步强化公司文化
	保证及改善产品的品质,控制与降低制造成本,提高生产效率
	了解现代制造业生产员工培训体系发展前沿
	从系统的角度掌握专业的生产员工培训体系
	深刻领悟生产员工培训体系的"六大模块"
总体目标	根据公司整体的战略规划,提高生产人员的专业技能,强化市场管理,提高企业市场占有率,增强企业在市场中的竞争力
	人力资源开发是企业文化建设的重要内容,是"以人为本"的体现。通过对员工的培训和开发,不断完善企业文化建设,使企业最终成为学习型组织,实现企业与员工价值和发展的统一

实操 4   如何进行生产人员培训?

1. 生产人员培训的程序和课程内容

生产人员培训的程序如图 9-1 所示。

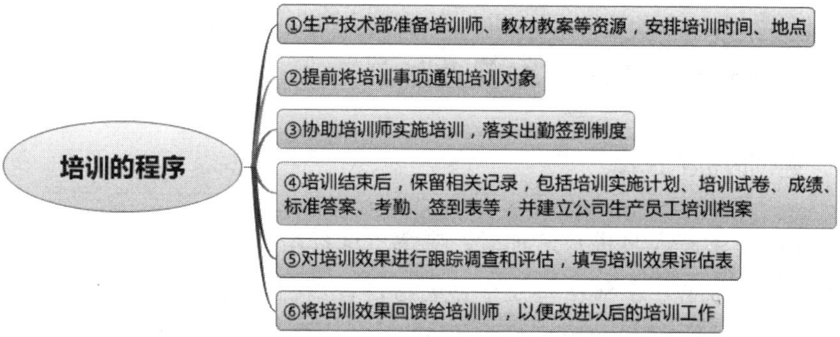

图 9-1　生产人员培训的程序

2. 培训课程的内容

生产人员培训的内容及对应课程如表 9-7 所示。

表 9-7　生产人员培训的内容及对应课程

培 训 内 容	课 程 名 称
企业基本情况	公司战略
	各分公司及销售网络、新生产线的建设
	产品种类及销售情况
	固定资产情况
	公司各项规章制度
角色定位	生产管理者的角色定位
生产现场管理	现场生产计划管理
	现场作业计划管理
	现场作业流程管理
	目视管理
	看板管理
品质管理	如何识别质量问题
	如何改进质量管理
	质量改善
成本管理	成本监督与差异纠正
设备和安全管理	设备管理
	安全生产
员工素质提升	如何给生产员工布置任务
	人际交往技巧与关系处理

实操 5 如何确定生产人员的培训时间？

1. 培训时机的选择

企业在对生产人员进行培训时，应慎重选择培训时间，否则会降低培训效果并造成资金浪费。比较适合对生产人员进行培训的时机如图 9-2 所示。

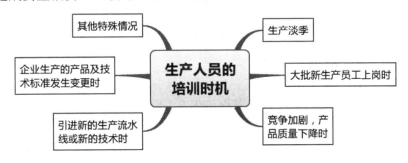

图 9-2 生产人员的培训时机

2. 培训时间的安排

生产经营单位主要负责人与生产管理人员的初次安全培训时间应不少于 32 学时，每年培训时间应不少于 12 学时，其他人员岗前培训时间不少于 24 学时。

煤矿、危险化学品、烟花爆竹生产经营单位负责人和安全管理人员的安全资格培训应不少于48 学时，每年培训时间不少于 16 学时，其他人员新上岗培训时间不少于72 学时，每年再教育时间不少于 20 学时。

实操 6 对生产人员进行培训时，如何选择培训师？

企业在对生产人员进行培训时，要根据企业的实际情况来选择培训师。根据培训目的与培训内容选择相应的培训师是企业提高培训效率、有效利用培训资源的关键。

例如，对生产人员进行企业结构、企业文化与人事制度等方面的培训，培训师应由企业人力资源部相关人员担任；对生产人员进行生产技术、设备操作与保养、生产安全知识等方面的培训，培训师则可以由生产主管或者经验丰富的老员工担任。

　　总之，企业选择培训师时，除了应对培训师所具备的能力进行细致的考查外，还应针对企业具体情况进行选择。首先，应该明确企业培训需求，根据企业培训对象确定培训师的层次；其次，以适合培训内容作为选择培训师的基本原则；最后，根据培训经费的多少选择合适的培训师。

实操7　对生产人员进行培训时，如何确定培训预算？

　　合理的培训预算是保证培训成功的物质前提，建立有效的培训预算体系不但能保证培训效果，而且能最大程度地节约培训成本。培训费用一般包括培训师费用、培训设施费、教材资料费、其他备用金等。针对不同的培训项目，培训预算的结构也是不同的。生产人员培训预算表如表9-8所示。

表9-8　生产人员培训预算表

编号			填表日期	
课程名称		日期	地点	
费用预算明细				
1. 教材			___ 元/本×____本=____元	
2. 培训师费用			____元/时×____时=____元	
3. 场地费			____元	
4. 管理费			____元	
5. 进修费			____元	
6. 其他费用			____元	
7. 预支费用			____元	
			共计：____元	
参加培训人员名单（计____人）				
部门	姓名		职称	备注

实操 8   对生产人员进行培训时，如何选择培训方法？

（1）生产人员的培训形式要不断创新，要想使技能培训常讲常新，就要使日常的技能培训和生产、安全紧密结合起来，着重培养团队成员将理论与实践相结合的能力以及分析、处理异常问题的能力，把培养"一专多能、一工多艺"的复合型人才的标准落实到团队技能培训中。同时，要注重生产人员培训的实用性。

（2）提倡以培训对象为中心、以培训对象自学为主的培训方式。这样，在学习过程中，培训对象可以调整学习进度，选择学习内容，充分发挥自己的个性、特长，从而充分调动学习积极性和主动性。

（3）深入生产一线，了解一线员工真正的培训需求，制订有针对性、有重点的培训计划，这样才能保证生产人员的培训质量，提高培训效果。

（4）对生产部门的新员工，可以采用师傅带徒弟的形式进行培训，这样不仅可以使师徒双方都得到提高，还有利于培养班组凝聚力。

（5）让各专业员工进行交叉式培训，如运行人员给辅助车间员工培训工艺流程的知识，辅助车间的员工为运行人员培训技术方面的专业知识，员工相互培训、共同提高，达到技能全面发展。

（6）对熟练工人，采用定期开展岗位练兵、技能比武等方式，以战带训。实践证明，岗位练兵、技能比武是调动各个层面的员工积极参加培训的有效方法之一，也是解决工、学矛盾的有效途径。

（7）通过建立科学、有效的培训评估体系，使员工业务技能的提高真正体现在绩效改进方面，将培训经过及时记录在员工绩效档案里，再及时加以激励，也就是让员工切实得到实惠，这样才能真正提高员工参加培训的主动性。

常用的生产人员培训方法如表9-9所示。

表 9-9　生产人员常用培训方法

培 训 方 法	内　　　　容	适 用 范 围
讲课法	由生产技术专家或技术精湛的老员工以讲课的方式向培训对象讲解生产知识	设备操作标准、生产技术、操作技巧、生产知识、生产人员职业素养等内容的培训
演练法	由技术人员在生产车间现场讲解和演示设备操作方法与生产技术，这种方法较直接，能够加深培训对象的学习记忆，便于培训对象进行模仿操作	新设备的操作演示、新技术的实际运用等内容的培训
讲座法	由生产技术专家以讲座的形式讲解相关知识	专业技术类培训
工作指导法	由技术人员或熟练的老员工对培训对象进行一对一的现场指导	新员工培训
多媒体教学法	培训师借助图片、视频或者课件进行现场教学	生产安全知识、生产设备操作与保养等内容的培训

实操 9　对生产人员进行培训时，如何制订培训实施计划？

1. 制作培训实施计划表

　　企业需要制作"培训实施计划表"，以确保培训计划有条不紊地实施。培训实施计划表主要包括培训课程的时间、进度安排，培训地点及培训讲师的选择等内容。生产人员培训实施计划表如表 9-10 所示。

表 9-10　生产人员培训实施计划表示例

	时　　　间		地　　点	事　　项	主　讲　人	使用设施、设备
第一天	上午	8:30～10:00	三楼会议室	受训人员集合；生产总监致辞；企业文化讲解	生产总监、人力资源部经理	多媒体
	下午	1:00～3:00	三楼会议室	行业标准、要求讲解；质量管理讲解	技术部经理	教材、录像
第二天	上午	8:30～10:00	第一车间	现场管理讲解；操作标准与技巧讲解	车间主任	教材、录像
	下午	1:00～3:00	第一车间	设备管理方法讲解；生产中常见问题的解决办法讲解	技术部副经理、技术总监	录像、多媒体

续表

	时 间		地 点	事 项	主 讲 人	使用设施、设备
第三天	上午	8:30～10:00	三楼会议室	安全生产讲解；时间管理讲解	技术部经理、培训主管	录像、多媒体
	下午	1:00～3:00	三楼会议室	团队协作讲解；人事经理致结束词	培训主管、人力资源部经理	教材

2. 发布培训通知

企业在制订完生产人员培训实施计划后，应在培训开始前 1～2 天发布培训通知，以便参加培训的生产人员进行培训前的准备。

3. 培训组织管理

在整个培训实施过程中，培训组织部门需做好两方面的管理工作，以确保培训效果，如图 9-3 所示。

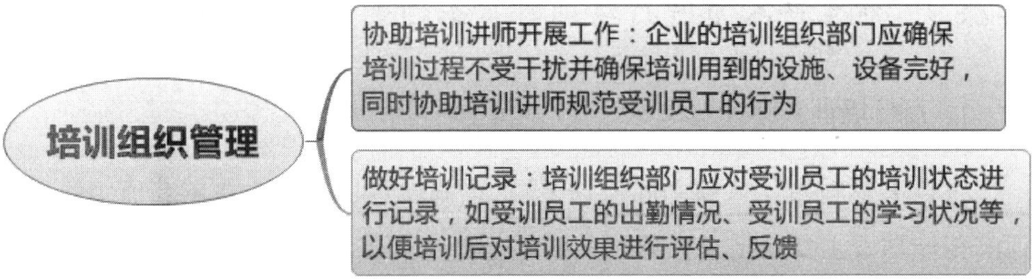

图 9-3　培训组织管理

实操 10　如何对生产人员培训进行信息反馈？

培训结束后，组织部门应及时与培训讲师、受训员工进行沟通，以对培训效果进行初步评估与反馈。生产人员的培训效果需要经过一段时间才能有所体现，因此培训组织部门可在培训结束一定时期后（一般至少一个月）与受训员工的主管联系，获取受训人员的反馈信息，评估培训效果，以此作为下次培训的改进依据。

生产人员培训信息反馈单如表 9-11 所示。

表 9-11　生产人员培训信息反馈单

各部门经理：

　　贵部门员工××、××、××参加了由人力资源部组织的关于××的培训，培训的主要内容涉及以下几个方面。

1.

2.

3.

　　为检验培训效果并进行改进，请您在以后两个月的工作中仔细观察受训员工的工作表现并反馈培训效果。

　　谢谢合作！

人力资源部
年　　月　　日

员工姓名		培训项目	
培训内容		培训后的工作表现	
1. 2. 3.			
员工姓名		培训项目	
培训内容		培训后的工作表现	
1. 2. 3.			
主管意见			
1. 2. 3.			

实操 11　生产人员培训评估的内容有哪些？

对生产人员培训的评估主要从三个方面展开，如表 9-12 所示。

表9-12　生产人员培训评估的内容

项　　目	内　　容
对培训讲师及培训课程进行评估	主要是对培训讲师的培训技巧、培训课程安排及培训内容能否解决生产中遇到的问题等方面进行评估
对培训组织工作进行评估	主要是对培训时间、地点、培训工作的组织情况等进行评估
对受训生产人员的培训效果进行评估	① 对受训人员掌握生产相关知识的情况进行评估，如评估受训人员对质量管理知识、产品标准知识等的掌握情况； ② 对受训人员掌握工作技能的情况进行评估，如评估受训人员对生产中的工作流程、工作技巧的掌握情况以及对突发事件的处理能力等； ③ 对受训人员在生产中的工作态度进行评估，如对出勤率、主动学习的能力等进行考查

实操 12　生产人员培训评估的方法有哪些？

生产人员培训评估的方法如表 9-13 所示。

表9-13　生产人员培训评估的方法

内　　容	评 估 方 法
学习效果评估	生产人员的学习效果评估主要评估生产操作人员从培训中学到哪些生产知识以及对知识的掌握程度，从而分析培训内容和方法对生产操作人员是否合适，评估培训是否达到了培训目标的要求。学习效果评估可采取测试、操作模拟、培训师评价等方法
反应评估	生产人员反应评估是指收集生产人员对培训讲师、培训内容、培训方法、培训设备和材料等各方面的反馈并进行综合评价。每次培训后都要做一次培训满意度的反馈调查，主要以现场发放调查表的形式完成。调查表应事先精心设计，主要涵盖总体评价、培训课程、培训讲师授课、培训组织、合理化建议等核心内容。同时，还应该通过现场观察培训氛围、培训纪律反馈、员工抽样访谈等方式进行补充调查
行为改变评估	生产人员的行为改变评估主要是衡量培训是否给生产操作人员的行为带来了改变。生产操作人员在接受培训后工作行为发生的可观察到的、良性的变化越大，说明培训效果越明显
培训成果评估	企业主要是通过分析培训后生产操作人员为企业的生产经营成果带来哪些贡献来评估生产操作人员的培训成果

实操 13　生产人员培训评估报告应包括哪些内容?

生产人员培训评估报告示例如表 9-14 所示。

表 9-14　生产人员培训评估报告示例

部门		姓名	
岗位		日期	
评估类别	□年度培训评估　□上岗培训评估　□转岗培训评估　□纠偏培训评估		
培训部门评估意见	1. 培训内容应当涵盖的范围: 　□GMP(良好生产操作规范)及相关法规 　□EHS(环境健康安全)　　□必要的专业技能 　□新颁布或修订的文件　　□新产品知识培训 　□新设备使用知识　　　　□岗位相关管理规程 　□岗位 SOP(操作规程) 2. 培训资料(包括试卷)是否较好地包含了应当培训的所有内容:□是　□否 3. 接受培训的人员是否认真参加了培训学习:□是　□否 4. 考试成绩或培训师的培训效果评价是否反映了培训实际情况:□是　□否 5. 培训的组织和实施是否有效:□是　□否,应采取以下纠正与预防措施: 　　　　　　　　　　　　　　培训责任人:　　　　日期:		
QA(品质保证)检查评估意见	1. 有无培训依据:□有年度培训计划　　　□有岗位培训计划或方案 　　　　　　　　□依据纠正与预防措施　□无培训计划 2. 培训计划是否经生产负责人审批或质量负责人审批:□是　□否 3. 培训实施符合计划或方案要求:□是　□否 4. 培训记录内容是否完整:□是　□否 5. 培训是否通过了考试或评价:□通过　□没通过　□没考试或评价 6. 培训是否符合规范要求:□是　□否,应采取以下纠正与预防措施: 　　　　　　　　　　　　　　检查人:　　　　日期:		
所在部门评估意见	1. GMP 法规、专业技能和岗位操作知识是否满足上岗要求:□是　□否 2. 本年度工作中是否出现偏差或其他培训相关问题:□是　□否 3. 与相同或相近岗位相比,该员工的岗位知识与技能水平: 　□一般　□较好　□有一定差距 4. 总体评价和建议: 　　　　　　　　　　　　　　部门负责人:　　　　日期:		

实操 14   生产人员培训管理制度包含哪些内容?

生产人员培训管理制度的内容如表 9-15 所示。

表 9-15   生产人员培训管理制度的内容

文件名称		培训管理制度		部门	
				文件编号	
				版本号	
				生效日期	
编写人		审核人		批准人	
1. 目的	使部门员工掌握部门规章制度,规范其行为、操作,提高员工的专业技能及质量意识				
2. 范围	适用于生产部员工培训的管理				
3. 职责	生产部门实施本规程				
4. 工作程序	培训计划的制订	培训计划根据部门员工的需求,初步确定培训课题			
		部门培训专员应在月底,根据部门实际情况制订次月详细的培训计划及考核方式(考核方式应规定合格标准)			
		如培训计划有变,应根据具体情况制定培训内容及考核方式(考核方式应规定合格标准)			
	培训原则与要求	坚持按需施教、务求实效的原则。根据公司改革与发展的需要和员工多样化培训需求,分层次、分类别地开展内容丰富、形式灵活的培训,增强教育培训的针对性和实效性,确保培训质量			
		坚持自主培训,立足自主培训,做好基础培训和常规培训,通过公司专业人员做好相关专业培训			
		坚持培训人员、培训内容、培训时间"三落实"原则并利用工作之余进行相关培训,具体如下。 ① 不能参加培训的人员应事先说明原因; ② 培训场地及用具由部门专员统一安排			
		部门员工要重视培训工作,切实有效地参与培训工作			
		培训需符合培训初衷,使员工的基础知识、专业技术得到真正意义上的提高			

续表

4. 工作程序	培训内容与方式	常规培训是指部门内部进行的一些基本的培训。 ① 新员工培训：见《员工入职考核方案》； ② 转岗培训。岗位培训内容主要包括岗位操作规程、仪器操作等。此培训由岗位生产组长负责，培训时间为1个月，1个月后对其进行考核，考核成绩≥80分且评定成绩≥80分表明通过并由岗位组长填写《员工转岗培训及评定记录》。此阶段要求员工能熟练掌握所分摊的工作并能独立承担。若考核未通过，由部门主管给出处理意见； ③ 定期培训，是指定期针对岗位员工进行的一项专业培训，目的是规范员工操作，加强规范操作意识。培训内容包括岗位操作规程以及与本岗位工作有关的理论知识。培训周期为技术岗位人员每年4月、8月、12月各培训一次；包装岗位人员每年6月、12月各培训一次
		非常规培训：此培训需按公司规定填写培训相关资料。 ① 全员培训。全员培训属于在岗培训，可针对岗位培训，也可组织全员培训，应根据培训计划实施； ② 专项培训。使用新设备、新设施前需对操作人员进行培训，该项培训由设备部实施；新工艺培训，该培训由研发部实施；其他专项培训
	培训评定	为保证培训质量，培训后可根据培训内容进行考核，针对不合格者进行再次培训、考核
	培训申请	跨部门的培训需写培训申请
	培训资料上交	培训讲师在培训前需将培训讲稿交至培训员处
		部分培训有关资料由培训员交人事部存档
5. 相关文件	《员工入职考核方案》	
6. 相关记录	《员工转岗培训及评定记录》	

第二节　案例精解

案例 1　生产型企业的培训计划方案应包括哪些内容？

随着公司生产规模和市场范围的不断扩大，某高科技生产企业现有员工的综合素质无法满足公司发展的需要。针对公司频频出现的技术问题和管理部门管理不到位等一系列问题，为全面提升员工技能素质，公司决定定期举办专门的培训。为了更好地完成所预定的目标，公司领导请负责培训的主管尽快制定出一份详细的公司培训计划方案。

那么，该公司培训计划方案应包括哪些内容？

【精解】

该高科技生产企业的培训计划方案应包括以下内容。

（1）需求分析实施的背景：因公司生产规模和市场范围的不断扩大，现有员工的综合素质无法满足公司发展的需要。

（2）开展需求分析的目的和性质：全面提升员工技能素质。

（3）概述需求分析实施的方法和过程：① 培训前期的准备工作；② 规划培训需求调查工作；③ 实施培训需求调查工作；④ 总结分析培训计划采用的方法，如面谈法、重点团队分析法等。

（4）阐明分析结果。

（5）解释、评论分析结果。

（6）附录：收集和分析材料用的图表、问卷、部分原始材料。

（7）报告提要：对报告要点的概括。

案例 2 培训师讲的课很好，可听课人数为什么会下降？

M 制造公司是一家皮鞋制造企业，拥有近 500 名工人。大约在一年前，公司失去了两个较大的客户，因为他们对产品过多的缺陷表示不满。M 公司领导研究了这个问题后一致认为：公司的基本工程技术方面还是很可靠的，问题出在生产线上的工人、质量检查员以及管理部门疏忽大意，缺乏质量管理意识。于是，公司决定通过开设一套质量管理课程来解决这个问题。

质量管理课程的授课时间被安排在工作时间之后，每个周五晚上 7:00～9:00，历时 10 周，公司不付给来听课的员工额外的薪水，员工可以自愿听课，但是公司的主管表示，如果一名员工积极地参加培训，那么这个事实将被记录到他的个人档案里，在加薪或升职时，公司将会予以考虑。

课程由质量监控部门的郑工程师主讲，主要包括各种讲座，有时还会放映有关质量管理的录像并进行一些专题讲座，内容包括质量管理的必要性、影响质量的客观条件、质量检验标准、检查的程序和方法、抽样检查以及程序控制等。公司里所有对此感兴趣的员工，包括监管人员，都可以去听课。

课程刚开始时，听课人数平均 80 人左右。在课程快要结束时，听课人数已经下降到 40 人左右。而且，因为课程是安排在周五的晚上，所以听课的人员都显得心不在焉，有一部分离家远的人员课听到一半就提前回家了。

在总结这一培训课程时，人力资源部经理评论："郑工程师的课讲得不错，内容充实，知识系统，而且他很幽默，使得培训引人入胜。听课人数的减少并不是他的过错。"

根据本案例，回答下列问题：

（1）你认为这次培训在组织和管理上有哪些不合理的地方？

（2）如果你是 M 公司的人力资源部经理，你会怎样安排这个培训项目？

【精解】

（1）对于 M 公司的这项培训，不合理的地方有以下几个。

① 没有对员工进行培训需求调查与分析，使得培训工作的目标不是很明确，也不了解员工对培训项目的认知情况。

② 培训时间安排不合理，在周五晚上进行培训，学员"心不在焉"，影响培训效果。

③ 没有对培训进行全程的监控，不能及时发现问题、解决问题。

④ 对培训工作的总结不够充分，没有对培训的效果进行评估。

⑤ 没有详细的培训计划，具体表现在受训员工的态度问题上，没有"制度上"的规定，不利于提高受训员工的学习积极性。

（2）作为 M 公司的人力资源部经理，在此次培训工作中应该做到以下几点。

① 首先进行培训需求分析，了解员工对质量监管培训的认识，了解员工的要求。

② 对培训做总体的规划，包括合理的培训时间、地点、培训经费预算、

培训讲师的安排甚至是对讲师的培训等。

③ 选派合适的人选对培训的全过程进行监控，及时发现问题、解决问题。

④ 培训结束时，对受训人员进行培训考核，以了解培训工作的效果。

⑤ 对培训总过程以及结果进行总结，保留优点，剔除问题、缺点，为下一次培训积累经验。

案例 3 如何针对一线员工进行培训考核和评估？

某公司是生产型企业，对于一线生产员工，结束入职培训后会进行评估及考核，考核方式是做考试题（一边培训一边做），但未采取闭卷。公司现没有培训管理办法，只是走流程。

对于这些一线员工，怎样进行培训后的考核及评估比较好呢？

【精解】

要想对入职培训进行评估考核，就需要先明确培训的目的，然后再确定如何评估、考核。

培训的目的包括：让员工了解所从事岗位，了解公司；帮助员工融入公司；向员工灌输企业理念和价值观。通过培训目的可以发现，有一些知识是需要员工了解的，有一些是需要员工掌握的。通过要求新入职员工掌握知识的程度不同，可以把评估分为以下两大类。

1. 对培训课程的评估

对培训课程的评估包括对培训内容、培训讲师的水平、培训的安排等进行评估，可以采取问卷调查的方式进行，以期改进培训的各项安排，达到预期的目的。

2. 对受训人员的评估

对受训人员的评估可以分为以下方面。

（1）对受训人员的态度行为评估。以课堂和课下观察为主，主要评估考察受训人员的学习态度、行为举止，一般可以由培训讲师给予评价。

（2）对受训人员掌握知识的考核评估。如规章制度、日常行为规范等是必须掌握的，可以采取闭卷的方式评估，也可以作为员工掌握、学习规章制度的一个依据。对企业理念、价值观、礼仪、公司基本情况等方面的评估考核，可以采取试卷和日后评价相结合的方式，试用期间，让同事、主管等人对新员工进行评价，评估其融入公司的程度。

入职培训后，只是一次考核评估是达不到应有的效果的，需要人力资源部门联合其他部门帮助员工尽快融入公司，同时引导员工尽快了解企业文化，使其认同企业文化并用企业价值观看待、处理问题。

该公司应完善培训管理办法，同时对各项工作表格及流程加以完善，切实把入职培训做好，起到应有的作用，而不是形式主义，浪费时间、人力和物力。

第十章

技术人员培训

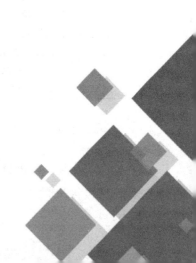

第一节 实务操作

实操 1 技术人员培训需求分析有哪些内容？

在对技术人员的培训需求进行分析时，技术人员、技术主管、技术经理、技术总监、人力资源经理以及外聘的咨询顾问等都应参与进来。技术人员培训需求分析的主要内容包括组织要求分析、任务要求分析及技术员工分析。

1. 组织要求分析

组织要求分析是指在组织经营战略条件下，判断组织中哪些员工和哪些部门需要培训，以保证培训计划符合组织的整体目标与战略要求。组织要求分析的内容如表 10-1 所示。

表 10-1　组织要求分析的内容

项　目	内　容
发展战略分析	根据企业的长远发展战略和年度发展重点确定技术人员应突破的要素,如技术总体水平、技术突破、产品生命周期、技术变更速度、技术发展趋势等。 若企业在一定时期内的发展目标是提高产品的市场占有率,那么企业就必须首先提高产品的生产量,引进先进的设备与技术,提高生产效率。这时,企业就需要对技术人员进行新技术的培训,否则技术人员无法掌握新的生产技术,就会影响企业未来的生产,进而导致企业无法顺利完成战略目标
现有资源分析	企业资源分析是指公司为找出具有未来竞争优势的资源,对所拥有的资源进行识别和评价的过程。这一过程包括确定公司拥有的资源,应用资源价值原理确定哪些资源真正具有价值。 企业资源分析主要是分析现有资源及资源的利用情况,还要分析资源的平衡性,确定战略的适应性,这样才能充分利用好企业的资源条件,以达到最好的培训效果

2. 任务要求分析

任务要求分析是指通过分析完成某项任务所需要的知识、技能和态度，确定与任务相关的各项培训内容并衡量各项培训内容的重要性和困难程度。

任务要求分析主要包括以下内容。

（1）根据组织的经营目标和部门职责选择有代表性的工作岗位。

（2）根据该工作岗位的说明书列出初步的任务及完成这些任务所需要的知识、技能和能力。

（3）工作任务和所需技能的确认，包括反复观察员工的工作过程；对有经验的员工、离休人员、部门主管以及做工作说明的部门负责人进行访谈，以对工作任务和所需技能进行进一步确认；向专家或组织顾问委员会再次求证，以确定任务的执行频率，完成每一项任务所需的时间、质量标准以及完成任务所需的技能和规范的操作程序等。

（4）制定针对培训需求分析的任务分析表，包括已经量化的指标，然后通过对技术人员的岗位技能调查分配培训任务，形成技术人员岗位技能调查表（见表 10-2）。

表 10-2 技术人员岗位技能调查表

姓名		调查时间	年 月 日	
技能方向	具体技能要求	1分（差）	3分（一般）	5分（娴熟）
业务要求	基本业务	率领小组成员完成业务的责任心、信心和恒心			
		先行发现难点并及时解决问题			
		协助确定企业技术发展方向			
	制订计划、编制文档	制订项目开发计划并对整个系统进行评估			
		检查、校正他人的技术文档			
	技术交涉与演示	与客户进行技术交涉并演示工作内容，向客户讲解			
	领导力	胜任一个项目的管理，领导小组成员达到目标			
		明确小组成员的培训目标、指导培训			

续表

技能方向		具体技能要求	1分 （差）	3分 （一般）	5分 （娴熟）
专业知识要求	整体技术	项目组中的技术专家，掌握国内外本行业的技术动向			
	计算机基础技术	计算机基础知识：模糊理论、神经网络理论等			
		基本软件：编程语言、分布式系统等			
		通信技术：了解计算机网络的基础知识			
	计算机系统技术	系统开发软件：掌握项目管理、系统开发基础知识以及系统构造方法			
		软件开发技术：掌握软件工程理论、最新研究成果、抽象描述方法			
		质量把关：提出质量改善建议并实施			
	其他相关技术	掌握窗口、编程技术，多媒体基础及应用技术，GUI 设计方法			
		掌握并会使用一些工具软件，如AutoCAD、软硬件集成化方法			
	英语水平要求	听、说、读、写流利			

3. 技术员工分析

技术员工分析是指从员工实际状况出发，分析现有情况与理想任务要求之间的差距，以形成制定培训目标的相关依据。技术人员本身对知识的掌握程度、个人能力水平、知识层面等均对培训需求产生一定的影响。

（1）个人能力分析。根据岗位说明书的要求，技术人员应具备较为扎实的专业技术、知识，一定的创新能力，较强的分析能力等。技术人员能力评估等级表（见表 10-3）调查汇总的结果是确定培训需求的重要信息来源。

表 10-3 技术人员能力评估等级表

能 力	能力级别及定义	员工自我评估等级	直接上级评估等级
专业技术能力	1. 勉强能完成任务，技术能力一般		
	2. 正确掌握专业技术		
	3. 熟练掌握专业技术		
	4. 有良好的专业技术素质		
	5. 专业技术高超		
实际应用能力	1. 只有在他人的指导和协助下才能解决一般性问题		
	2. 有效解决企业中出现的一般性技术问题		
	3. 有效解决企业中出现的较为复杂的技术问题		
	4. 能解决企业中出现的新问题及很棘手的技术问题		
分析思维能力	1. 对出现的新问题、新状况，几乎没有自己的想法和思路		
	2. 分清问题的基本关系，对问题进行简单的分解		
	3. 对较为复杂的问题，能迅速发现线索并找出问题产生的原因		
	4. 能够运用多种技术和方法，对面临的较为复杂的问题进行分析并找出解决的对策		
创新开拓能力	1. 一般，偶尔提出较有新意的想法		
	2. 较好，经常能提出比较有创意的想法		
	3. 较强，能在他人成果的基础上进行改造，取得成功		
	4. 很强，具有一定的自主研发能力且研发成果获得了国家专利		
信息敏感能力	1. 对本专业的前沿知识了解得不多		
	2. 能通过各种媒介对本专业的发展趋势有一个基本的把握		
	3. 能通过各种媒体和其他调研方式对本专业及其相关知识的发展趋势做出正确、及时的判断并能写出翔实的分析报告		
	4. 能快速获取最新信息并能较快地运用到实际工作中		
团队合作能力	1. 服从上级工作安排，但表现出不满意		
	2. 服从上级安排并积极协调其他成员工作		
	3. 团队合作意识强，主动与其他成员进行工作上的协调		
	4. 能引导他人协调一致地开展工作		

（2）知识水平分析。技术人员的知识水平主要体现在知识的广度和专业知识的深度两个方面，具体级别分析如表 10-4 所示。

表 10-4　技术人员知识水平级别

级　别	知识水平标准	所属级别
一	1．广博的知识面，深厚的专业理论基础 2．全面了解所属行业的工艺、设备技术 3．全面掌握最新技术发展	（请确认技术人员的知识水平所属的级别）
二	1．广博的知识面，良好的专业理论基础 2．全面了解所属行业的工艺、设备技术 3．掌握技术领域的最新发展	
三	1．良好的专业理论基础 2．广泛了解所属行业的工艺、设备技术 3．了解技术领域有关方面的最新发展，能将市场信息转化为技术决策	
四	1．良好的专业理论基础 2．掌握所属行业的工艺、设备技术原理 3．掌握开发的全过程 4．能把握项目整体，解决项目开发中的关键技术问题 5．能根据实际情况做出针对性技术调整方案	

（3）个人发展需求分析。调查技术人员个人发展需求，可以查阅人力资源部相关资料的记载，也可以通过座谈法来获取部分信息。

需要注意的是，在开始座谈会之前，需要准备好座谈表，以便控制座谈进度和记录座谈内容，同时要注意对座谈会氛围的掌控。

实操 2　什么是技术人员培训需求分析报告？

人力资源部需要以培训需求分析过程与结果为基础，参考企业相关的技术人员管理制度与企业培训记录等资料，分析技术人员培训的必要性，确定培训目标与培训课程，形成培训需求分析报告。培训需求分析报告包括培训需求调查结果及分析、技术人员现状、企业对技术的新要求、建议培训课程等方面的内容。

1. 技术人员的技术能力分析

职业技术能力的高低直接决定了专业技术人员职业生涯发展的好坏。职业发展与职业技术能力存在密不可分的联系，而职业技术能力是一个比较复杂的具备多种内涵的概念。专业技术人员的职业技术能力分为四个维度，如图 10-1 所示。技术人员需要从这四个维度出发，通过培训提高胜任力，提升自己的技术能力，使自身条件满足岗位要求。

个体生理健康、心理健康、适应环境的能力　健康与环境素质维度　职业技术能力的维度　个人能力维度　洞察能力、应变能力、分析判断能力

独立性、竞争意识、自我调节能力、团队合作能力　理念素质维度　人格特质维度　质量导向、激情活力、自信心、主动性

图 10-1　职业技术能力的四个维度

2. 企业对技术的新要求

技术人员的培训需求离不开企业的有效支持。一方面，应该强调个人对自己负责；另一方面，企业为了使专业技术人员能够满足自身的发展需要，应该采取一些措施，帮助专业技术人员进行职业发展。企业可以为专业技术人员安排一些具有挑战性的工作，提供具有发展性的劳动关系支持，提供职业发展信息和发展资源等。

随着科学技术的快速发展，企业对技术的要求也越来越高，技术人员只有加强培训，与时俱进，不断提高自身的技术水平，才能在企业甚至是社会中站稳脚跟。此外，技术人员的职业生涯发展应该在对社会环境、经济环境和组织环境有效认知的基础上进行，技术人员应将社会、组织与个体的职业生涯发展进行有效的融合。

3. 市场对技术的新要求

在社会主义市场经济条件下，职业生涯发展的参与主体在市场机制的作用下主动地、积极地实现职业生涯发展目标，具体表现为专业技术人员强调实现自己的权利，从而使自身的权益达到最大化。由于组织和员工个人都开始自觉、主动地开展职业生涯发展规划和管理，因此两者在利益上的冲突使得双方为了发展而不得不走向初步融合。但是，组织对员工职业发展的规划基本上是站在企业的角度上进行的，较少考虑员工的接受能力和心理需要。

专业技术人员在进行自身职业选择和职业生涯规划的过程中，在就业及生活的压力下，往往不得不主动迎合社会的需要而改变自己的职业生涯规划。在某种程度上，其个人的发展仍旧是不够充分的，组织和社会仍然处于强势地位。市场对技术有新要求，这也促使技术人员更加积极、主动地参加培训活动，力求提高自身的职业技能水平。

实操 3　如何制定技术人员的培训目标？

企业对专业技术人员进行培训，根本目的是实现公司需求和个人发展的统一，切实推进专业技术人员专业能力的不断拓展和提高，确保专业技术人员严格履行岗位职责。具体培训目标是：让新加入公司的技术人员了解公司所能提供给他们的工作环境及公司对他们的期望和要求；使他们明白自己的工作职责，加强与同事之间的联系；通过培训提高员工解决问题的能力并为员工提供寻求帮助的渠道。

培训可进一步提高专业技术人员的素质和技能，具体如表 10-5 所示。

表 10-5　专业技术人员应具有的素质和技能

项　　目	内　　容
强烈的责任心	衡量每个专业技术人员的工作成绩依靠的不是工作时间的长短，而是其责任心和完成的工作量。只有在工作中具备强烈的责任心，才有可能在工作中取得好成绩
较强的自学能力	在激烈的社会竞争中，一个不善于学习，接受不了新知识、新方法、新技能的人是没有潜力的，更无发展前途可言
较强的应变能力和突破精神	任何事物都不是一成不变的，人们不应满足于现有的成绩和工作方式，而应尝试新的方法
较强的团队合作精神	个人的力量是有限的，只有发挥整个团队的作用，达到团队效益最大化，才能克服困难，获得更大的成功
较强的沟通技巧	良好的沟通有助于提高技术人员的专业技能水平，使他们端正工作态度，增强对企业的归属感。专业技术培训、流程再造、团队合作意识的增强有利于提高技术人员的工作效率

专业技术人员是企业技术创新的主要力量，因此对他们进行培训有利于技术创新。对技术人员开展技术、产品培训和相应的市场培训有利于技术人员开发适合市场需求的产品，从而增强企业的技术优势，提高企业的竞争力。

实操 4　如何设置技术人员培训课程？

1. 培训课程设置的原则

技术人员培训课程设置的原则如图 10-2 所示。

图 10-2　培训课程设置的原则

企业应建立技术人员培训情况反馈制度，将培训过程的考核情况及结果与技术人员本人培训期间的奖金挂钩，实现技术人员培训意识的增强。加强公司专业技术人员的培训有利于提高其技术理论水平和专业技能，提高科技研发能力、技术创新能力和技术改造能力。

2. 培训课程的内容

（1）由各专业副总工程师、总工程师定期做专题技术讲座并建设公司自己的远程教育培训基地，进行新工艺、新材料及质量管理知识等专项培训，培养创新能力，提高研发水平。

（2）组织专业技术人员到同行业先进企业学习先进经验，以开阔视野并计划安排一定人员到单位内参观学习。

（3）加强对外出培训人员的严格管理，培训后培训人员要写书面材料报给培训中心，必要时在公司内学习、推广一些新知识。

（4）对需要通过会计、经济、统计等职称考试的技术职务人员进行计划培训和考前辅导，提高其职称考试的合格率。对工程类等通过评审取得专业技术职务的专业人员，聘请相关专业的专家做专题讲座，多渠道提高专业技术人员的技术等级。

（5）技术人员培训课程设置需要用到技术人员培训计划表和技术人员培训记录表，格式可参考表 10-6 和表 10-7。

表 10-6　技术人员培训计划表示例

培训计划表						
年度	培训内容	时间	参加人员	部门	培训方式	考核要求
2018 年	技术人员岗位职责培训	2018 年 6 月	研发人员	技术部	讲解	交流
	研发技能培训	2018 年 11 月	研发人员	技术部	现场会议	交流
2019 年	新员工入职培训	2019 年 6 月	新入职员工	技术部	讲解	交流
	设计和开发	2019 年 11 月	研发人员	技术部	宣讲、交互讨论	交互讨论、增强理解
2020 年	研发技能培训	2020 年 6 月	研发人员	技术部	授课	实践检验
	专业理论知识	2020 年 11 月	研发人员	技术部	授课	实践检验

表 10-7　技术人员培训记录表示例

日期：××××年××月××日	培训题目：技术人员岗位职责培训	培训部门：技术部
地点：会议室	培训方式：讲解	

参加培训人员：技术部全体人员（共 30 人）

培训内容摘要：

主要议题：技术人员岗位职责明细

　　1. 负责公司产品与部件设计图纸、工程图纸、工艺图纸的制作、修图及相应的产品开发。

　　2. 根据客户的图纸、加工要求和需要加工的部件等，结合自己厂的设备、工人等条件，合理地采用适合我们厂加工的工艺。

　　3. 将定单工艺、图纸交于上级领导签字后交给生产部并说明加工难点，下车间跟踪工艺过程，思考是否可以改进工艺等。

　　4. 负责图纸的解释及技术指导。

　　5. 负责所辖产品的可靠性分析及其故障分析、处理。

　　6. 负责本专业新进员工的培训。

　　7. 做好产品规格说明书及相关技术资料的编写工作，做好质量手册、程序文件的归档整理

考核方式及成绩：

　　1. 考核方式：现场提问

　　2. 培训成绩：全部考核人员成绩合格

考核合格率：100%

培训效果评价：

　　通过此次培训学习，技术部技术人员加深了对今后工作内容及详细职责的了解，为技术人员的工作提供了坚实的理论基础和合理的工作规划。本部门技术人员的专业素质有很明显的提高，培训效果很好。

记录人：××	××××年××月××日

实操 5 适宜开展技术人员培训的时机有哪些？

适宜开展技术人员培训的时机如图 10-3 所示。

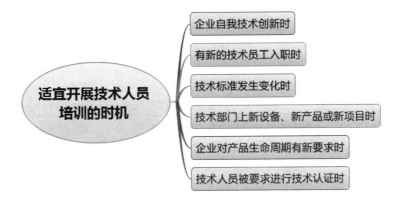

图 10-3 适宜开展技术人员培训的时机

实操 6 如何确定技术人员的培训地点？

培训地点的选择受培训内容和培训方法的影响，由于培训内容与培训方法不尽相同，因此培训地点也应有所不同。

（1）如果采用讲授法、研讨法、案例分析法及多媒体教学法等培训方法，培训地点可以选在企业内部培训室、会议大厅或酒店等培训场所。

（2）如果采用演示法、模拟法、现场指导法等培训方法，培训地点可以选在技术研究室或外部培训场所。

（3）如果采用认证培训的方式，可以去外部的专业培训机构进行培训。

实操 7 对技术人员进行培训时，如何选择培训师？

技术人员培训选择培训师要考虑的因素如表 10-8 所示。

表 10-8　技术人员培训选择培训师要考虑的因素

项　目	内　容
扎实的技术基础	十分熟悉设计图纸、能看懂标准图集、了解技术规范、精通基本工具、精通常用软件、熟悉操作流程、抓准技术实施重点、摸透人机效率以及紧跟市场行情
准确、灵活地把握培训对象的需求	一名合格的技术培训师要对培训对象的需求进行认真分析并能够换位思考。课前调研的客户需求与课中的需求不一致是由调研对象不够全面或被调研对象不积极参与造成的。客户高层与培训对象的需求不一致，可能是由大纲达不到高层要求或按照大纲设计的内容不符合培训对象的需求以及课程效果评估差造成的
精练的思想	技术培训的内容包括技术思想思路、知识经验、技术信息三个方面。知识经验和技术信息仅对有现实需要的人有吸引力，技术培训师拔高的地方就在于技术思想思路，精练的技术思想会使培训产生事半功倍的效果
激发兴趣的案例	培训对象在课堂上不只是听技术，更多的是学技术、用技术，在技术思维活动中发现技术的魅力，从而感受技术的价值和意义。培训师应该精心设计培训对象乐于探究的与生活密切相关的问题、案例，巧妙地处理课堂内意外生成的学习资源，有效地捕捉培训对象稍纵即逝的思维火花，为下一步培训创造良好的契机，提供令培训对象喜欢的探究形式，使原本平淡的课堂富有趣味性，使技术学习更加真实、有效
独特的个人魅力	技术培训师要培养独特的个人魅力，首先应该从个人的仪表和状态上下功夫，做到衣着得体、干净、干练；然后是内在，最好具备活跃的思维、丰富的肢体语言以及广博的专业知识。具备独特个人魅力的培训师既能感染培训对象，又能受到培训对象的尊重
熟练的控场技巧	控场考虑的是对培训对象的引导和把握，培训师应将培训对象的注意力集中到课题上，制造冲击力，使培训对象兴奋起来。课程内容应简短、清晰，培训师应结合主题或培训对象需求进行讲解，引起培训对象的好奇心，营造积极的学习气氛

实操 8　对技术人员进行培训时，如何确定培训预算？

在培训项目开始时，估算培训费用有利于控制培训成本和合理地为各项培训工作分配资源。技术部门培训预算编制流程如图 10-4 所示。

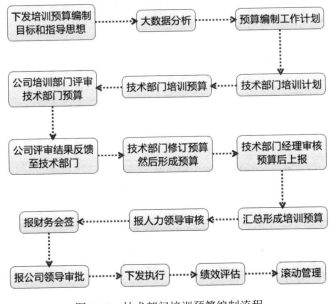

图 10-4　技术部门培训预算编制流程

实操 9　对技术人员进行培训时，如何选择培训方法？

常用的技术人员培训方法主要包括普通授课、工作指导、安全研讨、录像和多媒体教学、认证培训等（见表 10-9）。

表 10-9　常用的技术人员培训方法

培 训 方 法	操　　作	适 用 范 围
普通授课	① 由技术专家或经验丰富的技术人员讲解相关知识； ② 应用广泛，费用低，能增加受训人员的实用知识； ③ 单向沟通，受训人员参加讨论的机会较少	企业及产品知识、技术原理、心态及职业素养等的培训
工作指导	① 由人力资源部经理指定指导专员对受训人员进行"一对一"指导； ② 受训人员在工作过程中学习技术、运用技术	操作流程、专业技术技能培训

续表

培训方法	操作	适用范围
安全研讨	① 由生产安全、信息安全管理者主持，受训人员参与讨论； ② 双向沟通，有利于掌握"安全"的重要性和相关规定	安全生产、操作标准培训
录像和多媒体教学	① 将生产过程记录下来，供受训人员学习和研究； ② 间接的现场式教学，节省了指导专员的时间	操作标准及工艺流程培训
认证培训	① 业余进修方式，参加函授班的学习； ② 培训结束后参加考试，合格者会获得证书； ③ 部分人员仅仅为了获得证书而参加培训	专业技能培训

实操 10　对技术人员进行培训时，如何制订培训实施计划？

为提高专业技术人员的专业技能和能力并实现"一专多能"的目标，更好地发挥专业技术对产品研发、生产及技术保障的指导作用，让公司在未来的行业市场中拥有较强的竞争力，稳定、快速地向前发展，企业应结合技术部现有的实际情况制订技术人员培训实施计划，如表 10-10 所示。

表 10-10　技术人员培训实施计划示例

日　期	培训内容			
6月1日	8:30～10:00	10:30～12:00	14:00～15:30	16:00～17:00
	培训动员大会	技术人员职业操守与规范	新技术研究与学习	新技术研究与学习
6月2日	8:30～10:00	10:30～12:00	14:00～15:30	16:00～17:00
	生产安全管理	车间消防安全知识	生产管理系统学习	参观生产车间实地学习
6月3日	8:30～10:00	10:30～12:00	14:00～15:30	16:00～17:00
	设备操作与保养	个人目标管理	时间管理	培训总结

实操 11　在培训计划实施过程中，如何做好监督管理工作？

在培训计划实施的过程中，相关组织部门应做好以下监督管理工作。

1. 明确培训纪律

（1）参加培训时应注意听讲和记录，手机需调为振动状态。

（2）培训对象可提问、交流，研讨时要积极参加讨论。

（3）培训前需安排好手头工作，紧急事务可随时请假处理。

2. 做好培训记录

相关组织部门应对员工培训的进度及效果等情况进行记录，以便对培训对象的培训情况有所了解。具体可采用员工培训考勤记录表和员工培训考核记录表（见表 10-11 和表 10-12）。

表 10-11　某公司员工培训考勤记录表

培训课程	培训师	培训时间	填表时间
所属部门	培训对象姓名	签到时间	签退时间
出勤人数	总人数	缺勤人数	出勤率
迟到人员			
早退人员			
记录者			
备注			

表 10-12 员工培训考核记录表

培训日期		培训时间		培训课时	
培训地点		培训方式		培训人数	
组织单位		授课人		评估人	
培训内容					
培训教材					
培训、考核方式	培训方式：□课堂讲解　　□实践，在合格人员指导下操作 　　　　　□在岗培训　　□自学 培训考核：□面试或口头提问　　□笔试　　□技能演示				
单位	培训对象	考核成绩	单位	培训对象	考核成绩	单位	培训对象	考核成绩
考核确定人			审核人		

备注：
1. 培训对象确认已掌握培训内容后，方可签名。
2. 没有掌握培训内容的培训对象需接受再培训。
3. 培训效果必须经确定人认定、审核人审批，确定人和审核人由培训组织单位指定。
4. 培训结果应记入个人培训档案并更新个人安全培训计划及记录。
5. 考核结果只填写合格或不合格

实操 12　技术人员培训评估包含哪些方面的内容？

技术人员培训评估的内容如表 10-13 所示。

表 10-13 技术人员培训评估的内容

项　目	内　容
对培训师及课程的评估	主要是对培训师的授课技巧、教材的质量、培训课程设置等项目进行评估
对培训组织工作的评估	对培训需求调查、培训场所、培训时间、培训食宿等各项工作的安排进行评估
对受训人员培训效果的评估	① 评估受训技术人员的知识水平，即主要评估技术人员对培训课程的掌握程度及技术水平提高的程度； ② 评估受训技术人员的工作态度，即在培训后对技术人员的工作激情、热情、态度等方面进行评估； ③ 评估受训技术人员的工作绩效，即考核其月度、季度及年度生产任务是否按时完成，技术水平是否比培训前有所提高

实操 13　技术人员培训评估的方法有哪些？

1. 测试法

测试法是用于评估技术人员对所培训知识及专业技术能力的掌握程度的一种方法。该方法是由培训师或培训组织人员编制试题，在培训结束后对技术人员进行试卷测试。测试法实施的关键是设计一份合理的、能反映培训对象实际学习效果的试卷，格式可参考表 10-14。

表 10-14 技术人员培训测试题示例

单位名称（项目部名称）：	岗位：	姓名：

一、判断题（共 30 分，每小题 3 分，将答案填进对应的括号内，对的打"√"；错的打"×"）

1. 基坑边坡系数越小，边坡越不易坍塌。（　　　）

2. 为了文明施工和保证砂浆质量，在城区宜使用预拌砂浆。（　　　）

3. 水平砂浆层在砌体结构内的作用主要是保证砖的均匀受压，如果砂浆不饱满，则砖会受弯、受剪和局部受压。（　　　）

4. 钢筋冷拉后表面不应发生裂纹或局部颈缩现象，且拉伸和冷弯试验应符合规定的要求。（　　　）

5. 混合砂浆中石灰膏的主要作用是增加砂浆强度。（　　　）

6. 交叉钢筋网片利用点焊以代替人工绑扎是生产机械化和提高工效的有效措施。（　　　）

7. 混凝土施工缝宜留在结构受拉力较小且便于施工的部位。（　　　）

8. 中级墙面抹灰的质量要求是阴阳角找方，分层赶平、修整、表面压光。（　　　）

9. 砂浆在砌体结构内的作用主要是将砖块成为一个整体。（　　　）

10. 对混凝土拌合物运输的基本要求是混凝土不离析、保证规定的坍落度、在混凝土初凝前有充分时间进行浇注施工。（　　　）

二、单项选择题（共 30 分，每题 5 分）

1. 下列施工过程不属于混凝土工程的主要环节的是（　　　）。

　　A. 混凝土制备与运输　　　　　　　　B. 浇筑与捣实

　　C. 绑扎钢筋　　　　　　　　　　　　D. 混凝土制备与浇筑

2. 内部振捣器振捣混凝土结束的标志是（　　　）。

　　A. 有微量气泡冒出　　　　　　　　　B. 水变浑浊

　　C. 无气泡冒出且水变清　　　　　　　D. 混凝土大面积凹陷

3. 内部振捣器除了插点要求均匀布置外，还要求（　　　）。

　　A. 快插快拔　　　　　　　　　　　　B. 快插慢拔

　　C. 只插不拔　　　　　　　　　　　　D. 慢插快拔

4. 抹灰工程应遵循的施工顺序是（　　　）。

　　A. 先室内后室外　　　　　　　　　　B. 先室外后室内

　　C. 先下面后上面　　　　　　　　　　D. 先复杂后简单

5. 喷涂抹灰属于（　　　）。

　　A. 一般抹灰　　　　　　　　　　　　B. 中级抹灰

　　C. 高级抹灰　　　　　　　　　　　　D. 装饰抹灰

6. 大体积混凝土早期裂缝是因为（　　　）。

　　A. 内热外冷　　　　　　　　　　　　B. 内冷外热

　　C. 混凝土与基底约束较大　　　　　　D. 混凝土与基底无约束

三、简答题（共 40 分，每题 20 分）

1. 简述绿色施工的原则。

2. 简述灰土地基分段施工时留槎及接茬的方法。

2. 观察法

对于生产流程和操作规范类培训的效果，可以采取观察法进行评估，需要用到培训效果观察记录表（见表 10-15）。

表 10-15　培训效果观察记录表

培训课程	生产流程和操作规范培训		培训日期	年　月　日
观察对象	受训技术人员回到岗位后的全部工作过程		观察记录员	
项目	具体内容			
观察到的现象	培训前	1.		
		2.		
		3.		
	培训后	1.		
		2.		
		3.		
结论	1.			
	2.			
其他特殊情况				

3. 问卷调查法

问卷调查法的适用范围较广，涉及培训课程、培训师、培训组织、培训对象参与程度等内容。评估人员可以根据需要制作问卷，示例如表 10-16 所示。

表 10-16　技术人员培训效果调查问卷示例

调查对象	调查内容	不满意	满意	很满意
培训组织	您对此次技术培训的总体评价如何			
	您觉得本次技术培训的主题如何			
	您对本次技术培训的组织和安排工作做何评价			
培训课程	课程内容安排			
	培训教材的技术含量			
	培训内容能否解决您在工作中遇到的技术难题			
	您对这种边生产边操作的培训方式做何评价			
	培训对象参与程度如何			
	您对本次培训活动中技术方面的课程做何评价			

续表

调查对象	调查内容	不满意	满意	很满意
培训师	培训师的实战经验			
	培训师的技术水平			
	培训师的实际操作水平			
	培训师的语言运用技巧			
	培训师授课的重点是否突出			
	培训师回答问题的准确性			
	培训师讲授内容的实用性			

4. 成本-收益分析法

成本-收益分析法的基本原理是针对某项支出目标，提出若干实现该目标的方案，运用一定的技术方法计算出每种方案的成本和收益，通过比较并依据一定的原则，选择最优的决策方案。由于培训涉及组织者、培训师、培训对象等多个主体，因此在进行技术人员培训成本与收益分析时，应当考虑培训的直接费用与间接费用（见表10-17）。

表10-17　技术人员培训成本与收益分析内容

培训成本		培训收益
直接费用	间接费用	
培训师酬劳 场地租金 培训器材费 培训教材费 ……	组织人员时间成本 培训对象时间成本	生产率提高 次品率下降 员工个人行为改善

实操 14　如何撰写技术人员培训效果评估报告？

人力资源部将各种评估表格、评估信息进行分类、整理，就形成了培训评估报告（见表10-18）。由于技术培训所取得的效果具有一定的滞后性，所以对技术人员培训效果的评估不可操之过急。

表 10-18 技术人员培训效果评估报告示例

课程名称	研发项目管理	培训师	李××
培训评价单位	人力部、技术中心	报告编制	××××××

一、出勤情况

出勤率汇总及排名

序号	单位	培训执行率	缺勤情况	
			无故缺席	请假
1	管理部	100%	—	
2	销售公司	100%	—	
3	工艺技术部	100%	—	
4	技术中心	100%	—	
参加人数	50	实际参加人数	50	出勤率 100%

二、培训反馈综合统计

本次培训共回收××份有效培训反馈表	培训满意度调查统计
培训对象评分情况（见右图）	（图略）
本次培训的综合平均分为××分	

三、培训成果

在本次培训课程中培训对象的收获或得到启发的情况	1. 了解了"端到端"的管理理念 2. 掌握了项目管理的思想、过程、方法和工具 3. 了解了项目管理的模式及项目管理者的角色地位 4. 认识了在项目管理中增加"决策评审点"的意义 5. 掌握研发项目计划控制的方法 6. 认识到质量管理（QA）在研发项目中的重要作用
培训对象认为可应用到工作中的要点	1. 技术部项目管理者的角色认知和执行力打造 2. 应用工作分解结构（WBS）做项目计划分解 3. 对项目干系人承诺管理 4. 让计划执行者参与计划的制订或计划征得执行者的意见

续表

培训对象认为本次培训需改进之处	1. 内容过于广泛，建议有针对性地剖析 2. 可以考虑减少演讲内容，加入案例，以便深入讲解 3. 内容较多，时间较短，影响消化，建议以多次少量的方式进行知识传输
培训对象还希望提供哪些相关的培训课程及内容	1. 市场管理及产品规划 2. 产品战略及规划 3. 产品开发流程管理 4. 产品测试管理 5. 从技术走向管理
四、培训效果总结	
1. 本次培训提高了项目经理的自身素质和掌握相应的技术工具与管理技巧的能力，为项目经理成为研发团队领导者起到了积极的促进作用 2. 通过培训，认识到公司目前在产品开发管理中存在的不足，为公司研发体系的完善指明了方向	

实操 15　技术人员培训协议包含哪些内容？

技术人员培训协议的具体内容如表 10-19 所示。

表 10-19　技术员培训协议

技术员培训协议

甲方：＿＿＿＿＿＿＿＿＿＿＿＿＿＿＿＿＿＿＿＿＿＿＿

乙方：＿＿＿＿＿＿＿＿＿＿＿＿＿＿＿＿＿＿＿＿＿＿＿

身份证号码：＿＿＿＿＿＿＿＿＿＿＿＿＿＿＿＿＿＿＿

因甲方生产和乙方业务的需要，为提高乙方必备的业务能力，甲方特为乙方提供必备专业技术培训学习，经甲乙双方平等协商，现就有关事项达成以下协议：

一、培训项目、时间及地点

甲方派遣乙方参加＿＿＿＿＿＿＿＿＿＿＿＿＿＿＿专业技术培训，培训时间从＿＿＿年＿＿＿月＿＿＿日至＿＿＿年＿＿＿月＿＿＿日，地点：＿＿＿＿＿＿＿＿＿＿＿＿＿＿＿＿。

二、甲方的责任

1. 甲方为乙方此次专业技术培训提供主讲教师及培训费用。

2. 甲方为乙方此次培训提供场地、耗材及操作设备等相关费用。

续表

三、乙方的责任

1．严格遵守培训方制订的培训计划和时间安排并准时参加培训，如无故不参加培训，按旷工处理。

2．如乙方因严重违反甲方规章制度或造成经济损失，甲方有权要求乙方赔偿损失并承担服务期未到而造成的培训费损失。

3．乙方应在培训期内学会所有本项专业技术知识，掌握好操作技能，能独立正确地操作本项目设备，能接受甲方安排，从事相关技术工作并对公司其他员工承担相应的内部培训和辅导工作。

具体专业技术要求如下：

（1）学习完成后，能熟练操作甲方公司贴片机（环球GSM2）；

（2）学习完成后，能对甲方贴片机编程；

（3）学习完成后，能对甲方贴片机进行日常维护和检修。

4．履行服务期限

（1）乙方必须履行甲方规定的服务期限不少于＿＿＿＿年；乙方的服务期限从专业技术培训结束之日起开始计算。

（2）甲乙双方劳动合同期满而服务期未满时，按照甲方所需，其劳动合同期自动顺延至乙方服务期满。

四、违约责任

1．乙方在接受培训期间如有下列情况，甲方有权解除本服务协议及劳动合同并要求乙方承担违约责任。

（1）学习及工作态度不积极认真，表现散漫，单位负责人发出书面警告，仍无改善；

（2）有严重违纪及违法现象；

（3）无理不服从公司安排或不履行岗位职责、工作业绩差等；

（4）未满服务期限，乙方自行离职的。

2．乙方如有发生以上任意一条，需承担违约责任，必须赔偿培训费用及甲方经济损失，其总额为人民币＿＿＿＿＿＿＿元。

五、生效条款

本协议自甲乙双方签名或盖章后生效。本协议一式两份，甲乙双方各持一份。

甲方签章：　　　　　　　　　　　　　　　　乙方签章：

法定代表人：　　　　　　　　　　　　　　　身份证号：

日期：　　　　　　　　　　　　　　　　　　日期：

担保人（签章）：

日期：

实操 16 技术人员保密协议包含哪些内容？

技术人员保密协议的具体内容如表 10-20 所示。

表 10-20 技术人员保密协议

技术人员保密协议

甲方： 乙方：

身份证号： 法定代表人：

住所：＿＿＿＿＿＿＿＿＿＿＿＿＿＿＿＿＿＿＿＿＿＿＿＿

鉴于甲方在乙方任职，并将获得乙方支付的相应报酬且甲方作为乙方的技术人员在任职期间将会获悉乙方的专利技术、技术秘密和商业秘密，为有效保护乙方的合法权益，根据《中华人民共和国合同法》《中华人民共和国反不正当竞争法》《中华人民共和国劳动合同法》及相关法律法规和国务院有关部委的规定，双方当事人就甲方在任职期间及离职以后应当履行的保密义务，本着平等、自愿、公平和诚实信用的原则签订本协议。

第一条 保密信息的定义

1. 本协议所指"保密信息"包括所有乙方的专利技术、技术秘密和商业秘密，以及与前述信息、秘密相关的图纸、数据、报表等所有资料。

2. 本协议第一条第 1 款的"专利技术"系指乙方享有专利权或专利申请权的技术和专利技术（含申请）产品信息及与之相关的图纸、数据、报表等所有资料。

3. 本协议第一条第 1 款的"技术秘密"系指乙方专有，并且虽未获得专利保护或申请专利但乙方已经采取保密措施保护的生产工艺或技术手段（含制造方法），包括但不限于以下形式：技术方案、制造方案、工艺流程、数据库、计算机软件、实验及测试结果、技术数据、图纸、样品、样机、模型、模具、说明书等一切有关信息。

4. 本协议第一条第 1 款的"商业秘密"系指乙方所有的其他不为公众所知悉、能为乙方带来经济利益，具有实用性并经乙方采取保密措施的技术信息和经营信息，以及一切与之相关的数据、资料等。

5. 乙方依照法律规定（如在缔结过程中知悉其他相对人的商业秘密）和在有关协议的约定（如技术合同）中对外承担保密义务的事项，也属本保密协议所称的商业秘密。

6. 甲方对上述专利技术、技术秘密和商业秘密承担保密义务。本协议之签订可认为乙方已对乙方的上述保密信息采取了合理的保密措施。

第二条 甲方的保密义务

1. 甲方在乙方任职期间，必须遵守乙方规定的任何成文或不成文的保密规章、制度，履行与其工作岗位相应的保密职责。

乙方的保密规章、制度没有规定或规定不明确之处，甲方亦应本着谨慎、诚实的态度，采取任何必要、合理的措施，维护其于任职期间获悉的本协议第一条约定的保密信息。

2．甲方承诺，未经乙方同意，不得故意或过失泄露、告知、公布、发布、出版、传授转让或其他任何方式使任何第三人（包括按照保密制度的规定不得知悉该项秘密的乙方其他职员、媒体和公众）知悉本协议第一条约定的保密信息，也不得在履行职务之外使用这些保密信息，即使这些信息甚至可能是全部由甲方本人因工作而构思或取得的。

3．在任何时候，甲方保证不自己实施或帮助（有偿或无偿）任何第三人实施任何形式的侵犯乙方专利权和专利申请权的行为（包括以任何形式实施或使用乙方专利技术的全部或部分）。

4．如果甲方发现乙方的保密信息被泄露或者因自己的过失泄露了乙方的保密信息，应当采取有效措施防止泄露进一步扩大，并及时书面报告乙方法定代表人或法务部负责人。

5．甲方应妥善保管办公室钥匙等公司财产以及所有与工作有关的技术资料、试验设备、试验材料、客户名单等。

6．在任何时候，甲方均承认乙方因投资、支付劳动报酬而享有所有甲方在任职期间，参与实施、研发或获得、制作的乙方保密信息的所有权，并承诺恪守本协议约定之保密义务。

7．甲方因职务上的需要所持有或保管的一切记录着乙方秘密信息的文件、资料、图表、笔记、报告、信件、传真、磁带、磁盘、仪器以及其他任何形式的载体，均归乙方所有，而无论这些秘密信息有无商业上的价值。

8．在劳动合同关系终止后，甲方仍应遵守本协议约定的保密义务，并在离职手续办理期间将其保管的所有有关乙方保密信息的资料交还给乙方，不得复制、保留任何文件或文件副本。

9．本协议未约定但依据诚实信用原则和有关法律法规的规定甲方应当遵守的其他保密义务。

第三条　知识产权归属

双方确认，甲方在乙方任职期间，因履行职务或者主要是利用乙方的物质技术条件、业务信息等产生的发明创造、作品、计算机软件、技术秘密或其他商业秘密信息，有关的知识产权均属于乙方享有。乙方可以在其业务范围内充分自由地利用这些发明创造、作品、计算机软件、技术秘密或其他商业秘密信息，进行生产、经营或向第三方转让。甲方应当依乙方的要求，提供一切必要的信息和采取一切必要的行动，包括申请、注册、登记等，协助乙方取得和行使有关的知识产权。

上述发明创造、作品、计算机软件、技术秘密及其他商业秘密，有关发明权、署名权（依照法律规定应由乙方署名的除外）等精神权利及法定经济权利由作为发明人、创作人或开发者的甲方享有，乙方尊重甲方的精神及经济权利并协助甲方行使这些权利。

第四条　保密期限和保密费

1．本协议自甲方入职或本协议签订之日起生效（以在先者为准）。

2．甲方离职后无限期承担本协议约定的保密义务，直至乙方宣布解密或保密信息合法进入公有领域。

3．甲方认可，乙方在支付甲方的工资报酬时，已考虑了甲方在职和离职后需要承担的保密义务，故乙方无须在甲方离职时另行支付保密费。

第五条　违约责任

1. 甲方违反协议中的保密义务，给乙方造成损失的，须向乙方支付违约金人民币100 000元（大写人民币拾万元）。如果上述违约金不足以弥补乙方损失的，甲方应继续赔偿。

2. 前款所述损失赔偿数额按照以下方式计算。

（1）损失赔偿为乙方因甲方的违约或侵权行为所受到的实际经济损失，计算方法是：因甲方的违约及侵权行为导致乙方的产品销售数量下降，其销售数量减少的总数乘以每件产品利润所得之积。

（2）如果乙方的损失按照方法（1）所述的计算方法难以或无法计算的，损失数额为甲方（或其协助的第三人）因违约或侵权行为所获得的全部利润。计算方法是甲方（或其协助的第三人）从每件与违约或侵权行为直接相关的产品获得的利润乘以在市场上销售的总数所得之积；或者以不低于乙方专利技术、技术秘密或商业秘密许可使用费的合理数额作为损失赔偿额。

（3）乙方因调查甲方的违约或侵权行为而支付的合理费用，如律师费、公证费、取证费等，应当包含在损失赔偿额之内。

（4）因甲方的违约或侵权行为侵犯了乙方的专利技术或商业秘密权利的，乙方可以选择根据本协议要求甲方承担违约责任，或者根据国家有关法律、法规要求甲方承担侵权责任。

3. 若甲方违反本协议约定或实施了其他侵犯乙方专利权（包括专利申请权）等合法权益或其他损害乙方利益的行为，乙方有权撤销包括期股期权在内的授予甲方的一切奖励。

4. 若甲方违反本协议而导致乙方遭受第三方的侵权指控时，甲方应当承担乙方为应诉而支付的一切费用；乙方因此而承担赔偿责任的，有权向甲方追偿。上述应诉费用和侵权赔偿乙方可以从甲方的工资报酬中直接支付。

5. 乙方保留一切通过法律手段追求甲方违约或侵权责任权利，包括追究其刑事责任。

第六条　争议的解决方式

因执行本协议而发生的纠纷，可以由双方协商解决。如协商不成，双方均可向当地有管辖权的人民法院提起诉讼。

第七条　双方确认

在签署本协议前，双方已经详细审阅了协议的内容，并完全了解协议各项条款的法律含义。

第八条　本协议一式两份，甲乙双方各执一份。

（以下无正文）

甲方：　　　　　　　　　　　　　　　　乙方：

　　　　　　　　　　　　　　　　　　　　法定代表人：

　　年　　月　　日　　　　　　　　　　　年　　月　　日

实操 17　技术人员培训管理制度包含哪些内容？

技术人员培训管理制度的具体内容如表 10-21 所示。

表 10-21　技术人员培训管理制度示例

技术人员培训管理制度

第一章　总则

第一条　为提升公司专业技术研发人员的专业素质和职业素养，规范和促进技术中心研发工作流程和技术研发水平，提高绩效，提升公司核心竞争力，特制定技术人员的培训管理制度。

第二条　本制度适用于公司全体技术人员。

第三条　公司办公室负责统筹培训计划的制订、实施和控制，并负责本部门内部培训工作。技术部协助进行培训需求、培训计划的制订、实施和评估反馈。

第四条　技术人员培训内容包括新员工入职培训、职业素养、专业技术培训等。

第五条　根据工作需要，部门内部组织技能培训、上岗培训及专题讲座。公司办公室根据培训需求，联络有资质的培训机构委外授课。

第二章　培训资源管理

第六条　培训教材包括外部培训教材和内部培训教材，教材的形式可以是书面文字、电子文档、录音、录像等形式，教材由公司办公室统一管理。

第七条　内部培训教材的获取。

1. 工作过程中的经验分享与教训总结。

2. 公司重大事件案例。

3. 内部培训讲师组织开发的培训教材。

4. 公司办公室开发的新员工培训教材。

第八条　公司聘请外部机构进行培训的，提供的教材由公司办公室统一存档；公司员工参加外派公开课程的，应在培训结束后将教材原件或复印件交由公司办公室归档。

第三章　培训经费控制

第九条　公司每年划拨一定经费用于组织培训工作开展。

第十条　培训费用报销范围包括学费、报名费、资料教材费等。

第十一条　为便于管理，因培训所发生的交通、餐饮费用在各部门预算费用中列支，按公司标准报销。

续表

第四章 培训计划的制订与实施

第十二条 根据公司经营发展目标和研究项目开发进程，每年向公司办公室提出培训需求，并填写《年度培训需求调查表》。根据公司办公室提供的培训信息，征求部门人员个人意见，填写《个人培训需求表》，在规定时间内提交给公司办公室。

第十三条 公司办公室根据《培训需求表》反馈内容以及外部培训信息，制订《年度培训计划》，报公司总经理审批。

第十四条 根据《年度培训计划》实施培训工作，按月公布课程安排情况，部门根据培训情况调整工作，让员工有充足时间参加培训。公司办公室根据培训安排，确认培训人员以及费用预算，做好培训组织工作并控制培训费用。

第十五条 当有需要临时增加培训项目时，应提前三周向公司办公室提出培训申请，填写《培训需求表》，经公司办公室审核后交总经理批准，批准通过后由公司办公室实施。

第十六条 公司办公室负责对培训过程进行记录，保存培训资料，包括电子文档、录音、录像、PPT等，以此依据建立培训档案。

第五章 培训效果评价

第十七条 针对本次培训过程评估，包括培训纪律、态度考核、课程安排、培训讲师授课质量等的评估。

第十八条 公司内部培训，需对培训结果进行评估，包括试卷考试、实地操作等。培训须做培训小结，培训成绩与小结将放进员工的人事档案中。

第十九条 培训结束后，学员应将培训中获得的知识技能应用于工作中，部门主管应对学员培训后的工作情况做评估，评估结果列入绩效考核中。

第六章 附则

第二十条 本制度自颁布之日起开始实施。

_____有限公司

年　月　日

第二节 案例精解

案例 1　如何打破民营企业的培训困局？

某公司是一个以销售和研发为导向的民营企业，公司高层一直对培训效果不满意。

请问该企业的培训困局应如何打破？

【精解】

1. 明确培训需求

培训需求来自于三个方面：企业整体、企业中的特定群体（如销售与研发在培训内容上就有不同）和员工个体。培训管理者都知道培训要从需求分析着手，但实际操作时应如何对待企业的整体需求和部门的需求呢？在培训资源紧缺的情况下，企业组织的培训应该首先满足企业整体的培训需求，考虑企业发展战略、年度工作计划、企业文化、行业特性、企业发展阶段等因素。简单来说，要明确企业为实现战略目标，要求员工要掌握哪些技能，转变哪些理念，这些技能与理念中需要培训来支持的部分，就是培训工作的重点。

2. 建立培训课程目录

培训管理者应该分门别类地建立完整的课程目录，注重课程的系统性，加强对课程的管理，并保证对课程的持续改善，根据课程目录制订年度培训课程开发计划，从而使培训更完善。

3. 推行培训案例征集制度

在实际工作中发生的案例是最好的材料，培训师根据这些来组织课程，不仅可以使培训更具有针对性，而且对员工更具吸引力。这些案例需要由各部门和员工收集、整理、提交，培训管理者也要经常到各部门了解情况，收集对培训有用的案例。当然，涉及敏感话题时，要注意处理技巧。

4. 培训效果转化

这是培训管理者最为注重的问题。培训效果转化有很多的方法和技巧，包括：① 关注培训师的授课风格；② 培训技巧及相关内容要在工作上立即应用；③ 培训师应建立适当的学习应用目标；④ 在课程进行期间，讨论在工作中如何运用培训内容；⑤ 建立合理的考核奖励机制等。此外，还有一种"培训+教练"的培训方式，其理论是"教练"是增强培训效果非常有效的手段。在公司内部建立一支教练队伍，针对一些重要的课程与技能，针对一些重点员工，采取"培训+教练"的方式。

案例2　技术部门管理问题多，培训需求调查怎么做？

2020年年底，某高新技术企业举办了年度工作总结会议。在本次总结会议的过程中，总经理对技术部的工作很不满意，技术部年初设定的考核目标基本都没有完成，部分重点工作任务也没有及时完成。新上任的技术部经理是公司的技术骨干，但在管理上有很多不足。目前，技术部问题主要表现如下。

（1）不重视部门建设，部分关键岗位人员一直未能到位。

（2）部门没有明确的工作目标，考核工作难以落地。

（3）项目管理无序化，项目无立项即上马，项目进度滞后，人员管理松散。

（4）项目组组长能力不足，项目成员不服从管理。

经过管理人员沟通，考虑到今年的销售压力更加严峻，技术部的研发工作一定要规范、及时、有效，保障产品上市，充分支持产品销售。人力资源部必须在两周内确定技术部的培训需求，制订培训计划。

那么，技术部门的培训需求调查怎么做？

【精解】

培训需求的调查应该结合需求提出方和培训方，从公司发展、岗位职责、个人需求三个方面进行信息收集。通过工作访谈、问卷调查的方式对具有共性的需求进行提炼，形成课题需求。

在本案例中，技术部的日常管理不到位，主要表现在技术人员的管理角色转换问题和部门经理的目标管理意识问题；项目管理体系没有获得有效的建立，主要表现在项目管理体系运作问题和项目组长的管理问题。

从上述问题来看，培训课程应主要包括：研发体系建设、项目管理知识体系（项目工作梳理）、项目工作目标管理（定目标与考核）、从技术到管理（角色转化）、非人力资源经理的人力资源管理（招聘、团队建设、工作考核）等系列课程。

总之，培训需求调查是公司组织培训、实施培训计划、保证培训有效性最为重要的一环。培训需求计划需要结合培训对象、公司发展规划制订。培训需求分析就是弄清谁最需要培训、为什么要培训、培训什么等问题。通过培训需求调查，可以确定培训目标、设计培训计划、有效地实施培训，这也是进行培训评估的基础。

案例 3 国企二次创业转型中的员工培训方案如何设计？

G 公司是一家集炼铁、炼钢、轧钢为一体的大型钢铁企业，拥有烧结、高炉、转炉、钢板、型钢五大生产厂以及辅助生产厂，可以冶炼 300 个钢号、轧制七百多个品种、规格的钢材，已形成 150 万吨铁、200 万吨钢的年生产规模。2021 年，G 公司进行了体制改革，建立了新的公司领导班子，给公司带来了全新的现代化生产经营理念，为公司二次创业提供了强大的动力。为满足国内不断增长的不锈钢需求，G 公司规划投资建设一个不锈钢精品生产基地，计划总投资 100 亿元的新厂房正在建设之中。预计 2023 年新产品生产线可建成投产。由于新生产线采用了当今先进的生产设备和技术，相比公司已有的几条生产线，新生产线的技术含量和自动化程度都有很大程度的提高。为了保证新生产线上马后能够良好运转，目前相关人员的培训准备工作正在有条不紊地进行着。

但是，由于 G 公司是老厂，员工的学历都比较低，60% 的生产人员只有初中学历，有高中学历的占 30%，有大专和大学学历的只占 10%。一些员工正在完成其大学学业，还有一些已获得和正在考取公司的相关技术职称。公司的管理人员刚刚进行了相关计算机知识和操作的培训。目前为参加新线脱产培训的员工开设的课程有新线操作的相关英语知识、新线的生产流水线技术、设备操作知识等。

公司遇到的问题是一些老线上的职工怕被抽调去培训，原因是怕自己无法通过新线上岗考试，原先的工作又被别人取代而遭遇下岗；人力资源部门则对员工经过培训后是否能够满足未来新线的要求没有把握。

如何设计一个合理的培训方案来解决 G 公司面临的问题，实现公司新生产线的顺利投产？

【精解】

按照企业培训的一般步骤，G 公司设计培训方案应做到如下几点。

（1）进行资料收集、岗位分析，筛选出新线工作岗位的一些关键要素。

（2）由于钢铁生产线具有一定刚性，岗位相对比较稳定。因此，可以通过第一步的要素分析建立岗位胜任力模型并修订完善。

（3）通过对岗位胜任力模型和员工现状的分析，找出两者的差距，确定培训目标。

（4）选择合适的培训方法，如演示法、课堂讲授法、案例讨论法、模拟实习法、团队游戏法等。

（5）制定培训大纲和内容，如新线生产流程、设备操作技术、技术英语、生产管理制度、相关基础知识等，对现有的培训内容进行修订和完善。

（6）做好培训动员工作，明确培训的意义，强化培训纪律。

（7）做好培训的效果评估工作。

结合本案例背景，G公司可以参考如下具体方案。

1. 本次培训的意义

通过培训使员工掌握新知识和技能，接受新的观念和理念，开阔视野，增强员工的职业竞争能力，使员工能获得更高的收入，找到更符合自己兴趣的工作。同时，培训能使公司新的生产线尽快投产，进一步提高公司的市场竞争力。另外，培训可调整员工的思想意识、价值观和行为规范，理解和贯彻公司的战略意图，调动员工的积极性，增强企业凝聚力。

2. 培训需求

通过面谈法、问卷调查法、观察法和工作任务分析法进行调查研究，了解到公司员工的年龄构成、文化结构、专业技能、价值取向等与新生产线的岗位任职要求有很大差距，员工对公司战略意图缺乏深入了解。公司具备基本的培训条件和能力，因此有必要对全体员工进行培训。

3. 培训目标

（1）进一步明确公司的发展战略目标。

（2）掌握与新生产线有关的知识。

（3）了解或掌握新生产线的管理知识和技能。

（4）了解现代钢铁企业技术和管理发展的趋势。

（5）进一步强化公司的文化。

4．培训时间和地点

本次培训利用业余时间，地点在公司培训中心。

5．培训费用

培训费用包括：① 场地、设备使用费；② 教材和资料费；③ 讲课费；④ 交通费、通信费；⑤ 其他备用金。

6．授课方法

采用案例分析、讨论交流等讲授结合的方式。

7．培训的考核方式

采用笔试、案例分析、实际操作相结合的方式进行考核。

8．培训结果的反馈

（1）根据本次培训的考核结果择优选拔员工并配置到新生产线的岗位上。

（2）本次培训的考核结果全部记入员工培训档案。

9．培训计划的实施

（1）帮助员工确立合适的培训目标。

（2）规范员工的学习行为，强化其学习动机。

（3）将树立榜样、评比表扬、奖励等多种激励措施相结合，调动员工的积极性和主动性。

10．培训效果评估

评估内容如下。

（1）本次培训是否达到预期的目标？

（2）参训员工的知识和技能是否得到提高？

（3）员工的工作态度是否有改变？

（4）培训的内容、方法和安排是否合适？

（5）培训中出现了哪些需要改进的地方？

第十一章

销售人员培训

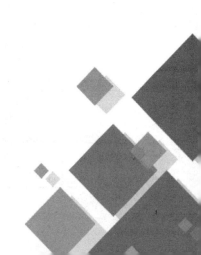

第一节 实 务 操 作

实操 1 销售人员培训需求分析有哪些内容？

企业对销售人员进行培训需求分析是为了解决以下问题：如何开展培训工作才能帮助销售人员提升业绩，应该从哪些方面着手才能提高销售人员的业务能力。对销售人员的培训需求进行分析，可以从个人能力、工作岗位、战略组织以及工作态度四个方面展开（见表 11-1）。

表 11-1 销售人员培训需求分析的内容

项　目		内　容
个人能力	知识层面	了解每款商品的特性知识，掌握所要销售商品的介绍方法；在与客户沟通的过程中要具备能够为其提供正确服务的相关理论知识；了解市场上竞争对手的同类商品，分析本公司商品的优势和劣势；掌握商品分类及陈列知识；了解本行业市场供求情况，掌握行业专业术语
	技能层面	具备良好的沟通能力，提高新员工所需要的相关销售技术及销售服务技巧；能够明确产品所面对的消费人群，了解顾客的特性与购买心理；积极主动地向他人推荐自己的产品，让潜在顾客变为实际顾客；能够分析产品在同类产品中的优势和劣势以及产品在市场上的供求情况；具备一定的外语水平，能够进行简单的交流
工作岗位		销售人员的主要岗位职责是开发市场、完成企业销售目标、维护良好的客户关系、收集市场信息等，这些职责决定了销售人员的培训需求分析应该从以下几方面展开。 ① 岗位任职资格分析； ② 工作关系分析； ③ 工作任务和职责分析； ④ 销售方法和技巧
战略组织		可以从以下四个方面对销售人员进行战略组织方面的培训需求分析。 ① 组织环境分析； ② 客户分析； ③ 企业自身分析； ④ 竞争对手分析

项　目	内　容
工作态度	① 注意保持良好的个人形象，态度友善，面带微笑； ② 要有耐性，妥善处理顾客的无理要求； ③ 避免出现令顾客讨厌的行为，如紧跟在身旁、不理不睬、强迫推销等； ④ 严格执行公司服务规范，诚实服务，严格遵守各项服务纪律； ⑤ 加强责任感，具备良好的团队合作意识； ⑥ 掌握专业的产品知识、谈话技巧、商务礼仪，具备积极、自信、大胆的心理素质； ⑦ 成熟稳重，责任心强，心态稳定，敢于担当重任

销售人员培训需求调查表可参考表 11-2。

表 11-2　销售人员培训需求调查表

部门：	姓名：	入职时间：	填写时间：

填写要求：1. 除标注多选的问题外，其他一律单选；2. 请如实填写

1. 您参加工作的年限是：
□1～3 个月　□4～6 个月　□7～9 个月　□10～12 个月　□1～3 年　□3 年以上

2. 您从事销售工作的年限是：
□1～3 个月　□4～6 个月　□7～9 个月　□10～12 个月　□1～3 年　□3 年以上

3. 您以前参加的关于销售的培训有哪些？属于哪家机构？培训师是谁？培训效果如何？

4. 您在工作中遇到了哪些困惑？希望通过培训解决哪些问题？

5. 您喜欢哪些培训方式（最多可选择 3 项）：
□课堂讲授　　　　　□读书、自学　　　　□现场演练　　　　□实战演练
□看录像电影　　　　□进学校深造　　　　□案例分析　　　　□参与竞赛
□外出学习　　　　　□外聘专家来公司培训
□通过游戏体会实际工作情景　　　　□其他（详列）

6. 您认为目前影响培训开展的因素是什么：
□工作太忙，没时间培训　　　　　　　　□大家认为培训没用
□这些课程对我的工作没用　　　　　　　□其他（详列）

7. 您希望培训时间段的安排是：
□周一至周五上午　　□周一至周五下午　　□周一至周五晚上　　□周一至周五全天
□周六上午　　　　　□周六下午　　　　　□周日　　　　　　　□其他（详列）

续表

8．您希望每次培训的时间为： □60分钟　　　　□120分钟　　　　□半天　　　　□一天 □两天			
9．您想参加下列哪些课程（基础知识）（多选）： □公司企业文化及发展前景　　　　　　□公司政策及行为规范 □公司制度及财务流程　　　　　　　　□法律常识及交易风险防范 □交易流程及注意事项　　　　　　　　□公司做什么、卖什么 □职业形象（基本服务、电话、社交礼仪）　□业务基础 □人事行政政策　　□行业知识　　　　□其他（详列）			
10．您想参加下列哪些课程（业务技能）（多选）： □销售目标与技巧　　　　　　　　　　□如何做到心中有产品 □如何掌握销售所需信息知识　　　　　□如何让客户记住你 □如何开拓客户、建立客户关系　　　　□如何让客户转介绍 □如何谈判、设景、签约　　　　　　　□如何成功签约 □如何报价、还价、压价　　　　　　　□其他（详列）			
11．您想参加下列哪些课程（实战技能）（多选）： □如何与客户沟通并保持关系　　　　　□如何判断客户底线及心态 □如何做好销售服务　　　　　　　　　□电话销售技巧 □优秀业务的日常工作　　　　　　　　□如何建立客户档案 □基本心理素质，面对困难、挫折等逆境的心态　□行业心态，利用团队力量合作共赢 □专业技能、自我学习、不断成长　　　□情绪、压力管理 □如何合理分配工作时间　　　　　　　□如何学习专业知识 □如何提高自己在人际圈内的影响力　　□如何自我学习成为优秀业务人员 □其他（详列）			
12．请描述您最大的个人优势和最需要提升的个人弱势是什么：			
13．您目前工作中最大的障碍与困难是什么？您希望如何解决？			
14．结合您的岗位，您最渴望接受的培训是什么（请按先后顺序写出三个）：			
15．您希望通过上述培训获得什么样的培训结果，达到什么状态？			
16．您的培训意见和建议是：			

实操 2　什么是销售人员培训需求分析报告？

人力资源部以销售人员培训需求调查的信息和分析的结果为基础，参考企业销售人员培训管理制度、人力资源部绩效考核标准、曾经参加过的培训等方面的记录，明确培训需求和培训目标并形成销售人员培训需求分析报告（示例见表 11-3）。销售人员培训需求分析报告一般包括销售人员的总体学历状况、销售经验情况、目前岗位和职位、各培训需求点人数比例、课程设置建议等。

表 11-3　销售人员培训需求分析报告示例

人力资源部对公司 536 名销售人员进行了培训需求问卷调查，收到有效问卷 530 份。现将问卷内容进行统计分析，为 2021 年销售培训工作提供参考和依据。

一、调查问卷统计情况

1. 从学历上看，公司销售人员主要由大专和高中（包括职高）毕业人员组成，约占公司总销售人员的 77.4%。

2. 从男女比例上看，公司销售人员男女比例比较适合，约为 56∶44。

3. 在"是否参加过系统的销售培训"一栏内，有 71.3% 的人回答"从未参加过"。

4. 在"在本公司任职时间"一栏内，有 55% 的人未满一年，有 20% 的人仍在试用期，超过两年的有 30%，超过三年的有 27%，四年以上的有 23.5%。

5. 在"是否有销售经验"一栏内，有 32.3% 的人回答"没过销售经验"；在回答"是否对销售充满信心"时，有 63.8% 的人回答"没有足够的信心"。

6. 在回答"如何看待自己的销售业绩"时，有 47% 的人都回答"完成每月规定的销售任务有困难"，只有 21% 的人回答"可以超额完成"。

7. 在选择"你在销售中遇到的最主要的问题"时，有 77.9% 的人选择"不知道在销售中如何沟通"。

8. 在回答"你是否觉得系统的销售培训可以帮助你提高销售业绩"时，有 72% 的人选择"一定能"。

二、调查问卷结论分析

通过分析调查问卷，可以得出以下几个结论。

1. 公司销售人员的总体学历水平比较低，应该进行相关的知识培训。

2. 大部分销售人员（71.3%）没有受过系统的培训。

3. 有一半以上的销售人员在公司工作还不满一年。

4. 有 1/5 的员工刚刚进入公司，非常需要进行相关业务指导和培训。

5. 有 1/3 的员工没有任何销售经验，这非常不利于其开展销售业务。

6. 有 2/3 的员工对销售没有足够的信心。

7. 有将近一半的员工无法按月完成任务。

8. 绝大多数人认为销售培训可以提高其业绩。

三、销售人员学历情况

530 份调查问卷反映的目前公司销售人员的学历状况如下表所示。

销售人员学历状况表

人数及所占比例	学历						
	博士	硕士	本科	专科	高中	职高	其他
人数	5	15	30	63	197	213	7
所占比例	1%	2.8%	5.6%	11.9%	37.2%	40.2%	1.3%

从上表中可见，高中和职高毕业的人员是公司销售的主力军。这主要和公司销售的产品主要面向学生有关，但同时也反映出公司销售队伍整体的学历水平比较低，非常有必要对销售人员进行系统的培训，以提高他们的知识水平和销售能力。

四、销售人员从事销售概况

调查问卷对销售人员是否从事过销售进行了调查，调查结果显示，有 32.3% 的人没有销售经验，这一数字也充分说明了为什么有 47% 的人无法完成每月的销售任务。

对于这些没有销售经验的员工，公司应提供销售基础知识的培训并指派专门的人员分组进行指导，结合他们目前的销售实践，使其逐渐了解应该如何进行销售。

五、销售人员职位情况

1. 经理级人员有 35 人，约占总销售人员的 6.6%。

2. 主管级人员 92 人，约占总销售人员的 17.4%。

3. 业务员 403 人，约占总销售人员的 76%。

从这些数据可以看出，公司培训对象主要是两部分人：一部分为管理者，另一部分为业务员，其中业务员是重点培训对象。

六、销售人员培训需求点概况

在设计调查问卷时，我们对销售人员的心态和销售技巧培训需求分别进行了设计。在销售技巧的相关问题中，有七个问题比较突出，具体如下表所示。

销售人员培训需求点分析

人数及所占比例	培训需求对应的问题						
	无法找到顾客	不知如何接近顾客	不知如何介绍产品	不知如何消除顾客异议	不知如何成交	不知如何处理顾客关系	不知如何进行销售沟通
人数	205	315	284	348	337	190	413
所占比例	38.7%	59.4%	53.6%	65.7%	63.6%	35.8%	77.9%

七、销售人员培训课程设计的建议

针对培训调查问卷反映的实际情况，建议公司对销售人员从两个层面、分两批进行培训。两个层面主要是指心态层面和销售技巧层面，分批是指把所有的销售人员分成如下两批。

续表

（1）第一批是管理人员，对他们进行销售队伍的建设和管理等方面的培训。

（2）第二批主要是销售人员，要有计划、有步骤、分阶段地对他们进行培训。

销售人员培训课程设计的建议如下表所示。

销售人员培训课程表

课 程 名 称	主 要 内 容
发现顾客的 N 个地方	告诉销售人员到哪里去寻找潜在的顾客
如何接近顾客	告诉销售人员应该如何去接近不同性格的顾客
如何进行产品介绍和演示	告诉销售人员如何介绍产品、如何给顾客演示产品
如何消除顾客异议	列出顾客异议的类型并逐个给出解决办法
如何成交	告诉销售人员成交的时机和方法
与顾客的 N 次沟通	举例说明如何和顾客进行销售沟通
建立良好的顾客关系	告诉销售人员如何通过售后服务建立良好的顾客关系
销售目标管理	告诉销售人员如何进行目标管理
管理自己	告诉销售人员如何规划自己的工作、如何进行时间管理

八、培训需求确认表

销售人员的"培训需求确认表"可作为《培训需求分析报告》的附件呈报，具体如下。

销售人员培训需求确认表

姓名		部门		职位			
评分项目	要求	自评	经理评	实际	差距	建议措施	
回应外部和内部客户的要求和询问	5	4	4	4	1	客户关系培训	
具有企业内部相互服务的意识	5	5	3	3	2	内部服务培训	
从客户角度想问题及工作	5	4	4	4	1	客户关系培训	
及时有效地帮助下属解决问题	5	3	3	2	2	指导下属培训	
主动寻求对自己服务满意度的反馈	5	4	3	3	1	座谈会	
有效组织销售团队，按月完成销售任务	5	3	3	3	1	团队建设培训	

填写说明：

1. 以"回应外部和内部客户的要求和询问"为例，5 分表示"能够以关切的态度及时回应客户的要求和询问"；3 分表示"能及时、积极地回复客户的要求和询问"；1 分表示"对客户的要求和询问回应得特别慢"。

2. 要标注销售人员目前的能力及表现。

实操3 如何制定销售人员的培训目标？

销售人员的培训目标如表 11-4 所示。

表 11-4 销售人员的培训目标

培训目标	内　容
总体目标	销售人员培训的总目标是提高销售人员的整体素质和销售技能，加强销售人员对企业的了解和信任，激发销售人员的潜能，提高销售人员的信心，从而提高销售人员的业绩，进而提高企业的销售额和市场占有率，达成企业的市场目标，实现企业经营业绩的提高。企业通过有计划、有针对性地开展培训，可以逐步提高销售人员的工作水平
基本目标	① 提升整体市场销售人员的专业技能，从而提高企业运营的效益和效率，迎接企业内外部环境的挑战； ② 完善公司的文化建设，使公司文化深入人心，加强部门凝聚力； ③ 促使新员工更快地融入公约并满足老员工自身发展的需求
具体目标	① 掌握系统的销售理论和销售技巧； ② 增加销售人员的专业知识、行业知识； ③ 提高销售人员的信心，帮助他们树立积极的心态； ④ 提高销售人员的社交能力； ⑤ 增强销售人员的目标管理和团队合作意识； ⑥ 提高销售人员与顾客建立长久业务关系的意识和能力

实操4 销售人员培训课程包含哪些内容？

1. 销售人员培训原则

销售人员培训的原则如图 11-1 所示。

图 11-1 销售人员培训原则

2. 销售人员培训内容

销售人员培训的内容如表 11-5 所示。

表 11-5　销售人员培训的内容

项　目	内　容
销售知识	销售知识主要包括销售中的聆听技巧、表达技巧、时间管理技巧、谈判技巧等,具体包括重点客户识别、潜在客户识别、访问前的准备事项、接近客户的方法、展示和介绍产品的方法、顾客服务、应对客户异议、达成交易和后续工作、市场销售预测等
产品知识	产品是企业和顾客的纽带,销售人员必须对产品知识非常了解,尤其是对自己所销售的产品。对于高科技产品或高科技行业,产品知识是培训项目中必不可少的内容。产品知识具体包括本企业所有的产品线、品牌、产品属性、用途、可变性、使用材料、包装、损坏的原因及其简易维护和修理方法等,还包括同类竞争产品在价格、构造、功能及兼容性等方面的知识
市场与产业知识	了解企业所属行业与宏观经济的关系,如经济波动对顾客购买行为的影响,如何根据客户在经济高涨和经济衰退期不同的购买模式和特征以及宏观经济环境的变化及时调整销售技巧等。同时,销售人员还要了解不同类型客户的采购方向、购买模式、习惯偏好和服务要求等
竞争知识	通过与竞争者的比较,发现企业自身的优势和劣势,提高企业的竞争力,具体内容包括了解竞争对手的产品、客户政策和服务等情况,比较本企业的竞争优势和劣势等
企业知识	通过对本企业的充分了解,增强销售人员对企业的忠诚度和对企业文化的认同,从而有效地开展顾客服务工作,提高顾客对企业的关注度。企业知识具体包括企业的历史、规模和所取得的成就;企业政策,如企业的报酬制度、哪些是企业许可的行为或企业禁止的行为、企业规定的广告费用、产品运输费用、产品付款条件、违约条件等
管理知识	销售人员应有效地制订计划,减少时间的浪费,提高工作效率;销售地图的正确利用、销售区域的开拓和巩固等

销售人员培训课程设置及培训对象如表 11-6 所示。

表 11-6 销售人员培训课程设置一览表

课 程 名 称	培 训 对 象		
	高　层	中　层	基　层
现代市场营销与销售	✓	✓	✓
销售基本概念和理论		✓	✓
销售与社会、企业及个人的关系	✓	✓	✓
销售产品或服务所属行业的专业知识		✓	✓
顾客类型及心理把握	✓	✓	✓
销售渠道的开发与管理	✓	✓	
销售人员的素质、品德与态度要求			✓
销售人员的仪表和礼仪			✓
销售人员的自我目标和计划管理	✓	✓	✓
销售前的准备			✓
顾客约见与心理距离的拉近			✓
销售谈判艺术		✓	
观察、倾听和询问技巧		✓	✓
销售人员的时间管理	✓	✓	✓
促成销售的方法		✓	✓
如何处理销售过程中的异议		✓	✓
如何与顾客建立长久的业务关系		✓	✓
怎样进行电话销售		✓	✓
面对大客户的销售艺术	✓	✓	
销售人员的团队意识	✓	✓	✓
销售合同的起草与订立		✓	✓
销售人员的潜能开发	✓	✓	✓
销售人员心理素质训练			✓
销售人员的心态管理			✓

实操 5　如何开发销售人员培训课程？

销售人员培训课程的开发一般遵循三个步骤（见表 11-7）。

表 11-7 销售人员培训课程的开发

步　骤	项　目	内　　容
步骤一	依据课程的重要程度建立培训课程体系	① 有些培训需求调查结论已经明确了各个问题和各类课程，如此，课程的重要程度自然就明确了； ② 有些培训需求调查结论只明确了训练需求的大方向或内容，如销售基础理论、销售技巧、销售心态等，这就要求进一步细化，通过再次调查分析，明确需要开发的某一类课程
步骤二	根据培训课程体系编写课程大纲	在确定课程体系以后，就需要编写各个课程的大纲，即确定各个课程的内容模块。在编写大纲时，最重要的一点就是保证大纲符合本企业产品的特点和本企业营销的特点，因为只有这样才能编写出适合企业的个性化培训教材
步骤三	修订课程大纲，开发并完善培训教材	在对培训课程的大纲进行反复修改并定稿后，就要进行具体教材的编制与开发。整个教材的初稿完成后，要经过试讲和不断修改，直至最后定稿

实操 6　如何确定销售人员的培训时间？

在确定销售人员的培训时间时，要做到既保证培训的效果，又不能影响企业的正常业务。

1. 销售人员培训的契机

（1）有大批新的销售人员加入公司时，要集中进行培训。

（2）销售人员的业绩到达瓶颈状态或整体下降时，可考虑进行全员培训。

（3）当有新产品上市时，一般要对销售人员进行产品知识、产品定位、销售对象分析等方面的培训。

（4）销售人员升职时，由于角色发生了变化，职责也发生了变化，所以需要接受培训。

2. 销售人员培训的时间

企业应根据销售人员所处的不同职业阶段安排培训时间，如图 11-2 所示。

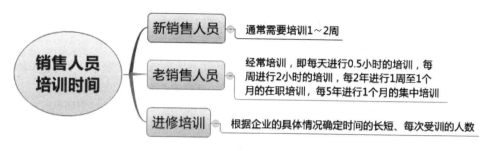

图 11-2　销售人员培训时间

3. 影响销售人员培训时间的因素

在确定销售人员的培训时间时，要考虑对培训时间产生影响的主要因素，如表 11-8 所示。

表 11-8　常见的影响销售人员培训时间的因素

影响因素	内容
产品因素	产品的工艺水平越高，技术要求越复杂，销售人员的培训时间就越长
市场因素	市场上竞争对手越多，竞争越激烈，培训时间就越长
销售技巧因素	如果销售的商品是奢侈品，顾客的选择余地较大，要求销售员有高深的销售技巧，那么培训的时间就应该长一些
培训方法因素	单纯的讲授可能会花费较多的时间，如果视听结合，那么培训时间即可适当缩短
销售人员的素质因素	如果销售人员具有较全面的知识、较高的悟性，那么培训时间相对来说就可以短一些；相反，如果销售人员素质一般，那么培训时间就应该长一些

实操 7　对销售人员进行培训时，如何选择培训师？

在选择销售人员的培训师时，首先要考虑的因素是资历和培训经验，一般由实践经验丰富的销售骨干、销售经理担任。

1. 销售培训师的岗位职责

（1）及时对新进销售人员进行入职培训。

（2）根据公司目标及市场情况制订阶段性培训计划。

（3）根据培训计划，每周至少培训一次，培训前必须针对培训内容做好充分的准备工作。

（4）对培训结果进行考核，根据考核结果完善培训计划。

（5）了解每个销售人员的基本情况。

（6）根据销售人员管理及考核办法对销售人员进行定期考核。

（7）定期到店面与销售人员进行沟通，了解一线情况，帮助销售人员解决在实际工作中遇到的困难和问题。

（8）收集并熟悉竞争品牌的产品情况，了解对手产品的主要卖点，结合本公司产品卖点做重点培训。

（9）收集市场信息，及时反馈给相关部门。

2. 销售培训师的职业素养

销售培训师的职业素养如图 11-3 所示。

图 11-3　销售培训师的职业素养

实操 8　对销售人员进行培训时，如何确定培训预算？

一般来说，销售人员的培训包括外部培训和内部培训两种形式。培训的形式不同，成本也不同。

1. 外部培训的成本

企业派遣员工参加外部培训主要包含两部分成本：一部分是付给培训公司的费用，包括培训师授课费、教材开发费用与版税、培训实施与管理费用；另一部分是员工参加外部培训的费用，包括员工的交通费、餐饮费、住宿费、通信费，以及员工参加培训活动对正常工作造成的影响等。通常，为了降低员工培训对正常工作的影响，企业派遣员工参加外部培训多为短期培训。

2. 内部培训的成本

内部培训是企业培训体系的重要组成部分，也是企业培训体系的基础部分。内部培训的成本如表 11-9 所示。

表 11-9　内部培训的成本

项　　目	内　　容
内部培训师培训	企业自主培养培训师对员工进行培训是成本较低的一种培训形式，一般情况下，只需要支付内部培训师的工资即可。但是，内部培训师的培养成本较高，中小型企业没有足够的资金和能力去搭建成熟的内部培训体系，导致内部培训师无法独立完成系统、专业的培训课程设置工作或者完成度不高，这会使培训效果大打折扣
聘请专业培训师进行内部培训	它是目前较为常见的一种内部培训方式，其成本主要包括专业培训师的授课费用、食宿费、交通费、教材费与版税等。与内部培训师相比，专业培训师的授课能力较强，培训效果也更好
聘请专业培训机构进行内部培训	这种培训形式的成本较高，企业不仅要向培训机构支付教材费、版税、讲师费、管理费，还需要承担培训机构人员的食宿费、交通费等。但是，这种培训形式的成本比派遣员工参加外部培训要低，培训效果又比企业进行内部培训好，因此成为目前多数企业的最佳选择

实操 9　对销售人员进行培训时，如何选择培训方法？

由于培训内容、培训对象不同，销售人员的培训方式也不同。通常，企业针对基层销售人员举办的培训较多，常用的培训方式如表 11-10 所示。

表 11-10　常用的培训方式

培训方式	简单介绍	培训内容
室内课堂教学	由销售专家或销售经验丰富的销售人员讲授相关知识； 最原始的方法，同时是一种有效的方法； 应用广泛，费用低，能增加受训人员的实用知识； 仅为单向沟通，受训人员参加讨论的机会较少	企业概况、产品知识、销售原理、心理素质

续表

培训方式	简单介绍	培训内容
会议培训	由主讲老师或销售专家组织讨论； 双向沟通，受训人员有机会提出意见，交流想法、经验	销售原理、心理素质、态度
实例讨论研究	受训人员亲自参与的实战式培训方法； 受训人员分析销售实例并给出实例中问题的解决办法	销售方法、技巧、态度
角色扮演	由讲师扮演客户，向受训人员（扮演销售人员）提出各种问题，以检查学员处理问题的能力与技巧； 接近于一种测验，能对受训人员的优、缺点进行客观的评价	方法、技能、技巧、反应能力
情景模拟	模仿多种业务情景，让受训人员在一定时间内做出决定； 观察受训人员对新情况的适应能力	方法、技能、技巧、适应能力
参观学习	现场体验式学习； 销售人员观察、体会产品生产过程，了解质量保证措施； 这些知识有利于应对客户的拒绝和投诉	产品生产流程、现场销售
现场辅导	新入职的销售人员接受课堂培训后，由经验丰富的销售人员辅导其在工作岗位上练兵； 有利于受训人员较快地熟悉业务； 是技能传授的有效途径，可促进受训人员能力的提升	销售业务流程、电话技巧、工作方法
E-Learning	在传统授课的基础上，E-Learning 培训是销售人员了解企业、熟悉产品和销售渠道的有效工具； 时间、地点灵活，既可同步学习，也可异步学习； 有利于培训效果的跟踪和反馈	企业概况、产品知识、销售原理、技能

实操 10 对销售人员进行培训时，如何制订培训实施计划？

销售人员培训实施计划表是培训实施的行动指南，企业对新入职销售人员的培训实施计划示例如表 11-11 所示。

表 11-11　新入职销售人员培训实施计划表示例

日　期	培训时间	培训内容	培训讲师	培训方法
___月 ___日	8:00～9:00	企业规章制度	人力资源经理	课堂讲授
	9:30～11:00	企业产品说明书	产品部经理	课堂讲授、自学
	13:30～15:00	销售人员培训资料汇编		自学
	15:30～17:00	企业销售人员工作手册	销售主管或经理	课堂讲授

续表

日　　期	培训时间	培训内容	培训讲师	培训方法
＿＿月 ＿＿日	8:00～11:00	企业战略目标与现状、市场形势、产品目标市场与竞争状况、产品的销售渠道	营销总监	课堂讲授，配合多媒体教学
	13:30～17:00	营销与销售的区别、营销观念的演变、了解客户的方法和途径、如何与客户建立关系及维护关系、销售技巧	外聘讲师	课堂讲授，配合多媒体、案例讨论
	19:00～20:30	学习心得总结	全体受训人员	—
＿＿月 ＿＿日	8:00～11:00	参观生产车间，了解产品生产情况及其性能，熟悉生产工艺	生产车间主任	现场参观学习
	13:30～17:00	参观质检部门，了解产品质检及检测方法，以及客户投诉的主要问题及解决方法	质检部门经理	现场参观学习
	19:00～20:30	参观心得总结	全体受训人员	—
＿＿月 ＿＿日	8:00～11:00	学习有关产品的专业知识	产品部经理	讲解、示范
	13:30～17:00	由销售骨干结合自身经历讲解销售技巧和注意事项	销售骨干	辅导、角色扮演
	19:00～20:30	学习心得总结	全体受训人员	—
＿＿月 ＿＿日	8:00～11:00	ISO 质量管理体系介绍	产品部经理	讲解
		销售人员礼仪规范与注意事项	外聘讲师	讲解、情景模拟
	13:30～17:00	出差及财务报销规定、主要业务流程	办公室主任	讲解
	19:00～20:30	学习心得总结	全体受训人员	—
＿＿月 ＿＿日	8:00～11:00	产品知识测试	办公室	—
	13:30～17:00	销售技巧测试	办公室	—
＿＿月 ＿＿日	8:00～11:00	人力资源部公布考试结果，举行培训结业仪式，颁发结业证书		

实操 11　在培训计划实施过程中，如何做好监督管理工作？

在对销售人员进行培训时，人力资源部除了要负责培训辅助设备的准备工作，还要制定培训经费的预算、发布培训通知等。在对销售人员实施培训的过程中，人力资源部除了按照计划表中的时间、地点等开展具体的培训工作以外，还需要注意对整个培训过程的监控并做好相应的培训记录，以便培训完成后对培训工作进行评估。

实操12　销售人员培训评估的内容有哪些？

销售人员培训评估的内容如表11-12所示。

表11-12　销售人员培训评估的内容

项　目	内　容
对培训讲师及课程的评价	即对讲师的培训技巧、教材的质量、培训课程设置的合理性、课程内容的实用性等进行评价
对培训组织工作的评价	即主要对培训组织工作者的工作情况、培训需求调查工作、培训场所选择工作、培训时间安排、培训食宿安排情况等进行评价
对受训人员培训效果的评估	① 受训销售人员对培训知识的掌握程度； ② 受训销售人员的服务意识，即评估其经过培训后，对客户及其他相关人员的服务水平是否有所提高，其中很重要的指标是客户投诉率； ③ 受训销售人员的业绩，即考核销售人员的月、季及年销售任务是否按时完成；与未培训前相比，其工作业绩有何变化

实操13　销售人员培训评估的方法有哪些？

对销售人员培训效果进行评估时，可根据具体培训情况和实际条件选择不同的评估方法。常用的销售人员培训评估方法如表11-13所示。

表11-13　常用的销售人员培训评估方法

评估方法	内　容
闭卷考试法	对销售人员进行知识、技能（如企业规章及制度、产品知识、行业知识、销售技巧等）掌握程度的评估，最直接的方法就是考试。闭卷考试法实施的关键在于设计一份合理的、能反映销售人员实际学习效果的试卷
访谈法	访谈法是通过直接和销售人员沟通、提问的方式，了解销售人员对培训内容的掌握程度。采用访谈法应根据不同销售人员的特点构建销售人员培训评估指标，使评估更具有针对性。同时，可以根据访谈结果、销售人员的心得体会对顾客忠诚度问卷进行修正，从而也能为问卷的最终形成提供参考

续表

评 估 方 法	内　　　　容
问卷调查法	问卷调查法是在销售人员培训效果评估中使用得较多的方法，因为使用问卷调查便于对调查结果进行定量分析。培训组织者和有关人员对问卷的问题、指标和变量的选取等进行反复谈论，听取各方意见，形成最终问卷，这会使调查问卷更加科学、切合实际
观察法	培训结束一段时间后，培训管理人员应仔细观察接受培训的销售人员的工作行为并通过对比、分析其接受培训前后的工作业绩，总结他们在培训中学到了哪些知识和技能
成本与收益分析法	将销售人员的培训成本、培训收益一一量化，计算出投资收益率，用实际数据评估每个参加培训的销售人员的培训效果

实操 14　什么是销售人员培训评估报告？

人力资源部对销售人员相关各种评估表格、评估信息进行分类、整理，就形成了销售人员培训评估报告。销售人员培训评估报告的撰写应力求客观、公正，其内容主要是对培训实施的目的和性质、培训评估实施过程、评估的方法以及评估的结果等方面进行说明。销售人员培训评估报告示例如表 11-14 所示。

表 11-14　销售人员培训评估报告示例

一、培训项目基本情况			
培训项目	销售渠道的开发与管理	培训对象	基层销售人员
培训讲师	销售经理	培训机构	公司培训中心
主办单位	人力资源部、培训中心	受训人数	30 人
培训日期	年　月　日	培训地点	三楼培训中心
培训项目实施背景	（略）		
二、培训评估实施过程及方法 （略）			

三、培训评估结果分析
本次培训总评估的平均值为 3.4 分，介于"达到期望值"与"高于期望值"之间。每项内容的总评估分数如下。 　　1. 关于课程内容的评估：各项分数为 2.5～3.2 分。 　　2. 关于培训讲师的评估：各项分数为 3.2～3.7 分。在"授课连续性"和"多媒体运用"这两个指标上得分最高，为 3.7 分。 　　3. 收集的部分学员意见 　　培训中需要改进的地方有以下几个。 　　（1）应提前发放培训材料。 　　（2）内容繁多，可设专题。 　　（3）多加入案例，改变提问方式。 　　培训中的优点有以下几个。 　　（1）内容全面，重点突出。 　　（2）对实际工作有帮助。 　　（3）清晰、易懂。 　　4. 关于受训员工的评估 　　（1）培训结束后，通过测试，发现学员对培训内容的掌握比较到位（附成绩统计表格）。 　　（2）培训结束后一个月，某些学员的销售业绩提高了（附销售数据的简单比较）。

实操 15　销售人员培训管理制度包含哪些内容？

销售人员培训管理制度的具体内容如表 11-15 所示。

表 11-15　销售人员培训管理制度

制度名称	销售人员培训管理制度		编号	
			受控状态	
执行部门		监督部门	考证部门	
第 1 章　总则				
第 1 条　为提高本企业销售人员的综合能力和销售业绩，特制定本制度。				
第 2 条　企业对销售人员进行培训时，要根据企业的销售目标和营销总监的指示进行。				
第 3 条　凡本企业所属的销售人员的培训及相关事项均按本制度办理。				

续表

第2章　销售人员培训管理规定

第4条　销售人员培训工作程序。

1. 明确企业经营方针与经营目标

2. 了解销售人员现状及需要解决的问题

3. 分析以上问题并将问题分类

4. 分析关键要素

5. 制订销售人员培训计划

6. 设计销售人员培训课程

7. 确定销售人员培训方式

8. 按计划实施销售人员培训

9. 评估销售人员培训效果（培训成效、遗留的问题）

第5条　销售人员培训计划的内容包括培训目标、培训时间、培训地点、培训方式、培训讲师、培训内容等。

第6条　培训计划的制订应考虑到新入职销售人员培训、销售人员提升培训、销售主管培训等不同人员培训的差异。

第7条　确定销售人员培训的目标——提高销售人员的综合素质。

1. 挖掘销售人员的潜能

2. 提高销售人员对企业的信任和归属感

3. 训练销售人员工作的方法

4. 改善销售人员工作的态度

5. 终极目标——提高利润水平

第8条　确定销售人员培训时间。

企业需要根据实际情况来确定销售人员的培训时间，主要应考虑下列五个方面的因素。

1. 产品属性

产品属性越复杂，培训时间越长。

2. 市场状况

市场竞争越激烈、越复杂，培训时间越长；应该避免培训时间与销售旺季发生冲突。

3. 销售人员素质

销售人员素质越高，所需的培训时间越短。

4. 销售技巧复杂程度

要求的销售技巧越复杂，需要的培训时间就越长。

5. 组织管理要求

管理要求越严，培训时间就越长。

第9条　确定培训内容。

培训内容因工作需要及销售人员素质而异。总的来说，培训内容包括以下七大方面。

1．企业概况

企业概况包括企业的发展历史、经营目标、组织结构、财务状况、主要设施及主要管理人员等信息。

2．产品知识

产品知识包括主要产品和销量、产品生产过程、产品生产技术、产品的功能用途、企业专为每种产品制定的销售要点及销售说明等信息。

3．目标客户信息

目标客户信息包括目标客户的类型、购买动机、购买习惯和行为等信息。

4．竞争对手信息

竞争对手信息包括竞争对手的产品、市场策略、销售政策等信息。

5．销售知识和技巧

销售知识和技巧包括市场营销基础知识、销售活动分析、公关知识、广告与促销、产品定价、现场销售的程序和责任、谈判策略与技巧、与客户沟通的技巧等。

6．相关法律知识

相关法律知识包括合同法、产品质量法、客户赊销与信用风险管理等知识。

7．财务知识

财务知识包括销售费用、票据结算知识等。

第 10 条　选择培训地点。

培训地点的选择取决于培训方式。

（1）拓展性训练多在室外或者专门的拓展训练基地进行。

（2）理论性或者知识性培训多选在室内，一般在公司的会议室或者酒店宾馆进行。

（3）比较重要的中高层销售培训多选在郊区的酒店、度假村或异地进行，以最大限度地减少干扰。

第 11 条　选择培训讲师。

培训讲师应由具备专长和富有销售经验的专家学者或经验丰富的高级销售人员、销售经理担任。培训讲师应具备以下五个条件。

1．透彻了解所授的课程

2．对担任讲师有浓厚的兴趣

3．灵活运用培训方法

4．能够补充和修正所用的教材

5．具备乐于训练和教导的精神

第 12 条　选择培训方法

常用的培训方法有课堂教学法、会议培训法、模拟培训法、实地培训法。

1．课堂教学法

课堂教学法是一种比较正规、应用比较广泛的培训方法，它由销售专家或有丰富销售经验的销售人员采用讲授的形式将知识传授给受训人员。

续表

2．会议培训法

会议培训法即组织销售人员就某一专门议题进行讨论，一般由培训讲师或销售专家组织会议，销售人员有机会表达自己的意见、交流想法和经验。

3．模拟培训法

模拟培训法是由受训人员亲自参与并具有一定实战意义的培训方法，其具体做法又可分为实例研究法、角色扮演法、销售情景模拟法。

4．实地培训法

实地培训法适用于对新入职人员的销售培训，具体可让有经验的销售人员指导一段时间后，再由新人独立工作，从而使新人能够较快地熟悉业务，达到很好的效果。

第 3 章　销售骨干培训管理规定

第 13 条　参加此类培训的销售人员必须是参加工作两年以上且一线销售业绩突出，有一些下属并有组织管理经验的非管理人员。

第 14 条　销售骨干培训计划。

销售骨干培训计划的具体内容详见下表。

销售骨干培训计划表

	第 一 天	第 二 天	第 三 天
上午	10:00 集合（10～15 人左右）	8:30 各组发表探讨结果，交流意见	8:30 如何提高管理水平的讲座
	10:30 销售经理致辞	10:30 角色扮演训练	
下午	13:00 销售骨干正确的工作态度	13:00 继续学习训练优秀销售人员的现场训练方法（在职培训技巧）	13:00 关于管理技巧的案例分析
	15:00 个人发表看法、小组讨论		
	17:00 归纳总结		15:30 分公司总经理致辞
晚上	18:00 学习训练新入职销售人员的现场训练方法（在职培训技巧）	18:00 如何进一步提高个人业绩	
	20:00 探讨如何在工作中训练销售人员	20:30 分享个人业绩提高技巧	

第 15 条　销售骨干培训实施重点。

1．确定培训方式

本次培训采用三天两晚、集体住宿的方式，参加人数控制在 10～15 人为宜，其中包括销售经理 1 名。

2．选择培训方法

本次培训采用授课、分组讨论、角色扮演等方法。

3．拟订行动计划书

续表

4. 培训评估准备

事先设计好用于培训课程评估的调查问卷，培训结束后需要写出受训报告。

第 16 条 培养制订销售计划的能力。

该部分的具体课程内容包括达到销售目标的重要性阐述、培养制定销售目标的能力、学习商业谈判策略技巧、制订达成目标的有效的行动计划。

第 17 条 培训结束后，需要评价销售骨干培训实施的效果，填写《培训效果评价表》或《培训效果调查问卷》。

第 18 条 销售骨干培训实施时应注意的事项。

1. 参训人员的态度

实施培训前要使参训者明确意识到自己就是解决问题的执行者。

2. 参训人员的层次

参加此类培训的销售人员必须知晓企业的各种活动，有较强的沟通、协调能力。

第 19 条 与销售骨干培训相关的其他事项可参照《销售人员培训管理规定》执行。

第 4 章 销售经理培训管理规定

第 20 条 本次培训的目标是改进销售经理的工作态度，通过现场训练技巧的学习培训高级销售人才。

第 21 条 销售经理培训要确保企业销售计划的贯彻落实，以达到改进销售经理工作态度的目的。

第 22 条 销售经理培训的方法。

1. 会议式授课法

在会议上，探讨分析具有良好业绩的下属的能力特征（参照下表）并分析采用何种方法可培养这种能力。

良好业绩下属的能力特征表

能力发展阶段	能 力 特 征	记录能力的表现
第一阶段	日常工作的执行程度	（销售经理记录下属的表现）
第二阶段	对客户的协助及订货的执行程度	（销售经理记录下属的表现）
第三阶段	与客户维持信赖关系、解答销售咨询之外，积极开展销售行动，达到销售目标的执行程度	（销售经理记录下属的表现）

2. 现场培训法

通过现场培训使销售经理掌握现场培训法的基本形式及举措，详见下表。

续表

现场培训的基本形式及举措		
形　式	类　型	具　体　举　措
指导销售人员的工作	教师型	正确地指导下属的工作；观察下属的工作，并提出方法和技能的改善技巧
用工作锻炼下属	工作负荷型	发掘下属的潜能；分配工作，充分授权；指定下属应完成的目标和应达到的标准；评价成果；让下属参与制订销售计划
整顿工作环境	环境关系型	开展有助于培养下属的工作；加强有关人员之间的沟通管理
关注人	对人关注型	使用体贴性话语；信赖下属；激励下属；对下属的努力给予适当的奖励

第 23 条　与销售经理培训相关的其他事项可参照《销售人员培训管理规定》执行。

第 5 章　附则

第 24 条　受训销售骨干和销售经理有责任承担培训销售人员的任务，将所学知识传授给销售人员，发扬团队精神，实现企业的销售目标和市场目标。

第 25 条　销售人员培训所花的费用由培训项目负责人申请，报财务经理和总经理审核；在培训结束后凭各种正规票据报销。

第 26 条　本制度提交总经理审批后颁布实施。

第 27 条　本制度未尽事宜，可随时增补，并提交总经理审批后生效。

第 28 条　本制度由人力资源部监督执行，最终解释权归人力资源部。

编制日期		审核日期		批准日期	
修改标记		修改处数		修改日期	

第二节　案例精解

案例 1　销售人员的培训需求调查怎么做？

2021 年年初，某企业组织销售工作会议。2020 年的销售工作虽然压力大，工作任务难，但是在大家的努力下，还是勉强达到了预期的目标。但是，也暴露出了很多问题。例如，销售人员对大客户的关注不够，导致丢掉了部分大额订单；销售人员的素质不高，对产品的了解不够充分，在客户面前不够专业；销售管理人员定的目标虚高，根本无法完成；公司的销售合同管理、审批手续比较复杂等。经过与参会的管理人员沟通，考虑到 2021 年的形式更加严峻，销售人员的能力一定要提高，领导要求人力资源部在两周内确定销售人员的培训需求。

要确定销售人员的培训需求，人力资源部应该怎样做？

【精解】

培训需求的调查应该结合需求提出方和培训方，从公司发展、岗位职责、个人需求三个方面进行调查。然后通过工作访谈、问卷调查等方式对具有共性的需求进行提炼，形成培训需求。

在本案例中，销售问题主要包括以下几个。

（1）销售人员的大客户关系管理不足；

（2）销售人员专业性不足，对产品的了解不够充分；

（3）销售目标虚高，难以达成；

（4）销售合同管理、审批手续复杂。

从上述问题来看，该公司没有建立有效的的销售管理体系，主要表现在：① 对内，销售目标管理不科学，合同管理、审批流程复杂；② 对外，销售技巧不足，专业性不够，重点的客户关系管理不到位。

综上所述，培训课程主要包括销售流程体系建设（销售流程梳理）、销售目标管理（定目标与考核）、销售人员职业化管理（销售技巧与职业化）、大客户关系管理（赢得客户）等系列课程。

案例 2 连锁快销品公司的分公司培训如何做？

某快销产品连锁公司总部设在北京，在深圳、上海、杭州、重庆等地均有办事处，每个办事处有若干连锁门店。2020 年，该公司第二季度的销售业绩大幅下滑，公司销售副总经理到各办事处调研，了解情况。经过考察，销售副总经理发现在各办事处区域的连锁店内，新员工入职不培训直接上岗，多数店面不召开晨会做工作分享，也不组织员工学习公司的规章制度等，由于没有落实这些业内的标准做法且没有开展有效培训，最终直接导致销售业绩的下滑。虽然总部也会不定期组织分公司培训，但是这种培训方式显然无法满足公司各地办事处和门店的实际需要。

结合案例情况，应如何做好分公司的培训？

【精解】

培训管理主要是为规范企业的培训流程，包括需求调查、培训方式选择、培训组织、培训实施、培训效果评估等环节。培训的目的主要是提升员工的职业技能、职业素养、综合素质等。培训管理的最终目的是完成对人员开发的管理。

在本案例中，各办事处区域的连锁店在培训方面比较薄弱，直接导致销售业绩的下滑。由于快销连锁行业的标准化要求高，规范化程度高，分公司培训应做到以下几点。

（1）在培训实施前，应做好培训需求的调查并确定有针对性的培训课题。

（2）尽管总公司会不定期组织分公司培训，但教学方式还是比较单一，需要考虑其他的培训方式，如新员工培训、晨会工作分享、制度学习和实践、工作栏宣传等。

（3）集团公司可以不定期对办事处、门店培训工作的落实和执行进行督导、检查。

（4）为了节约成本，可以按区域为公司的受训人员安排培训课题，由公司派出培训师进行培训。

案例 3　公司的销售新人培训哪里做错了？

王欢是某医疗器械公司的人力资源部经理，公司最近新招了一名销售员赵刚，在经过面谈后，王欢认为赵刚在销售方面具有很大的潜力，符合公司销售岗位的要求。可是，一个月后，销售部经理却告诉王欢，赵刚提出离开公司。王欢把赵刚叫到办公室，就他提出辞职一事进行了一次面谈。

王欢："赵刚，听说你想辞职，我感觉很惊讶，所以想和你谈谈，希望你能改变决定。"

赵刚："恐怕改变不了。"

王欢："那么请你告诉我，你为什么想辞职，是别的企业给你的薪水更高吗？"

赵刚："不是的，实际上我还没有找到新工作。"

王欢："你没有新工作就提出辞职？"

赵刚："是的，我不想在这里干了，我觉得这里不适合我。"

王欢："能告诉我为什么吗？"

赵刚："在我上班的第一天，别人告诉我，正式的产品培训要一个月后才进行，他们给我一本销售手册，让我在这段时间里阅读学习。第二天，有人告诉我有一个展览，要我去公关部帮忙一周。一周后，又让我整理公司的图书。在产品培训课程开课的前一天，有人通知我，由于某些原因，课程推迟半个月，还让我不要着急，说先安排公司的销售骨干给我做一些在职培训并让我陪销售骨干一起访问客户。我感觉公司的管理很混乱，所以我觉得这里不适合我。"

王欢："赵刚，在我们这种行业里，每个新员工在前几个月都是这样的，其他地方也一样。请你再考虑考虑吧。"

赵刚："对不起，我已经下定决心了。"

分析赵刚离职的根本原因是什么？公司的销售新人培训哪里做错了？

【精解】

通过王欢和赵刚的对话可以知道，赵刚提出离职的根本原因在于该企业的新人培训存在问题，特别是针对新进的销售人员的培训工作没有做好，具体分析如下。

（1）新员工上岗培训工作管理混乱，没有计划性。从对话中可以发现，赵刚经历的所谓培训完全是在"随机"进行，不系统也不科学，而且很容易让新人觉得公司不正规，对于未来的发展产生怀疑。

（2）由于培训工作没有计划，因此新人培训内容也不完善。新进的销售人员固然需要接受销售技能和知识等方面的培训，但是还应该加入企业文化、公司管理制度、相关政策、员工行为守则等内容的培训，这样新人入职培训内容才完整。

对于该公司的培训工作，可参考以下几条建议。

（1）如有可能，该企业应该设立一个培训专员或者独立的培训部门专门负责企业的各种培训工作。

（2）制定科学的新员工上岗培训方案，内容要全面，包括产品介绍、公司相关政策、企业文化、公司管理制度、员工行为守则、产品推销要点、行业与竞争对手情况、销售技巧、人际关系技巧、自我激励等。

（3）培训方式要科学、合理。可以采用分散与集中相结合、课堂学习与在职实践相结合的方式，还可以采用报告、研讨、授课、在岗实习、集训等方式对员工进行上岗培训。

（4）新人培训结束后，由受训员工的上司督促受训员工在实际工作中固化他们在培训中学到的技巧，这是销售培训成功的关键。

（5）采取角色模拟、考试、竞赛等手段评估培训质量、培训效果，对培训方案进行改进。

案例4 若本年度培训没有达到预期效果，如何设计下一年度的员工培训计划？

某家电生产企业对营销人员进行了一次专业知识培训，受训对象大都是刚刚走上工作岗位的专科毕业生。培训结束后，他们将被派往当地各大商场，成为常驻商家的推销员，协助商家面对面为消费者提供咨询服务，以提高企业产品的知名度。公司人力资源部和销售部门没有为本次为期2周的培训设置培训内容，而是由来自某高校的几位市场营销学教授作为培训师自行安排。培训场所选择在公司空置的厂房内，由于是炎热的夏季，厂房里没有空调等降温设备，使得受训人员的注意力难以集中。教授们所讲授的内容，学员早已在学校系统学习过。开始时，培训还能引起大家的注意，但终因"灌输式"教学枯燥无味而感到十分困倦。最后，公司专职的培训师讲授了公司主打产品的主要性能等内容。

培训结束后，学员被派到各大商场参加公司产品的促销活动。当顾客问及有关产品的性能和特点时，他们还能作答，但被问到更深一层的问题时，这些新上岗的推销员们不是无言以对，就是在顾客面前反复翻阅说明书和宣传材料才做出答复。一个月后，该公司主打产品的销售量和市场占有率并没有任何起色，大家纷纷抱怨这次培训没有起到作用。人力资源部的负责人通过检讨认为，没有制订清晰的培训计划是导致本次培训失败的原因之一。

根据本案例，回答下列问题：

（1）本次培训没有达到预期效果的原因有哪些？

（2）如果为本公司设计下一年度的员工培训计划，应按哪些具体步骤进行？

【精解】

（1）本次培训没有达到预期效果的原因，主要有以下几个。

① 培训与需求严重脱节。案例中，企业完全没有考虑员工的需求，不是以是否需要培训为出发点。如果员工看不到培训给他们的工作和职业生涯发展带来的益处，他们会感到厌倦，甚至对培训很反感。由于企业员工素质参差不齐、岗位不一，培训需求各异，因而不能对全体人员进行同样的培训。

② 培训层次不清。根据岗位特色、员工层次选择合适的受训人员和培训内容是企业培训成功的必要条件。

③ 缺少培训评估。培训评估是监督和检查培训效果不可缺少的一个环节，只有重视对培训的全面评估，才能保证培训质量、增强培训效果、降低培训成本。因为培训评估不仅关系到培训工作本身是否做到位，更是一个不断反思的过程，反思怎样进行培训才能达到效果，反思怎样才能把培训落到实处。

（2）为本公司设计下一年度的员工培训计划，具体步骤如下。

① 培训需求的诊断分析。诊断项目包括工作任务、工作责任、任职条件、督导和组织关系、企业文化。

② 确定培训对象，包括分析员工状况、明确员工差距、筛选培训对象。

③ 确定培训目标，包括培训目标层次分析、培训目标的可行性检查、培训目标的订立。

④ 根据岗位特征确定培训项目和内容。

⑤ 确定培训方式和方法。培训方式主要有职内培训、职外培训、自我开发。

⑥ 做好培训经费预算与控制。

⑦ 预设培训评估项目和工具。

⑧ 年度培训计划的确定方式。

案例 5　企业新型战略调整造成不利局面，如何从培训角度进行改善？

某婴儿食品集团公司的客户服务部门的职责如下。

（1）建立和管理客户档案。

（2）接受和处理顾客的投诉并及时向相关部门反馈。

（3）跟踪售后信息反馈，对投诉的顾客进行回访。

（4）处理顾客退换货，承担开具发票、寄存等工作。

集团公司高层认为该部门应当由被动服务向主动服务转化，于是对该部门进行新型战略调整。在不增加人员配置和人工成本的前提下，将客户服务部门变更为针对整个集团公司的客户服务中心，直接为奶粉子公司和特殊婴儿食品公司服务。该中心独立核算，成为自负盈亏的法人实体，并且在过去工作职责的基础上增加了两项新的职责：① 主动跟踪并记录顾客的产品使用情况；② 阶段性地为顾客和潜在顾客提供喂养指导和咨询。

经过半年的实施，虽然该部门员工为顾客和潜在顾客提供喂养指导和咨询花费了大量时间和精力，却并没有给公司带来新客户的数量增长，老顾客的满意度也没有明显提高，对顾客投诉的平均处理时间反而增加了 20%。各个子公司也抱怨客户服务中心干扰了他们的工作，未能提供有效服务，收费也过高。

根据本案例，回答下列问题：

（1）造成当前不利局面的原因可能是什么？

（2）若要保持现有组织设计不变，从培训角度改善当前的不利局面，应该重点加强哪些方面的培训？

【精解】

（1）造成当前不利局面的可能原因。

① 直接原因。第一，客户服务部门的绩效目标和指标定位含糊，即客户数量增长指标不是客户服务部门的主要绩效指标，它的绩效指标侧重于指导和咨询，而销售部门承担的才是这种推销的职责，其绩效目标应是使客户数量增长。作为部门工作说明书中的职责，违背了"分工明确"的基本原则；作为绩效指标的岗位职责指标，PRI 违背了 SMART 原则中的明确性原则。第二，强调新职责而忽略了原来的职责，即重视新增加的"阶段性地为顾客和潜在顾客提高喂养的指导和咨询"职责，而忽略接受和处理顾客的投诉并及时向相关部门反馈等原有职责。这说明绩效考核与监管方面对于部门和岗位指标 PRI 内在构成因素的考核监管有不全面的地方，也反映出培训方面的缺陷。第三，指导与咨询的工作代替或者投诉处理的混淆导致"对客户投诉的平均处理时间反而增加了 20%"，即"接收和处理顾客的投诉并及时向相关部门反馈"是一个很具体的解决问题职责，不需要"阶段性地为顾客和潜在顾客提供喂养指导和咨询"。这说明在职责之间逻辑关系上不够清晰，也说明岗位职责指标 PRI 没有遵循 SMART 原则中的可测性原则设立定量衡量指标，还说明缺乏必要的、细致的培训以明确这些问题。第四，"各个子公司也抱怨客服服务中心干扰了他们的工作，未能提高有效服务，费用也过高"是因为集团战略调整以后，现行战略与实施战略的管理体制和组织设计、运行不够协调、顺利。

② 间接的微观原因。第一，"没有给公司带来新客户的数量增长"从组织设计和变革的部门关系来说，不是单纯一个部门的职责问题，这是部门间职责不清导致的。第二，"……增加两项新职责"，从部门组织机构的有效运行来说，部门关系设计本身分工不清，只有客户服务部门的总体职责，没有部门内岗位分工与责任分配的内部调整。不增加人员配置不等于内部人员的岗位职责不可以调整。第三，"当前不利局面"不仅仅是职责问题，在这一问题的基础上，还缺少部门和岗位胜任特征方面的设立和考核。即对于绩效目标来说，只是单纯考核岗位职责指标（PRI），而缺乏和忽略了岗位胜任特征指标（PCI）。第四，在具体的职责里，原来职责中提及的"阶段性为顾客和潜在顾客提供指导与咨询"职责在执行中变为"为顾客和潜在顾客提供指导和咨询花费了大量的时间和精力"，即把"阶段性"演变为"大量的时间和精力"。

③ 间接的宏观原因。第一，从"法人实体"来看，还涉及产权关系的调

整，由此带来的公司法人治理结构、管理体制、组织结构等缺乏辐射性的跟踪实施配合。第二，"该部门由被动服务转为主动服务"，必然会涉及增加工作量的问题，所以，"不增加人员配置和人工成本"的前提是不适合的。第三，"对该部门进行战略调整"，不但是职责的调整，还应该涉及人力资源总体方面的策略调整及调整中与企业整体战略即其他部门策略的协调。第四，"将客户服务变更为针对整个集团分公司的服务，直接为各个子公司的服务"，缺少对应的、系统的辅助或配套体系，特别是组织设计配合。

（2）若要保持现有组织设计不变，从培训角度改善当前的不利局面，应该重点加强的培训如下。

① 从直接解决问题的角度分析，应重点加强的培训如下。第一，从工作说明书的角度，重点进行工作职责方面的培训，主要针对过去存在的职责不清、职责之间关系不明确、职责不分轻重缓急等问题。第二，从岗位胜任特征模型的角度，重点进行能力水平的培训，主要针对解决各职责的不同要求程度、达到绩效的各方面胜任力的培训。第三，从绩效考核的角度，加强对绩效管理方法、考核指标和标准等的培训，主要针对原来的客户需求与沟通、客户满意率、客户投诉处理方法、部门沟通方法与方式等问题，补足绩效差距，提高理想绩效水平。第四，从组织设计内部关系的角度，加强对高中层管理人员进行现有组织结构下的各方面协调方法的培训，主要针对部门职责与沟通、服务与各方策略的协调等问题。

② 从间接解决问题的角度分析，应重点加强的培训如下。第一，从总体协调的角度，进行企业战略和人力资源策略的培训，主要解决如何有效贯彻战略即协调关系的问题。第二，从客户服务中心的法律地位角度，进行产权、公司法人治理结构及相关问题的培训，主要解决法人实体的具体的辐射问题的确认。第三，从集团与分公司关系的角度，进行管理体制及集权与分权的培训，主要解决疏通集团与分公司关系中权限、关系等问题。第四，从涉及基础工作的角度，进行产品知识、市场调研、销售方法等培训，主要解决客户沟通的基础问题。

第十二章

脱岗培训与
外派培训

第一节 实务操作

实操 1 脱岗培训、外派培训与在职培训有什么区别?

相对于在职培训,脱岗培训和外派培训均属于离岗培训。所谓离岗培训,是指企业为了更好地满足员工个人发展需求,允许在职员工离开工作岗位去接受培训。

脱岗培训、外派培训与在职培训之间的区别如表 12-1 所示。

表 12-1 脱岗培训、外派培训与在职培训的区别

项　　目	在 职 培 训	离 岗 培 训	
		脱 岗 培 训	外 派 培 训
培训产生的方式	需求调查,企业统一决策	需求调查,企业统一决策	个人申请或由部门推荐
参训员工	范围较广,参训人数可多可少	多为业务骨干或有特殊培训需求的人,范围较小	参训人员多为中层管理及以上人员或重点技术人员,范围更小
培训内容	大多数是工作技能、操作流程方面的培训	专业技术、工作知识、技能、态度方面的培训,范围较广	知识、技能、业务拓展方面的培训
培训时间	时间短,不影响正常工作	时间可长可短,对正常工作有一定程度的影响	时间可长可短,对正常工作有一定影响
培训地点	工作现场、车间	不在工作现场	不在工作现场
培训讲师	在职培训辅导员或内部讲师	专业培训讲师	专业培训讲师或专业机构
培训费用	耗费较少	耗费较多的培训经费和资源	
培训效果的转化	培训即刻产生效果	不能立即产生效果,只有回到工作岗位上才能产生效果	不能立即产生效果且培训过程很难监控,存在较大的培训风险

注:若外派培训的具体形式是海外考察和海外留学,则其培训内容还应包括语言、环境适应性、异国文化及风俗礼仪等方面的培训

实操 2　脱岗培训与外派培训需求分析包括哪些内容？

1. 企业要求分析

分析企业要求可采取重大事件分析法，具体如下。

（1）分析本年度关键绩效领域发生的重大不良事件，查找企业经营管理方面存在的不足，从流程、制度、能力三个方面分析事件发生的原因，确定解决途径，从而确定是否采取脱岗或外派培训。

（2）分析企业经营战略对人员素质的要求。企业经营战略决定了脱岗与外派培训的方向和具体内容。若企业有开拓国际市场的战略规划，则需要派出高级管理人员学习国际经营理念、管理方法；若企业有引进国外先进技术的计划，则需要派出高级技术人员去国外考察技术的应用情况。

2. 职位要求分析

这是根据职位说明书及工作规范分析受训人员所在岗位的工作职责及标准、职务内容、资格和能力要求等。职位要求分析可以采用问卷调查的形式展开（见表 12-2）。

表 12-2　职位要求分析调查问卷

姓名		隶属部门		所在岗位	
职务		直属上级		填表日期	
主要工作职责描述	1.				
	2.				
	3.				
教育背景	时间	学校名称		专业	学历
工作经验	时间	任职企业名称		职位描述	

续表

工作技能	1.			
	2.			
工作目标分析	主要任务	关键性问题	任务完成情况	应达到的标准
绩效考核标准	1. 关键绩效考核指标达成情况			
	（1）			
	（2）			
	2. 其他考核内容及要求			
	（1）			
	（2）			

3. 个人发展要求分析

个人发展要求分析主要包括两方面的内容（见表 12-3）。

表 12-3　个人发展要求分析内容

项　　目	内　　容
员工目前的能力水平	主要分析拟受训人员目前的能力水平与岗位要求、企业发展要求是否相符
员工职业发展规划	主要是分析并找出拟受训人员的个人职业生涯规划与企业发展规划的有效结合点，可以采用访谈的方式进行信息收集，其形式主要有以下两种。 ① 一对一进行。"一对一"即培训相关负责人单独与受训者面谈，了解受训者的态度和要求； ② 一对多进行。"一对多"即培训相关负责人将受训者、领导以及相关人员召集到一起，以小型座谈会的形式展开面谈。这种形式的面谈一方面有利于受训者与领导的沟通，另一方面也有利于增强领导对培训工作的认可

实操 3　脱岗培训的前期准备工作有哪些？

1. 确定脱岗培训的目标

对员工进行集中培训，参训人员能够系统地掌握相关知识和技能并在最短的时间内将其应用到实际工作中，有利于改善工作质量、提高工作效率。

2. 制订脱岗培训实施计划

与在职培训相比，脱岗培训是一项花费较大的项目，它占用时间较长，有时还会占用工作时间，因此需要制订详细的培训实施计划，具体如表 12-4 所示。

表 12-4　脱岗培训实施计划表

培训项目名称		培训对象		职位及部门	
培训时间安排	年　　月　　日至　　年　　月　　日				
培训目的					
培训内容					
希望获得的效果					
联系培训机构					
确定培训讲师					
对参训员工的要求					
受训期间工作安排					
经费支出计划	交通费			_____元	
	餐费			_____元	
	住宿费			_____元	
	课程费用			_____元	
	合计			_____元	
其他注意事项					
上级领导意见	签字：_____日期：____年____月____日				
人力资源部经理意见	签字：_____日期：____年____月____日				
财务经理审核	签字：_____日期：____年____月____日				
主管副总审批	签字：_____日期：____年____月____日				

3. 确定脱岗培训的内容

脱岗培训的内容需要由专业人士根据培训需求与受训学员一同来确定。总体来说，脱岗培训的内容如图 12-1 所示。

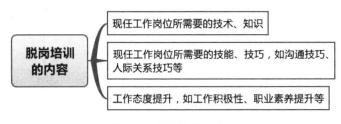

图 12-1 脱岗培训的内容

4. 确定培训机构和培训讲师

脱岗培训的培训机构主要有高等院校、科研单位、专业培训机构、顾问公司等。企业可通过询价和比较培训方案的优越性，最终确定合适的培训机构和培训讲师。

一般来说，技术或业务类讲师可由技术或业务部门会同培训部门一起进行资格审查；管理类讲师由培训部门和人力资源部进行资格审查。审查的内容包括培训讲师的专业背景、目前所从事职业、教学内容、教学水平等。

5. 脱岗培训的方法

对于不同的培训内容，脱岗培训采用的方法也有所不同，具体有三种情形（见表 12-5）。

表 12-5 脱岗培训的方法

培训内容	培训方法
知识性培训	可采用普通授课、多媒体教学、PPT 展示、游戏训练等传统方法
技术技能性培训	可结合普通授课、情景模拟、角色扮演、实地考察参观等多种方法
态度培训	可采用普通授课、角色扮演、游戏训练等方法

实操 4　外派培训的前期准备工作有哪些？

外派培训的准备工作包括确定外派培训的目标、外派培训的申请与推荐、外派培训候选人的甄选、确定外派培训的内容、联系培训机构、筛选培训讲师、选择外派培训的方法等。其中，培训机构和培训讲师的筛选可参照脱岗培训的相关内容。

1. 确定外派培训的目标

根据培训计划、员工个人发展需求及企业的实际发展需要，将有发展空间的管理人员、业务精英、技术骨干外派，培养他们在不同文化环境下的适应能力，以便在将来的某个时间派其到海外子公司或分支机构任职时能非常成功、有效地实现企业的海外发展战略，降低海外任职的失败率。

2. 外派培训的申请与推荐

（1）外派培训的个人申请。有外派培训需求的员工可以通过填写申请表将个人资料及所申请的培训项目向企业相关部门汇报，以便领导审批（见表12-6）。

表 12-6　外派培训的个人申请表

申请人		部门及职位			申请日期	
外派培训申请理由						
外派培训项目名称						
外派培训目标及要求						
外派培训起止时间	从_____至_____		总时长		_____天	
外派培训地点			外派培训机构名称			
外派培训课程内容	课程名称	具体内容	安排的课时	培训讲师简介		
培训期间工作任务安排						
经费支出计划	差旅费		_____元			
	餐费		_____元			
	住宿费		_____元			
	课程费用		_____元			
	合计		_____元			
部门主管审核签字			日期：____年____月____日			
人力资源部经理审核签字			日期：____年____月____日			
财务经理审核签字			日期：____年____月____日			
总经理审批签字			日期：____年____月____日			

（2）外派培训的推荐。企业在某项专业技能方面需要培养人才时，部门经理可以推荐表现出色的员工参加合适的外派培训项目并填写相关的资料，如外派培训人员推荐表（见表 12-7）。

表 12-7 外派培训人员推荐表

推荐部门/推荐人		推荐人选		职位	
推荐人选简介	教育背景				
	工作经验				
	技术或业务水平				
	在职期间表现				
外派培训推荐理由					
外派培训项目名称					
外派培训目标					
外派培训时间	从___至____		总时长	___天	
外派培训地点			外派培训机构		
外派培训课程内容	课程名称	具体内容	安排的课时	培训讲师简介	
培训期间工作任务					
部门主管审核签字			日期：___年___月___日		
人力资源部经理审核签字			日期：___年___月___日		
财务经理审核签字			日期：___年___月___日		
总经理审核签字			日期：___年___月___日		

3. 外派培训候选人的甄选

外派培训候选人的甄选除了应结合企业的经营战略和人才需求外，还需要考虑其他因素，如图 12-2 所示。

图 12-2 影响外派培训候选人甄选的因素

企业用于甄选外派培训候选人的标准可参考表 12-8。

表 12-8 企业甄选外派培训候选人的标准

甄选项目	因　素	标　准	是	否
候选人个人资料	个人资历	相关资料是否真实可靠		
		服务是否满足规定的年限		
		有无重大过失、不良记录等		
	个人品质	是否有较强的工作责任心、对企业是否忠诚		
	语言能力	是否有较强的学习新语言、理解异国语言文化的能力		
	环境适应能力	对新的人际关系、异国文化是否敏感		
	特殊能力	是否有较强的人际交往能力		
		是否熟悉异国经营方式和经营理念		
企业人才需求		所申请的培训是否符合企业的培训原则		
		企业是否需要进一步开发此类人才		
培训项目	项目名称	与候选人的培训需求是否相符		
	培训内容	是否符合候选人自身条件		
		与候选人现有水平是否有很大的差距		
培训经费	实施此类培训所花费用之和	总培训费用是否在相应部门培训预算的范围内		

4. 确定外派培训的内容

针对外派国外培训的特殊性，需要先对外派人员开展三个方面的培训，以增强其文化适应能力（见表 12-9）。

表 12-9　外派国外培训的内容

项　目	内　容
国情培训	即让外派人员对东道国的文化、历史、政治、经济、社会、法律、商业、宗教、风俗和饮食习惯等方面有所了解
语言培训	即对拟派人员进行专门、集中的培训，学习东道国国家的语言，培养其语言理解和交流能力
文化敏感性培训	即让拟派人员认识到所往东道国不同于本国的文化、价值观念和行为标准，更直接感受到东道国的文化环境，更真实地体会到东道国文化与母国文化之间的差异

出国之后，正式的培训内容包括企业在东道国的经营培训，如技术培训、法律培训等；异国文化环境适应培训、海外任职培训等。

5. 选择外派培训的方法

外派培训的方法如表 12-10 所示。

表 12-10　外派培训的方法

方　法	内　容
工作轮换	让出任海外职位的母国高级管理人员到东道国进行工作轮换，熟悉东道国的文化和子公司的组织文化
脱岗培训	一般采用授课，观看录像、电影，阅读背景材料等方法向受训者提供有关东道国商务和文化的背景信息，以及企业运营的基本信息
其他方法	采用跨文化经验学习、角色扮演、模拟、案例研究、语言培训等方法向受训者传授东道国文化知识，以减少文化冲击，增强受训者的文化适应能力；还可以让受训者去东道国考察，与当地管理人员进行座谈

实操 5　如何管控脱岗与外派培训？

1. 签订《培训协议》

为了防止受训人才的流失，确保企业和员工双方的利益，人力资源部在实施培训前应安排员工与企业签订《培训协议》，协议中应明确规定培训期间的费用负担和培训后的相关事宜。

2. 培训过程的管控

企业无法直接掌控参加脱岗或外派培训的员工在受训期间的表现，只能通过某些规定和方法来间接管控培训的过程，以保证培训的质量。通常采取的规定或方法如下。

（1）要求受训员工在受训期间定期（每周或每月）提交《培训课堂笔记》和《培训心得报告》。

（2）委托培训机构约束受训员工遵守受训纪律，对受训人员的学习效果进行考评。常用的约束及考评工具有《培训签到表》和《外派培训考评表》（见表 12-11 和表 12-12）。

表 12-11 培训签到表

培训内容			主办者及时间		
企业名称	签到（姓名）	时间	企业名称	签到（姓名）	时间

表 12-12 外派培训考评表（培训讲师填写）

培训项目名称			培训时间	___年___月___日	
受训人员姓名			申请部门		
培训地点			培训课程		
培训目标					
培训内容及方式（详细说明）					
对受训学员的考评	受训学员是否迟到、早退、中途离场			□是	□否
	受训学员是否在课堂上接听电话			□是	□否
	受训学员是否认真听讲、积极参与讨论			□是	□否
	受训学员培训笔记抽查情况				
	总体评价				
	签字：	时间：		联系电话：	

（3）培训结束后，根据培训内容与企业的实际需要，受训员工需要配合人力资源部编制企业内部培训讲义。

（4）培训结束后，受训员工应在 15 个工作日内向人力资源部交验学历证书（复印件）、培训手册、培训总结报告、工作改善计划等相关文件。未获得学历证书者的学费，企业不予报销；培训总结报告、工作改善计划逾期未交者，除一年内不得参加此类培训外，当年年终不得被评为优秀个人，同时还要对其进行相应的处罚。

实操 6 如何评估脱岗与外派培训？

1. 参训人员评估

（1）学员自我评估。培训结束后，参训人员应认真总结参加脱岗或外派培训的收获、心得并写成报告（见表 12-13）。

表 12-13 脱岗或外派培训心得报告

尊敬的领导：

现将此次参加脱岗（外派）培训的情况及收获向您做以下汇报。

姓名		部门		职位	
培训项目名称		培训机构		培训地点	
培训日期	从___年___月___日至___年___月___日			填表日期	
培训课程概况	课程名称	具体内容		课时	培训讲师
培训心得与建议					
自我提升计划					
培训对工作的指导性					
对培训课程的建议					
引入企业实施内部培训的价值	□是　　□否 （若有，请详细说明原因及引入的优点）				
部门经理审核					
人力资源经理审核					

汇报人：

（2）学员参加测试进行评估。参训人员参加资历认证考试或学位考试后是否通过培训测试、拿到资格证书或学历证书将成为其离岗培训评估最直接的依据。

2. 培训讲师和培训课程评估

这是指通过问卷调查的方式，对培训机构及其相关人员的工作进行评估，调查对象是参加培训的所有员工。脱岗（外派）培训效果调查问卷一般在培训课程结束后由讲师或其助教分发给学员填写（见表12-14）。

表12-14　脱岗（外派）培训效果调查问卷

您好！感谢您参加本培训中心第＿＿＿期关于＿＿＿的培训，谢谢您对我们的信任和支持！请在培训课程全部结束后，留下您宝贵的意见，以便我们改进工作，为您及贵公司提供更好的服务。

贵公司全名		学员姓名			
调查项目	5分	4分	3分	2分	1分
1. 您认为本次培训课程内容设计的难易程度					
2. 您认为本次培训课时安排是否合理					
3. 您认为培训方法运用是否得当					
4. 您对本次培训场地选择的看法					
5. 您对本次培训现场后勤服务的看法					
6. 您对培训讲师的总体评价					
7. 通过本次培训，您在哪些方面获得了收益（在相应内容前划"√"）	□获得工作技能技巧　　　□克服工作上的障碍 □调整工作态度和心态　　□拓展了工作范围				
8. 其他意见					

实操 7　如何撰写脱岗与外派培训报告？

培训结束后，培训组织人员应及时对培训需求分析、实施及培训效果评估过程进行总结并撰写脱岗（外派）培训评估报告，将培训实施的全过程用文字展现出来（见表12-15）。

表 12-15　脱岗（外派）培训评估报告

培训项目名称		参训时间	从___年___月___日至___年___月___日		
参加培训人员名单	姓名	部门	职位	姓名	部门	职位
培训机构简介					
脱岗（外派）培训目标					
培训实施过程	（相关资料可由培训实施机构提供）				
突发事件及应对方法	（相关资料可由培训实施机构提供）				
受训人员对培训的评价					
受训人员受训收益	（附测试成绩表、获得证书统计表）				
此项培训对受训员工工作的指导意义	（可由受训员工《培训心得报告》分析得出结论）				
此项培训是否有引入企业实施内部培训的必要	（可由受训员工《培训心得报告》分析得出结论）				
人力资源部经理意见		培训部经理意见		填表人	

实操 8　如何做好脱岗与外派培训的内化工作？

脱岗或外派培训结束后，人力资源部应注重督促受训员工将所学的知识和技能尽快转化与应用并在企业内进行传播。

1. 转化与应用

培训结束后，受训员工应当制定将培训内容转化为工作技能的措施并提出利用所学的知识和技能改善工作的可能性与着眼点；同时，结合企业实际情况，持续不断地将所学的知识和技能应用于工作实践，提升自身的工作能力，养成良好的工作习惯，努力为企业做出更多贡献。

2. 传播

培训结束后，受训员工应当将培训内容以研讨会、授课等方式传授给其他同事，包括本部门同事、与其从事相似工作的同事、与其工作流程接口的同事。

最终，培训内化的成果表现为员工工作习惯形成、工作能力提升、工作改善、业绩提升。

需要注意的是，脱岗与外派培训的内化工作由人力资源部组织实施，由专人负责督促和考核并详细填写《培训内化跟踪表》（见表12-16）。

表12-16　培训内化跟踪表

培训主题		受训人员	
培训形式		培训时间	
可转化应用的内容及方法	培训内容	应用方法和计划	
培训传播计划与实施记录			
培训学员应用过程与成果	工作习惯形成情况		
	工作能力提升情况		
	工作改善情况		
	个人业绩提升情况		
培训集体应用过程与成果	工作习惯形成情况		
	工作能力提升情况		
	工作改善情况		
	个人业绩提升情况		

注：本表用于督促、考核脱岗（外派）受训员工将培训知识、技能在企业内转化、传播及应用的情况

实操9　脱岗与外派培训管理制度包含哪些内容？

脱岗与外派培训管理制度的具体内容如表12-17所示。

表 12-17　脱岗与外派培训管理制度

制度名称	脱岗与外派培训管理制度		编号	
			受控状态	
执行部门		监督部门	考证部门	

第 1 章　脱岗培训管理规定

第 1 条　凡员工参加脱岗培训（取得认证、取得学历等），涉及企业支付费用或占用工作时间的，均按本制度执行。

第 2 条　参训员工必须事先填写《员工培训个人申请表》，经批准后，报人力资源部备案。

第 3 条　占用工作时间 15 天以上的或企业统一支付培训费用 5000 元以上的培训，参训员工应与企业签订《培训协议》。《培训协议》一式两份，参训员工和企业各执一份，作为《劳动合同》的附件。

第 4 条　有关服务期限的规定。

1. 经企业同意占用工作时间的（不包括内部培训），参训期间不得影响工作进度，必要时必须返回企业处理事务。

2. 从培训结束第二天起计算服务期限，培训时间 15～30 天的服务期限不得少于半年，培训时间 31～60 天的服务期限不得少于一年，培训时间 61～90 天的服务期限不得少于 1.5 年，其他情况双方另行约定。

3. 从培训结束第二天起计算服务期限，培训费用 5000～10 000 元的服务期限不得少于半年，培训费用 10 001～15 000 元的服务期限不得少于一年，培训费用 15 001～20 000 元的服务期限不得少于 1.5 年，其他情况双方需要另行约定。

4. 若培训时间和培训费用均在上述规定服务期限范围之内，服务期限应累加计算。

第 5 条　培训费用按服务期限分摊，服务每满一个月可递减一个月的费用。未满服务期限而离职的，受训员工需支付违约金，按月计算应支付的违约金额。

第 6 条　有关脱岗培训员工的工资及福利待遇。

1. 每周占用工作时间 1～3 天，培训时间累计占用工作时间 30 天以上的培训，称为半脱产培训。参训员工当月享受基本工资、福利工资、年终工资三项之和的 90%；享有社会保险福利待遇。

2. 每周占用工作时间 4～5 天，培训时间累计占用工作时间 30 天以上的培训，称为脱产培训。参训员工当月（或某月）只享受基本工资、福利工资、年终工资三项之和的 80%；享有社会保险福利待遇。

第 7 条　取得学历的培训，一般利用业余时间去学习，培训费用由员工先行支付。参训员工取得学位后，凭学位证书、毕业论文、学费发票可获得一定比例的学费报销，并承诺为企业服务满一定期限。

第8条 取得学历培训的服务期限。

1. 取得学士学位后，凭学位证书、毕业论文、学费发票可一次性报销学费的 60%。服务期限为两年，自取得学位之日起计算服务期限。满一年递减所报学费的 65%，满两年递减所报学费的 35%。

2. 取得硕士学位后，凭学位证书、毕业论文、学费发票可一次性报销学费的 80%。服务期限为三年，自取得学位之日起计算服务期限。满一年递减所报学费的 45%，满两年递减所报学费的 35%，满三年递减所报学费的 20%。

3. 取得博士学位及以上学位者，凭学位证书、毕业论文、学费发票一次性报销学费的 100%。服务期限双方事先约定。

4. 未满服务期限约定的，需支付违约金，计算方式为按未满期限与应服务期限的比例计算报销金额。

第9条 借款支付学费相关事宜。

1. 在学历培训开始时，员工可向企业申请借款支付学费，但需与企业签订《借款合同》，借款期限一般为一年，最长不超过学习的期限，并规定借款年利率为____%。

2. 员工参加培训学习期间，无论因何原因致使双方解除劳动合同，企业都没有承担员工学成之后报销学费的义务。所借款项须按《借款合同》约定执行。

第2章 外派培训管理规定

第10条 因工作性质需要或晋升后任职新工作的需要，个人提出申请或经部门推荐后，培训部审议相关需求并呈总经理核准后，同意相关人员参加外派培训，并依人事管理规章制度办理出差手续。

第11条 参训员工必须事先填写《员工培训个人申请表》，推荐部门须填写《参加外派培训人员推荐表》，经批准后，报人力资源部备案。

第12条 外派培训人员应与企业签订《培训协议》，《培训协议》一式两份，参训员工和企业各执一份，作为《劳动合同》的附件。

第13条 参加外派培训的人员返回后，应将培训教材、书籍及资格证书等有关资料送交培训部归档保管，其受训成绩也应当登记到《员工培训记录表》中。

第14条 参加外派培训的人员返回后，应提交"个人参训感想"。

第15条 参加外派培训的人员应将所学知识整理成册，列为培训教材，并担任相关讲座的讲师，将培训所学的知识、技能传授给相关人员。

第16条 报销差旅费时，参加外派的人员应将受训资料全部送回培训部，然后经培训部检查并让其在报销单据上签字，缺少这一环节，会计部不予办理报销。

第17条 本规定适用于参加外派培训。

第3章 拟派海外人员培训管理规定

第18条 为了提高拟派海外人员的综合能力，确保海外任职或学习的成功，特制定本规定。

续表

第 19 条　培训内容。

1. 目的地国家环境，包括社会、政治、经济和法律等方面的介绍及住房、医疗、交通、通信等条件的了解。

2. 对目的地国家的语言进行专门化、集中化培训，以便受训人员与外国朋友进行交流。

3. 文化敏感性培训，包括目的地国家的文化背景、价值观念、行为标准，提高与目的地国家沟通和合作的能力，避免因文化冲突引起不必要的矛盾。

4. 风俗礼仪培训，包括目的地国家较特殊的风俗习惯及商务礼仪，增加受训人员对目的地国家的宏观认知。

第 20 条　培训方式。

1. 封闭式集训。一般拟派海外工作人员需要经过一段时间的集训，特别是语言培训。

2. 到目的地国家在本国的分支机构参观学习，了解相关情况。

3. 到目的地国家接受现场培训和指导。

第 21 条　培训方法。

1. 课堂教授法

课堂教授法具有内容新颖、针对性强、理论体系完整、系统性好等特点。

2. 对比法

对比法，即让两位代表不同国家文化背景的受训人员进行角色扮演，互相体会并评价彼此的行为。

3. 实践法

实践法，即根据实际需要，到目的地国家在本国的分支机构进行实习锻炼。

4. 实地考察法

实地考察法，即让拟派海外人员去目的地国家进行实地考察。

5. 现场指导法

现场指导法，即外派人员直接到目的地国家接受培训，本国总部或目的地国家辅导者要给予支持帮助。

第 4 章　附则

第 22 条　本制度呈报总经理审核批准后颁布实施。

第 23 条　本制度未尽事宜，可随时进行修改和增补，并呈报总经理审批后生效。

第 24 条　本制度由人力资源部监督执行，最终解释权归总部人力资源部。

编制日期		审核日期		批准日期	
修改标记		修改处数		修改日期	

第二节 案例精解

案例1 通过离岗培训的方式迫使员工离职，合适吗？

在某公司中，有部分员工工作不努力，公司领导想通过离岗培训的方式，降低工资待遇（最低工资收入），迫使他们承受不了而离职。

该公司的这种做法合适吗？是否违反我国《劳动法》？

【精解】

（1）没有规矩，不成方圆。建议单位先制定相对较明确的绩效考核体系和办法，至少要有证明他们不符合要求的明确书面证据，"工作不努力"这种非客观的描述性判断在纠纷中经常站不住脚，导致仲裁机构偏袒弱势方。所以，若要规避风险，这是首先要先考虑的问题。

（2）薪酬结构的问题。《劳动合同》上若只写了工资，那么工资下降这种关乎员工切身利益的事情是不允许单位单方面操作的，要与员工协商处理。现在比较常用的做法是划分为基本工资和绩效工资等几个部分，即员工要提供符合绩效要求的劳动才能全额享受绩效工资。

（3）在做到上述两部分工作的情况下，实际操作时，最好采用书面的方式通知员工未达到绩效目标，不能胜任工作，明确员工需要参加培训，培训期间若无绩效产出，仅发放基本工资。培训通过后再安排岗位，若再不能胜任，解除《劳动合同》，支付经济补偿金。

在本案例中，公司是要逼对方自己走，因此解除《劳动合同》并且赔钱是绝对不可能接受的。所谓离岗培训，也只是该公司一厢情愿的想法而已。这种情况下，人力资源部最好尝试一下劝退，表明公司立场，希望对方自己走。对方如在经济上提出要求，那么可以向领导适当争取。人力资源部作为双方的纽带，要公平、公正并尽可能给予员工其他帮助。

案例 2 企业可否向离职员工追回外派培训费用？

某员工在职一年多，签订的是三年的《劳动合同》，期间表现良好，2020年年底，该员工参加了企业不到一个月的外派技术培训，产生的费用由单位报销。培训期间没有签订培训合同，员工劳动合同中也没有关于培训费用的明确规定。

目前该员工提出离职，企业想追回对他的培训费用，有什么办法？

【精解】

《中华人民共和国劳动合同法》第二十二条规定："用人单位为劳动者提供专项培训费用，对其进行专业技术培训的，可以与该劳动者订立协议，约定服务期。劳动者违反服务期约定的，应当按照约定向用人单位支付违约金。违约金的数额不得超过用人单位提供的培训费用。用人单位要求劳动者支付的违约金不得超过服务期尚未履行部分所应分摊的培训费用。用人单位与劳动者约定服务期的，不影响按照正常的工资调整机制提高劳动者在服务期期间的劳动报酬。"

但是，就"专业技术培训"的理解只应是指由用人单位按照本单位工资总额的一定比例提取的培训费用，是对劳动者进行花费较高的专业知识和职业技能的培训，而不包括必要的职业培训，比如正常上岗前必经的培训。

因此，需要确定该公司对员工培训是否有制度规定，同时区分该培训是否属于"专业技术培训"，如果没有证据支撑，一般很难得到支持。

案例 3 对公司外派人员的后备人选，如何收集、分析他们的培训需求信息？

某机械公司由于海外市场的不断扩大，每年都会引进一批既有一定技术或经营管理水平又能熟练使用英语与客户进行交流的专业人员，但由于当地人才市场的局限性，经常出现人才供不应求的情况，极大地影响了海外市场业务的开展。因此，公司领导决定从企业内部选拔一批既有工科背景又达到一定外语水平的新毕业大学生作为公司外派人员的后备人选并要求人力资源部制订一个切实可行的培训计划，培训时间不超过 3 个月，力求在一年之内培养出 60 名左右的专门人才。人力资源部经过认真讨论，制定了一个具体实施方案。在实施方案中，提出的第一项任务就是要求培训项目主管进行一次全面培训需求调查并通过各种渠道和方法广泛地收集培训需求信息。

根据本案例，回答下列问题：

（1）可采用哪些方法收集这批受训者的培训需求信息？

（2）在获得受训者培训需求信息后，应如何分析与输出培训需求结果？

【精解】

（1）可采用以下方法收集受训者的培训需求信息。

① 面谈法，即培训组织者为了解培训对象在哪些方面需要培训，就培训对象对于工作或对于自己的未来抱有什么样的态度，或者说是否有什么具体的计划，并且由此而产生相关的工作技能、知识、态度或观念等方面的需求而进行面谈的方法。

② 重点团队分析法，即培训组织者在培训对象中选出一批熟悉问题的员工作为代表参加讨论，以调查培训需求信息。

③ 工作任务分析法。该方法以工作说明书、工作规范或工作任务分析记录表作为确定员工达到要求所必须掌握的知识、技能和态度的依据，将其和员工平时工作中的表现进行对比，以判定员工要完成工作任务的差距所在。

④ 观察法，即培训者亲自到员工身边了解员工的具体情况，通过与员工在一起工作，观察员工的工作技能、工作态度，了解其在工作中遇到的困难，收集培训需求信息的方法。

⑤ 问卷调查，即利用问卷调查员工的培训需求，是培训组织者较常采用的一种方法。

（2）在获得受训者培训需求信息后，应进行如下操作。

① 对培训需求调查信息进行归类、整理。培训需求调查的信息来源于不同的渠道，信息形式有所不同，因此有必要对收集到的信息进行分类，并根据

不同的培训调查内容的需要进行信息的归档，同时要制作表格对信息进行统计，并利用直方图、分布曲线图等工具将信息所表现的趋势和分布状况予以形象的处理。

② 对培训需求进行分析、总结。对收集上来的调查资料进行仔细分析，从中找出培训需求。此时，应注意个别需求和普遍需求、当前需求和未来需求之间的关系。要结合业务发展的需要，根据培训任务的重要程度和紧迫程度对各类需求进行排序。

③ 撰写培训需求分析报告。对所有的信息进行分类处理、分析总结以后，就要根据处理结果撰写培训需求调查报告，报告结论要以调查信息为依据，不能以个人主观看法得出结论。

附　录

相关表格

附录A 新员工7天考核期调查表

新员工7天考核期调查表

姓名		所在部门		入职时间	
试用岗位		考核阶段		___年___月___日至___年___月___日	

新员工述职	请详细叙述您在考核期内所从事的具体工作内容、主要业绩,以及对自己工作状况的评述。

以下内容由考核人填写				
	考核指标	配分	得分	总体评语
考核项目	出勤	出勤	5		
	能力	专业知识	20		
		工作技能	10		
		执行力	10		
		创新能力	5		
		沟通能力	5		
		表达能力	5		
		协调能力	5		
	态度	纪律	10		
		协作性	5		
		责任心	10		
		积极性	10		
	合计				

考核人意见:□试用 □建议解聘 □其他_____	部门经理意见:	人力行政部意见:
考核人签字:_____	签字:_____	总经理签字:_____

附录 B　新入职员工入职培训安排表

新入职员工入职培训安排表

培训项目	培训时间（按月份）												培训课时	培训讲师
	1	2	3	4	5	6	7	8	9	10	11	12		
企业文化和发展史														
员工行为规范要求														
企业业务概况														
各岗位基本事务														
安全管理与保密														
职业道德与利益														
质量管理体系														
团队协作														
试用期辅导计划														
企业规章制度														

附录 C　新员工培训成绩评核表

新员工培训成绩评核表

填表日期：　　　年　　月　　　日　　　　　　　　　　编号：

姓名		专长		学历	
培训期间		培训项目		培训部门	

1. 新进人员对所受培训项目的了解程度如何？

2. 对新进人员专业知识的评核。

续表

3. 新进人员对各项规章、制度的了解情况。
4. 对新进人员提出改善意见评核，以实例说明。
5. 分析新进人员的工作专长，判断其适合何种工作，列举理由说明。
6. 辅导人员评语。

总经理：　　　　　　　　　　经理：　　　　　　　　　　评核者：

附录 D　新员工培训计划表

新员工培训计划表

编号：　　　　　　　　　　　　　　　　　　　　拟定日期：

受训人员	姓名		培训期间	月　日至　月　日止		辅导员	姓名	
	学历						部门	
	专长						职称	
项次	培训期间	培训日数	培训项目	培训部门		培训员	培训日程及内容	
1	月　日至 月　日止	天				职称： 姓名：		
2	月　日至 月　日止	天				职称： 姓名：		
3	月　日至 月　日止	天				职称： 姓名：		
4	月　日至 月　日止	天				职称： 姓名：		
5	月　日至 月　日止	天				职称： 姓名：		
6	月　日至 月　日止	天				职称： 姓名：		

经理：　　　　　　　　　　审核：　　　　　　　　　　拟定：

附录 E 新员工培训记录表

新员工培训记录表

培训主题：　　　　　　　　　　培训讲师：　　　　　　　　　　培训时间：

序　号	姓　名	部　门	职　务	培训中表现	考核结果	备　注

行政人事部：　　　　　　　　　　　　　　　　　　　　　记录人：

附录 F 新员工入职培训反馈意见表

新员工入职培训反馈意见表

年　　月　　日

姓名		部门		部门负责人	
培训心得					

续表

您对培训讲师的意见或建议	
您对培训内容的意见或建议	

附录 G　新员工培训预算表

新员工培训预算表

培训费用项目	培训计划项目	培训费用预算（元）
培训教材费	公司入职培训	
	部门入职培训	
人工成本费	公司入职培训	
	部门入职培训	
培训场地费	公司入职培训	
	部门入职培训	
培训设备费	公司入职培训	
	部门入职培训	
其他费用	公司入职培训	
	部门入职培训	
合计		

附录 H　基层管理人员培训需求调查分析表

基层管理人员培训需求调查分析表

姓名：　　　　　　　　　　　　　　　　　　　　　填表日期：

核 心 能 力	行为表现	缺乏	改善	有效	发展	优秀
沟通技巧	能运用清晰的语言进行表达及演说					
	仔细聆听，善于回应他人感受					
	善于与人交流，推动沟通过程，传递有利于组织发展的信息					
	使他人接受建议并采取相应行动					
	维护他人自尊，加强自信					
建立和维护团队合作关系	积极寻求帮助，邀请并鼓励员工参与讨论					
	言行一致，遵守承诺					
	小组行动一致，使下属明确工作期望值					
	互相学习，主动提出改善建议，促进团队目标实现					
	个人行动以团队利益和荣誉为主导					
个人影响力	激发员工士气，引导他人自我调整					
	主动发挥影响力，促使组织内工作的持续改善					
	处理员工纠纷及失职时以事实为依据					
	善于发现员工问题并及时提供相应的指导与帮助					
	言行一致，赢得他人的尊敬与认可					
问题分析与解决能力	收集反馈信息，集中分析，归纳问题关键点					
	灵活运用资源，鼓励他人参与并找出多种建设性方案					
	评估可行方案，择优选用，果断做出决策					
	有效解决问题，根据具体情况灵活选定解决方法与跟进方案					
	总结问题，预防问题再次发生					

续表

核心能力	行为表现	缺乏	改善	有效	发展	优秀
组织感知能力	对公司的企业文化及发展理念有深入的认识					
	具备敏锐的观察力,能发现员工工作中存在的隐患					
	能辨认妨碍发挥团队绩效的不利因素					
	明确当前组织开展的工作及目标					
	了解公司发展的长期目标,并制订行动计划					
领导潜能	了解权力与影响力的区别与应用					
	了解员工所处的状态与情境,形成合适的领导风格					
	有效授权,发挥下属的主动性					
	激励员工,对勇于承担的员工适当给予支持;辅导员工,加强其专业技能					
	引导员工的发展,帮助他们提高工作能力					
压力承受能力	能意识到目前面临的压力					
	坦然面对工作中的挑战和困难,积极寻找解决办法					
	明确个人职能及应承担的责任					
	适时释放压力,进行自我放松和调整					
	勇于面对因个人过失而带来的负面影响					
人才的培养与发展	明确知道团队的合作与发展所需要的人才					
	了解每个员工的能力与意愿,并根据情况安排适当的工作与职位					
	了解每个员工的工作所要求的培训,并能保证给其提供相应的培训					
	肯定下属为个人事业的进一步发展而积极参与培训的行为					
	勇于面对因个人过失而带来的负面影响					

注:本调查表主要针对基层管理人员现有表现进行调查,由基层管理人员本人、上级、同级来打分,调查结果可作为开展培训的参考资料

请根据基层管理人员的实际情况圈出您认为合适的评分:"缺乏"表示"您(他)在这方面的技能比较缺乏,或不了解";"改善"表示"您(他)对这方面的技能有所了解,但还没有完全掌握";"有效"表示"您(他)已经掌握了这方面的技能,并能够基本应用";"发展"表示"您(他)已经熟练地应用这部分技能,但应用时有点困惑,或还需要提高";"优秀"表示"您(他)已经非常熟练地应用这部分技能,并很顺手,能运用自如"

附录 I 中层管理人员培训需求调查分析表

中层管理人员培训需求调查分析表

请您根据自己的实际情况评分:"5 分"表示"能力杰出";"4 分"表示"能力良好";"3 分"表示"达到工作要求的标准";"2 分"表示"工作较差需要改善";"1 分"表示"工作能力很差"。

姓名: 填表日期:

计 划 能 力	5分	4分	3分	2分	1分	特 殊 说 明
制定明确的工作目标和方针						
及时掌握并运用新观点						
以科学有效的方式收集整理信息						
分析资料、提出建议、拟定实施方案						
组 织 能 力	5分	4分	3分	2分	1分	特 殊 说 明
分解、实现工作目标						
分析并决定职务内容						
设置组织机构,制定组织图表						
筛选下属人员并授权						
指导与协调能力						
辅导下属使其更快进入工作角色						
协助下属制定工作标准						
培养及发展下属的能力,为企业培养后备人才						
口头指示及书面指示能力						
主持会议的能力						
公文写作的能力						
定时向上级报告工作进度						
与下属随时保持联系						
被同事所接受						
通过他人完成工作任务						

续表

控 制 能 力	5分	4分	3分	2分	1分	特殊说明
掌握业务的运作过程						
制定执行的客观标准和规范						
成本控制和管理						
全面质量管理						
严格按照实施标准,及时向上级反馈执行情况						
其他说明						

附录 J 组织自查表

组织自查表

自查项目	项目内容	评价标准				
		优 5分	良 4分	中 3分	低 2分	差 1分
组织目标	组织是否制定了科学的发展目标					
	员工对组织长、中、短期目标是否都清楚了解					
	组织是否根据发展目标制定了相应的发展策略					
	组织是否制订了明确的长、中、短期行动计划					
组织资源	组织能否提供充足的培训经费支持					
	组织领导者能否合理地安排工作和培训时间					
	组织是否根据发展目标调整人员结构和配置					
	内部成员是否明确各自责权,并清楚工作目标量化标准					
组织特征	组织是否建立了通畅的信息系统,能够快速传递内外部信息					
	组织是否制定了适当的管理机制,并坚决贯彻执行					
	组织内部是否具有合理的薪酬体系					
	组织是否制定了明确的奖惩制度,并具有详细的执行标准					

自查项目	项目内容	评价标准				
		优 5分	良 4分	中 3分	低 2分	差 1分
组织环境	组织能够根据环境的变化及时调整公司业务经营范围					
	组织能够根据市场需求变动提供新产品、新服务					
	组织能够保证员工对于新法律、制度、规范的认知					

附录 K　员工培训申请表

员工培训申请表

申请人姓名		所在岗位		所属部门	
直接上级		入职时间			
培训目的					
培训费用预算					
培训内容		期望培训方式		期望培训时间	

制表人：　　　　　　　　审核人：　　　　　　　　审批人：

附录 L　培训部门自我评估表

培训部门自我评估表

指　　标		期　望　值	实　际　值	得　　分	说　　明
培训课程	新开培训课程与上年相比增加				
	培训课时数与上年相比增加				
	课堂参与率与上年相比增加				
教材与设施	自编教材比例与上年相比增加				
	添置培训教材与上年相比增加				
	添置培训设施与上年相比增加				
人员	内部讲师数量与上年相比增加				
	外聘讲师数量与上年相比增加				
	培训对象数量与上年相比增加				
培训费用	培训费用营业额比例与上年相比增加				
	培训费用总额与上年相比增加				
其他					
总分					

附录 M　内部培训讲师年终评价表

内部培训讲师年终评价表

姓名		性别		公司名称	
职务		学历		担任课程名称	
授课时间（小时）	原定授课时间				
	实际授课时间				
	备注				

续表

课程改善	课程改善目的					
	课程改善完成					
	课程改善评价					
学员满意度	参加学员满意度调查问卷	90 分以上	80～89 分	70～79 分	60～69 分	59 分以下
培训部门评价	授课技巧	90 分以上	80～89 分	70～79 分	60～69 分	59 分以下
	授课态度	90 分以上	80～89 分	70～79 分	60～69 分	59 分以下
综合评价						

附录 N 培训资料查阅审批表

培训资料查阅审批表

申请日期： 年 月 日

姓名		岗位级别	
所在部门		所在岗位	
查阅资料内容		查阅目的	
是否借阅		是否需要拷贝	
相关权限人签字			

附录 O　培训物资管理表

培训物资管理表

培训物资	物资编号	所在地点	购置时间	能否正常使用	管理者	最后一次盘点时间

附录 P　生产人员培训效果观察记录表

生产人员培训效果观察记录表

被观察人员			观察时间		
培训时间			培训课程内容		
项目		具体内容			
观察到的内容比较	培训前				
	培训后				
结论					
被观察对象的主管意见					